高等院校文化产业基础教材

WENHUA CHANYE

丛书主编　王育济　韩　英

# 文化产业规划学

昝胜锋　编著

海峡出版发行集团
THE STRAITS PUBLISHING & DISTRIBUTING GROUP
福建人民出版社
FUJIAN PEOPLE'S PUBLISHING HOUSE

**图书在版编目（CIP）数据**

文化产业规划学/昝胜锋编著．—福州：福建人民出版社，2016.7

高等院校文化产业基础教材

ISBN 978-7-211-07413-6

Ⅰ.①文… Ⅱ.①昝… Ⅲ.①文化产业—规划—高等学校—教材 Ⅳ.①G114

中国版本图书馆 CIP 数据核字(2016)第 155761 号

**文化产业规划学**

WENHUA CHANYE GUIHUAXUE

**作　　者**：昝胜锋
**责任编辑**：江叔维
**出版发行**：海峡出版发行集团
福建人民出版社
**电　　话**：0591-87533169(发行部)
**网　　址**：http://www.fjpph.com
**电子邮箱**：fjpph7211@126.com
**地　　址**：福州市东水路 76 号
**邮政编码**：350001
**经　　销**：福建新华发行（集团）有限责任公司
**印　　刷**：福州万达印刷有限公司
**地　　址**：福州市仓山区金山大道 618 号橘园洲工业园 19 号楼
**开　　本**：787 毫米×1092 毫米　1/16
**印　　张**：16
**字　　数**：261 千字
**印　　数**：1—3000
**版　　次**：2016 年 7 月第 1 版　2016 年 7 月第 1 次印刷
**书　　号**：ISBN 978-7-211-07413-6
**定　　价**：32.00 元

# 序

2004年1月，教育部新设“文化产业管理”本科专业，山东大学历史文化学院成为全国首批承担这一专业的四所院系之一，并于当年实现了本科招生。次年春，山东大学文化产业管理学系成立。

任何一门学科的基础与范式，都只能建立在对研究史的总结之上，这是学科建设的第一块基石。山东大学已故史学名师郑鹤声先生有言：历史系每成立一个教研组，其首要工作必是整理学界相关著述之索引。基于这种办学传统，山东大学文化产业管理学系成立伊始，即会同历史系、档案系、考古系等，着手基础资料库的建设，并渐次启动《中国文化产业学术年鉴1979—2008年卷》的编纂工作。《中国文化产业学术年鉴》按学术编年史的框架，通过“年度学术论著选编”“评价集成与结论”“研究总目索引”等形式，对改革开放30年来中国文化产业研究的学术历程进行了系统的梳理。《中国文化产业学术年鉴》的编纂工作历时7年，出版后获得学术界、文化界的广泛好评，被认为是“涵盖了近30年相关领域中最完整的学术信息和最丰富的理论内容，既包括文化产业的概念、定义、逻辑内涵、行业边际、学科特点等学理方面的研究，又包括中国文化产业的历史、现状、行业模式、区域布局、新兴业态、业内典范等方面的宏观理论、政策和案例研究……近700万字的各类索引，更是为文化产业的学术理论研究和文化产业发展提供了海量资讯”（《光明日报》2010年3月31日）；产业界、政府管理层，甚至央视《新闻联播》等，也对这套历时7年而成的学术年鉴给予了特别关注。

与《中国文化产业学术年鉴》相类似，现由福建人民出版社出版的这套“高等院校文化产业基础教材”，也是山东大学文化产业管理学系成立伊始即已启动，历时多年才完成的一套大学本科基础教材。该教材所对应的都是山东大学文化产业管理专业的核心课程，从最初的备课教案、自编讲义开始，经历过2004年至2012年间的若干轮授课实践和若干轮修改。

同时，这也是目前国内唯一一套由同一所院系的一线授课教师完成的本科基础教材。因而，除了相对严谨、扎实之外，这套教材也非常适合大学本科教学。

作为一套完全由山东大学一线授课教师所完成的教材，自然还会表现出某些“山大特色”，即山东大学师生有关文化产业的某些共识性的理念。

第一，关于“文化产业”自身的发展历程，我们的共识有两点：

1. 认为“文化产品”的历史可以追溯久远，但“产业”意义上的“文化产业”则是现代“工业革命”后形成的一种产业体系。工业革命提供了强大的能源动力，如留声机、照相机、印刷机、播放器、摄影机等可以把一件文化产品按产业的需求海量复制，火车、轮船、飞机又足以把海量文化产品的营销链条无限延展。正是伴随着工业文明体系的建立，才产生了真正产业意义上的现代文化产业。

2. 认为“农业文明”关联的只是“文化产品”，“工业文明”关联的是“现代文化产业”，而数字技术关联的则是“当代文化产业”。数字技术对文化产业的最大影响，就是使文化产品彻底突破了时间与空间的限制，从而创造出巨大的利润，“文化产业”也因此而成为“朝阳产业”“黄金产业”，或“最后一块暴利蛋糕”。但是，这也同时提醒我们，不能笼统地把“文化产业”认定为“朝阳产业”，只有数字技术所催生的“当代文化产业”才是“朝阳产业”。从这一意义上说，以“三屏产品”（电视屏、网络屏、手机屏）为代表的数字文化产业，应该成为当代文化产业发展的主要方向。

第二，关于文化产业的公众认知和理论导向，我们的共识有四点：

1. 认为“文化、创意、财富”是文化产业三个最为本质的表达元素，也是“文化产业”最通俗、最平实的诠释。

2. 认为“文化”经过“创意”而产生“财富”，这之间并不存在“阿里巴巴”式的神话，存在的永远是《资本论》中所描述的从商品到货币的“惊险一跃”。而且，与工业、农业相比，文化产业的市场需求是“弹性”而非“刚性”的，这也就意味着这一产业更大的风险性。因而在宣传文化产业是“黄金产业”“最后一块暴利蛋糕”的同时，更应突出“文化产业的高风险性”这一往往被忽视的观点。

3. 认为文化产业的发展对“文化”始终是一把双刃剑，既有普及、提升文化的功能，又始终包含着强烈的“反文化性”。

4. 高度认同“历史文化资源的丰富是中国文化产业的最大特点和最大

的优势所在”。2002 年的中国共产党第十六次全国代表大会，首次在大会报告中提出发展文化产业的战略部署。2003 年 1 月，时任中共中央政治局委员、中国社科院院长的李铁映撰文指出：“中华民族有着五千年悠久的历史和灿烂的文化，其文化累积之丰厚、文化形态之多样和文化哲学之深刻，是世界上其他国家少有的。这是一笔怎么估价也不过分的宝贵的文化资源，是我们得天独厚的优势。对于中国新兴的文化产业来说，启动并整合、包装这些文化资源，就有可能形成具有中国特色的文化产业，并在全球市场的激烈竞争中占有可观的优势。”这些关于中国文化产业优势与特征的科学认识，至今仍然有着强烈的导向意义，当下中国文化产业最现实、最积极的发展策略就是如何将“历史文化资源大国”变为“文化产业强国”。这其中，历史文化资源与数字技术的结合，可能是最值得关注的方向。

第三，关于近 30 年中国文化产业理论研究的“学理架构”和当下的学科建设，我们的共识有三点：

1. 认为“文化产业”这一概念在近 30 年的中国出现，并不是对法兰克福学派“文化工业”概念的简单转译，它的生成，可以直接追溯到改革开放之初对知识分子地位的认定：由于当时知识分子已从“臭老九”跃升为工人阶级的一部分，于是各个“知识部门”，如教育、文化部门等，也就与“农业”“工业”一样，成为“一种生产部门，一种产业部门”。正是在这种理论思维的推动下，“第三产业”的概念在 1980 年前后即为中国学术界所关注。“第三产业”作为一个包含着“知识生产”在内的术语，又直接导致了“文化产业”这一概念的生成。因而早在 1981 年就出现了“文化的产业化”的说法，出现了“第四产业”与“精神经济学”之间的讨论，至 1987 年就出现了“文化产业”的概念。尽管当时尚无学者对这一概念进行定义，但是这一概念所具有的“望文生义”的优势十分明显，与中国传统思维的路数亦十分吻合——无需定义和解说，即可粗知内涵。正因如此，“文化产业”这一概念才能超越“第四产业”“精神经济学”，以及后来的“文化工业”“创意产业”“内容产业”“版权产业”等外来概念，被中国学术界和社会普遍接受。“文化产业”这一概念在中国首度出现的时间是 1987 年，远早于 20 世纪 90 年代末才为学界所引介的“文化工业”，因而“文化产业概念的内生性”，是近 30 年来中国文化产业理论最重要的“学理性起点”。

2. 认为作为国家战略层面上的文化产业发展起始于近十年，但关于文化产业的学术研究则贯彻于近30年。其中重要的节点是：1979年以来经济学界关于“精神产品”和“知识价值”的讨论；20世纪80年代学术界关于“第三产业”“第四产业”“精神经济学”“文化市场”“文化个体户与经纪人”“文化搭台与经济唱戏”“大众消费文化与精英文化”的讨论；20世纪80年代中期“文化产业”概念的首度出现，以及20世纪90年代有关“文化产业”“创意产业”“版权产业”“文化经济学”“文化管理学”的诸多讨论；2000年以来关于“文化事业与文化产业”的讨论，以及党的十六大以后国家战略层面上的文化产业研究；等等。对这些节点进行整合性梳理，可以为当下中国文化产业学科奠定坚实的基石，也是创立有中国气派、中国风格的文化产业理论体系的必由之路。

3. 认为文化产业管理专业作为教育部新设的一个十分年轻的应用型专业，就其人才培养目标而言，可以简单表述为：既要有纵贯古今的文化视野，也要有策划经营的文化理念，以及现代产业意识和经营思路的复合型人才。但就课程的设置和教学的重心而言，文化产业管理专业显然应该与具体的工艺美术设计、图书编辑出版、游戏创意、景区规划，以及演艺产业、广告产业、体育产业、旅游产业等有所区别。所以，在文化产业的教学、科研和学科建设中，应该突出“通识意识”“学问意识”和“经典意识”，要从学术史的梳理中奠定这一应用学科的学理基础；要引导学生关注工业革命以来有关“文化工业”“文化产业”的经典文献，关注近30年来中国学术界在文化与文化产业问题上的深度思考，从而保持大学教育应有的内在思想的活力、反省能力、质疑能力和价值动力。换言之，“文化产业”这一学科所面对的问题可能非常现实、非常政治和非常经济，但大学教育和学科建设仍应该与“现实”“政治”“经济”拉开距离，要努力建立并坚持大学自身的学术话语，并依据大学应有的治学逻辑设计学科建设的路径。

以上理念和观点主要体现在《山东大学关于增设“文化产业管理”本科专业的建议报告》（2003年）、《山东大学关于建立山东省文化产业研究基地的论证报告》（2003年）、《培养文化产业管理专业的合格人才》（2004年）、《文化产业：学术阐释的原则与目的》（2006年）、《加强文化产业的基础理论研究》（2006年）、《文化·创意·财富：三论“文博会”主题词》（2006年）、《论文化、创意、财富三者之间的关系》（2006年）、《关于文化创意产业的几点认识》（2006年）、《也谈文化与文化产业的关系》（2006年）、《1987：中国文化产业的重要节点》（2009年）、《中国文化产业学术年鉴 2003—2008 年卷出版说明》（2009 年）、《中国文化产业学术年鉴 1979—2002 年卷特别说明》（2009 年）、《文化产业学科建设要有四大意识》（北京大学第七届文化产业新年论坛主题发言）（2010 年）、《济南历史文化资源与文化产业》（济南市政策研究室委托课题结项报告；文化部基层文化干部培训班讲义）（2012 年）、《数字技术与当代文化产业》（济南市第三届青年科学家论坛主题发言）（2012 年）等相关文献和著述中。山东大学的各位同仁在教学和研究中对这些方面的问题思考和讨论也较多，所形成的共识也都以这样或那样的方式渗透、沉淀在这套教材的相关章节之中。这也使得这套教材有了一些区别于其他著述的显著特色。

这套“高等院校文化产业基础教材”的出版，得益于福建人民出版社的全力支持和赖炳伟先生的促成，从选题调研、审定编写提纲、编稿到今天的付梓，时间已过去了一年多，这期间，赖炳伟先生以及责任编辑们的工作热忱和辛劳，感动了我们每一位作者。可以说，没有他们的努力，这套教材可能还会以内部讲稿的形式存在若干年。

《中国文化产业学术年鉴 1979—2008 年卷》的编纂和这套教材的出版，大致夯实了山东大学文化产业学科建设的基础，但能否在这一基础上更筑层楼，显然还有待更多的努力。

是为序。

王育济

2012 年 8 月 23 日

# 目　　录

**第一章　文化产业研究与规划** …………………………… (001)
第一节　相关研究与规划 …………………………… (001)
第二节　规划的学科支撑 …………………………… (017)
第三节　规划内容和工作流程 …………………………… (025)
**第二章　文化供需分析与预测** …………………………… (034)
第一节　文化市场供需调查 …………………………… (034)
第二节　文化市场需求分析 …………………………… (042)
第三节　文化市场预测 …………………………… (050)
**第三章　文化产业资源调查与现状评价** …………………………… (061)
第一节　文化资源和产业资源 …………………………… (062)
第二节　文化产业资源调查与评估 …………………………… (067)
第三节　产业现状分析 …………………………… (070)
**第四章　文化产业规划的总体要求** …………………………… (085)
第一节　指导思想及原则 …………………………… (085)
第二节　发展战略 …………………………… (090)
第三节　产业定位和目标 …………………………… (097)
**第五章　文化产业空间布局** …………………………… (102)
第一节　空间结构的基本理论 …………………………… (102)
第二节　总体布局 …………………………… (109)
第三节　功能分区设计 …………………………… (116)
第四节　空间生态系统构建 …………………………… (121)
**第六章　文化产业结构规划** …………………………… (127)
第一节　产业结构基本理论 …………………………… (127)

第二节　文化产业相关门类 …………………………………………… (130)
第三节　文化及相关产业融合 ………………………………………… (138)
第四节　重点行业的设计 ……………………………………………… (149)
**第七章　文化产业载体建设** ………………………………………… (159)
第一节　文化设施 ……………………………………………………… (159)
第二节　产业园区 ……………………………………………………… (165)
第三节　文化企业 ……………………………………………………… (171)
第四节　重点项目 ……………………………………………………… (180)
**第八章　文化产业保障体系** ………………………………………… (188)
第一节　保障措施的重要性及构成要素 ……………………………… (188)
第二节　文化产业保障措施的编制 …………………………………… (195)
第三节　文化产业保障措施的实施 …………………………………… (204)
**第九章　文化产业规划的评估与实施** ……………………………… (216)
第一节　文化产业规划的评估 ………………………………………… (216)
第二节　文化产业规划的实施 ………………………………………… (220)
第三节　文化产业规划的延伸 ………………………………………… (227)
**主要参考文献** ………………………………………………………… (236)
**后　记** ………………………………………………………………… (241)

# 第一章　文化产业研究与规划

## 第一节　相关研究与规划

### 一、文化产业

（一）文化产业概念的提出

“文化产业”这一概念诞生于20世纪初。西方马克思主义法兰克福学派的阿多诺（Theodor Adorno）和霍克海默（Max Horkheimer）在《启蒙的辩证法》（1947年）一书中首次提出了“文化工业”（Culture Industry）的概念，认为文化产品在工厂中凭借现代科学技术手段，以标准化、规格化的方式被大量生产出来，并通过电影、电视、广播、报纸、杂志等大众传播媒介传递给消费者，最终使文化不再扮演激发“否定意识”的角色，反而成为统治者营造满足现状心态的社会控制工具。[①] 阿多诺和霍克海默从艺术和哲学的双重角度对文化工业进行了否定性的批判。

随着科技现代化、经济全球化、文化多元化发展，文化工业批判性理论的时代局限性日渐凸显，应该用辩证思维观察和理解新的变化。1980年，欧洲议会所属的文化合作委员会首次组织专门会议探讨“文化产业”的含义、政治与经济背景及其对社会与公众的影响等问题，“文化工业”由批判性概念转变成为中性概念——“文化产业”。从此，文化产业这一专用名词正式脱离其母体并产生了新的语义，成为广泛意义上的“文化经济”“文化资本”等概念。从本书涵盖的内容来看，“文化产业规划”已然成为更加复杂的“文化经济规划”。

① 黄辉：《巴黎文化产业的现状、特征与发展空间》，《城市观察》，2009（3），28—37页。

（二）国外的文化产业概念

澳大利亚昆士兰技术大学创意产业研究和应用中心主任斯图亚特·坎宁安将文化产业的概念发展史划分为四个阶段[1]：法兰克福学派的否定性批判时期（20 世纪 30—40 年代）；重新用文化来界定古老的商业产业时期（20 世纪 70—80 年代）；撒切尔城市重建等实用主义艺术实践时期；新古典主义经济学对艺术的应用时期。综合目前的研究来看，学术界的代表性观点主要有以下几种。

英国曼彻斯特大学大众文化研究所执行主任贾斯汀·欧康纳（Justin O' Connor）认为："文化产业是指以经营符号性商品为主的那些活动，这些商品的基本经济价值源于它们的文化价值。它首先包括了我们称之为'传统'的文化产业——广播、电视、出版、唱片、设计、建筑、新媒体，和'传统艺术'——视觉艺术、手工艺、剧院、音乐厅、音乐会、演出、博物馆和画廊。"[2] 英国著名媒体理论家尼古拉斯·加纳姆（Nicholas Garnham）在 1983 年把文化产业定义为："那些使用同类生产和组织模式如工业化的大企业生产、传播文化产品和文化服务的社会机构，如报纸、期刊和书籍的出版部门、影像公司、音乐出版部门、商业性体育机构等。"[3] 美国大卫·赫斯蒙德夫指出："文化产业通常指的是与社会意义的生产（the production meaning）最直接相关的机构，主要指营利性公司，也包括国家组织和非营利组织。"[4] 日本学者日下公人认为文化与产业是一辆车子的两个轮子，一般来说是由产业创造文化经验，但当社会经济达到一定水平时，文化的需求程度将大于原有产业的需求，此时便是文化创造产业以及维持产业了。[5]

国外学界虽在文化产业的概念和定义上存在分歧，但在文化产业的要素与内涵、属性与形式等方面基本达成了共识。大体说来文化产业是指给

① 苑捷：《当代西方文化产业理论研究概述》，《马克思主义与现实》，2004（1），98—105 页。

② 钱勇：《浅议媒体与文化产业的发展》，《现代企业文化》，2008（26），231—232 页。

③ 吴学丽、李秀金：《文化产业：从文化批评到产业实践》，《生产力研究》，2010（7），198—199 页。

④ ［美］大卫·赫斯蒙德夫：《文化产业》，13 页，北京，中国人民大学出版社，2007。

⑤ 霍步刚：《国外文化产业发展比较研究》，11 页，东北财经大学博士学位论文，2009。

社会提供文化产品和服务的集合，强调版权、创意、知识产权等因素的作用。20世纪中叶以后，随着发达国家经济转型，以第三产业为主的新经济比重不断上升，各国政府也开始从宏观经济层面推动文化产业发展。

1997年，英国推出文化产业的相关政策。为了突出文化产业的知识性特征，英国文化传媒和体育部将其称为“创意产业”，涵盖了广告、建筑、电影、音乐、表演艺术、电视和广播、设计、时尚设计、手工艺、艺术和古董市场、互动休闲、出版、软件等13个部门。日本政府把文化产业统称为娱乐观光业，包含了电影、电视、影像、音响、书籍、音乐、艺术等内容。美国虽然没有官方认定的文化产业的说法，但是作为美国经济发展重要支柱的“核心版权产业”，就其行业来看近似于文化产业，主要包括文化艺术业、影视业、图书业、音乐唱片业。加拿大遗产部对文化产业做了如下概述：“包括以国家社会、经济及文化为主题的出版、广播、电影、电视、图书、杂志、音像在内的印刷、生产、制作、广告及发行；包括表演艺术、视觉艺术、博物馆、图书馆、档案馆、书店、文具用品商店等在内的服务。”以后又在其中增加了信息网络、多媒体等内容。①

（三）国内的文化产业概念

在我国，对文化产业的概念也同样存在着广泛争议，其伴随着产业实践而有不同的侧重点。

自20世纪90年代以来，国内学界广泛讨论了文化产业的内涵与范围。山东大学王育济教授认为，文化产业的本质是“创意”，是以“文化创意”为核心，通过技术的介入和产业化的方式制造、营销不同形态的文化产品的行业。中国社科院张晓明研究员把文化产业分为三个层次：文化创作业、文化制作与传播业和一切以文化意义为基础的产业。上海社科院花建研究员认为：“文化产业指以物化的文化产品和各种形式的文化服务进入生产、流通和消费的产业部门。包括文化产品的制造部门；文化产品流通部门，如电影和报刊发行业、图书零售业；消费部门，如大众娱乐业、广播电视业。”②

2012年7月，国家统计局出台了《文化及相关产业分类（2012）》，从统计学意义上重新对文化产业的定义和范围进行了权威界定：文化及相关

① 苑捷：《当代西方文化产业理论研究概述》，《马克思主义与现实》，2004（1），98—105页。

② 花建：《上海文化产业的发展趋势和政策导向》，《毛泽东邓小平理论研究》，1998（4），70—79页。

产业是指为社会公众提供文化产品和文化相关产品的生产活动的集合。该文件延续了2004年的分类方法，调整了类别结构，增加了与文化生产活动相关的创意、新业态、软件设计服务等内容和部分行业小类，减少了少量不符合文化及相关产业定义的活动类别。分类将我国文化及相关产业分为五层①：

第一层包括“文化产品的生产”和“文化相关产品的生产”两类；

第二层依据管理需要和文化生产活动的自身特点分为10个大类，即新闻出版发行服务、广播电视电影服务、文化艺术服务、文化信息传输服务、文化创意和设计服务、文化休闲娱乐服务、工艺美术品的生产、文化产品生产的辅助生产、文化用品的生产、文化专用设备的生产等；

第三层根据文化生产活动的相近性分为50个中类；

第四层是120个具体的活动小类；

第五层是含有部分文化生产活动的29个小类的延伸层。

## 二、我国文化产业研究的方向

目前，国内文化产业研究有偏宏观的研究视角：文化产业政策及体制、行业现状与国际趋势、存在问题与发展的对策研究，文化产业与经济发展关系研究，等等。同时，也有偏微观的研究领域：文化企业、细分行业、文化产业园区、区域性文化革新等问题。可以说，宏观和中微观理论层面上的解读，在一定程度上支撑了文化产业规划的产业实践工作。

### （一）文化产业政策及体制机制研究

一直以来，对文化产业制度设计、扶持政策以及文化体制机制改革的研究是文化产业研究的重要内容，也是政府管理和文化产业规划关注的重点。针对目前国内文化产业发展中暴露的相关问题，国内学者从文化产业政策和体制的角度做了相关研究。

1. 文化体制改革研究。傅守祥指出，文化体制已成为当前制约我国文化发展的瓶颈，推进文化建设的关键在于把握好经济与文化相互作用的辩证关系，进一步深化文化体制改革，加快文化产业市场化的步伐。② 张晓明提出，只有实现文化体制和社会主义市场经济体制的统一，只有通过发展文化产业，我们的文化才能够获得巨大的发展。谢名家提出，要建立符

① 根据国家统计局2012年7月颁布的《文化及相关产业分类（2012）》文件整理。

② 张佼：《湖南省文化产业综合评价与发展对策研究》，河北农业大学硕士学位论文，2010。

合我国国情和文化产业规律的导向机制，建立与社会主义市场经济相适应的文化产业运行机制，建立调动文化产业大军积极性的动力机制。

2. 文化相关政策研究。李道中认为，文化政策包括文化平等政策、文化自由竞争政策、促进文化社会效益和经济效益相统一的政策、坚持文化对外开放和民族文化立场相统一的政策，文化产业也应根据社会经济发展的需要逐渐健全政策体系。[①] 祁述裕、范周、欧阳坚、李炎等学者也有精辟见解。

虽然众多学者关于文化产业体制和政策的观点不一，但在文化在中国现代化进程中的重要作用、通过文化凝聚人心建设社会主义文化强国、不断推进文化体制改革、尊重市场规律合理发挥市场机制作用、加快文化创意产业发展步伐做大做强文化创意产业的紧迫性上存在共识。

（二）文化产业内生增长与发展战略研究

现阶段文化产业的发展概况与趋势、存在问题和对策等问题也是文化产业研究关注的重点。深入剖析产业载体形式对文化传承发扬的作用，预测文化产业的主要发展趋势，探求文化需求新变化，打造文化产业核心竞争力，同样是文化产业规划需要夯实的基础工作。

1. 文化产业现状及趋势研究。王育济认为，“文化、创意、财富”是文化产业三个最为本质的元素，也是“文化产业”最通俗、最平实的诠释。国家战略层面上的文化产业发展起始于近十年，但国内关于文化产业的学术研究已发展近 30 年。

2. 文化产业商业模式研究。陈少峰认为文化资源并不是最重要的。昝胜锋论述免费问题时提出，对我们每一个消费者来说，免费是一种涤荡旧有思想的商业体验；对企业来说，免费更像是一种生存法则，主动或被动地去完成，这是一种可以改变旧有发展思维方式而实现凤凰涅槃的发动机。关于双边市场，昝胜锋提出，建立以嵌入式广告为主导的双边市场商业模式，通过嵌入广告，实现对电影双边市场的初始投资，进而打造电影精品，并可以通过低门票价格吸引消费者，完成双边市场平台建设；在受众客户基扩大基础上继续发展贴片广告，进而完善网络版权、书刊等衍生产品链条，最终实现从创意、设计、营销到产业链的打造。李康化对文化产业商业模式也有深入研究。

---

① 李道中：《提高建设社会主义先进文化的能力》，《理论视野》，2005（2），17—20 页。

除此之外，章建刚、花建、顾江、陈少峰、李凤亮、向勇等学者也有相关文献论述。由于这些问题不是本书研究重点，兹不赘述。

（三）文化产业外部协同与融合发展研究

关于文化产业与经济发展关系，有学者认为在国民经济结构调整和转型中，文化产业已成为新的经济增长点和可持续发展的新兴产业，文化产业与其他产业融合将形成强大的经济竞争力。① 祁述裕、殷国俊通过建立文化产业国际竞争力评价指标体系，对国际上包括中国在内的15个有代表性国家的文化产业竞争力指数进行测算和比较，分析中国文化产业在国际竞争中的比较优势和劣势，并对提高我国文化产业国际竞争力提出若干建议。②

关于文化产业与新型城镇化、关于产城一体的研究：针对当前城镇化进程中地域空间急剧扩展、经济超常规增长、社会治理滞后与社会保障不健全等问题，范周提出在我国“积极稳妥推进城镇化，着力提高城镇化质量”的战略方针下，要充分理解城镇发展的文化诉求，因地制宜，因时制宜，走出新型城镇化与文化发展的特色之路。

近年来，文化产业与数字技术、网络信息、金融、工农业等产业的互动与结合以及非遗创意、乡村文化产业等也成为热点，文献有：单世联的《论文化观念与文化生产》，范周的《中国文化产业新思考》，向勇、陈名杰的《文化创新战略，创意与科技》，纪建悦、燕欣春的《我国文化产业融资机制问题的探讨》，李炎的《再显与重构——传统民族民间工艺的当下性》，陈玉玲的《创新发展农村文化产业》，等等。

除此之外，文化及相关产业研究的著作、译著数量也大幅增加，如：约瑟夫·派恩的《体验经济》、郝斯蒙德夫的《文化产业》、柯可主编的《文化产业论》、花建等主编的《文化产业竞争力》。多家研究机构的年度报告形成了连续性研究，如张晓明、胡惠林、章建刚等主编的《中国文化产业发展报告》、范周等主编的《中国文化产业发展年鉴》、李凤亮主编的《中国文化科技发展报告》、昝胜锋等主编的《创意中国调研报告》系列等。北京大学、上海交通大学、中国传媒大学、山东大学、深圳大学、武汉大学已经形成连续性年度报告系列。

① 成立芳：《文化产业与经济发展关系探讨》，《辽宁工学院学报（社会科学版）》，2004（5），34—35页。

② 刘筠梅：《新世纪以来我国的文化产业研究综述》，《内蒙古大学学报（哲学社会科学版）》，2011（6），119—123页。

柯可主编的《文化产业论》站在科技进步与信息产业革命的历史高度，借鉴西方发展文化产业的实践和理论成果，以及国际大都市香港文化产业繁荣的经验，对中国文化产业的资源开发、集团化生产与市场竞争，中国文化产业面临的问题和制约因素与解决方法、中国文化产业的发展战略等重大的理论问题做了深刻思考，提出了有益的建设性意见。[①]

张晓明等编撰的《中国文化产业发展报告（2012—2013）》指出，十八大的召开开启了我国文化产业新的发展周期，我国的文化产业已经进入拐点，出现了四个方面的重大变化：一是文化市场已经从总体“短缺”转向“短缺”与“过剩”并存，将迎来大规模洗牌和兼并重组浪潮；二是文化产业已经从“分业发展”走向了融合发展，文化产业内各个行业主管部门主导的发展将逐步被跨行业的融合发展取代，甚至为文化经济普遍融合发展所取代；三是文化产业将从区域性竞争发展走向统一市场条件下的整体协调可持续发展，地方政府本位的发展模式将为国家层面的、由综合经济管理部门主导的发展模式所取代；四是文化管理体制将从行政性的“行业分层管理”走向面向市场的综合性大部制管理，部门合并将成为必然。[②]



在理论研究进程中，文化产业的宏观管理和顶层设计成为大势所趋，内生增长和跨界融合是文化产业发展的永恒话题，文化产业如何更好地服务于新型城镇化、提高城市居民生产生活质量更是应有之义。

## 三、文化产业规划

（一）规划的概念及其分类

关于规划，不同学者给出了不同的定义。Robinowitz（1969）指出，规划是一个战略选择的过程，体现出对未来的预期和应付无法预料情况的安排。C. West Churchman（1971）认为，规划是人们对未来的考虑及基于此的行动。Hall（1974）则提出，规划旨在完成某些目标，并由一系列活动来完成。《朗文当代英语辞典》对规划的解释为：制订或实施计划的过程，社会或经济单元（企业、社区）等确定目标、政策与程序的过程。我们认为：规划是指一个不断进行战略设定、目标制定、路径安排的过程，它贯穿决策、选择、实施的全过程，它旨在利用有限的资源、空间和人力资本，在未来一段时期内或某个特定的节点完成某个一定的目标或

① 李本钧：《文化产业研究的一部力作》，《学术研究》，2001（5），122页。

② 张晓明等：《中国文化产业发展报告（2012—2013）》，北京，社会科学文献出版社，2013。

任务。

我国现有的规划体系，从不同角度，依照不同标准，涵盖了多种类型的规划。根据社会管理系统横向分工的不同要求，规划一般可分为综合发展规划、行业发展规划和重点发展规划。根据规划的行政层次，可分为全国性规划、省域规划、市域规划、县域规划等。以规划覆盖的地理范围为标准，可分为整体发展规划、区域发展规划。以规划时间长短为标准，可分为长期发展规划（10 年以上）、中期发展规划（5 年左右）和短期发展规划（3 年左右）。根据规划的层级来划分，可分为总体性规划、控制性详细规划和修建性详细规划三种类型。[①]

其中，控制性规划是以城市总体规划或分区规划为依据，确定建设地区的土地使用性质和使用强度等控制指标、道路和工程管线位置控制、空间环境控制的规划。[②] 根据城市规划的深化和管理的需要，一般应当编制控制性详细规划，以控制建设用地性质、使用强度和空间环境，作为城市规划管理的依据，并指导修建性详细规划的编制。

另外，概念性规划是介于发展规划和建设规划之间的一种新提法，它倾向于勾画在最佳状态、发展规律和潮流下所能达到的理想愿景，强调目标及战略的创新性、前瞻性，同时又务求路径安排的指导性、项目实施的可落地性。概念性规划对于地方政府的宏观管理和服务的重要性正在凸显。概念性规划一般来说应包括以下几个方面的内容：对规划区域的资源和客源市场进行分析和预测；确定规划区的定位、发展方向和发展战略；明确产品的开发方向、特色和主要内容；提出规划区发展的重点项目，强调策划的创新、个性和特色；提出相关要素发展的原则和方法。

**相关链接：什么是概念性规划？**

概念性规划（Concept Planning）在国外比较常见，它不是规划层次系列中的某一层次，而是在任何一个层次均可进行。但是，由于概念性规划侧重于发展方向和各学科的综合平衡，而不是做出详细的规划设计，因此多出现于城市、社区或局部地带的层面和规划范围。与总规划相比，概念性规划强调内容简化，区分轻重缓急，注重长远效益和整体效益。概念性规划提供的是客观的全局性的发展政策与设想，在微观层面（具体操作

---

① 曾菊新、刘传明：《构建新时期的中国区域规划体系》，《学习与实践》，2006 (11)，23—27 页。

② 高巍：《论控制性详细规划》，《长春大学学报》，2010 (3)，88—90 页。

层面）具有不确定性、模糊性和灵活性的特点，微观层面的内容可根据环境的变化及时调整。

（二）文化规划

20世纪70—80年代，西方发达国家产业转型，文化产业推动了针对文化资源和文化需求的规划方法的探索与建立。哈维（Harvey Perloff）在《用艺术提升城市生活》（1979）一文中正式提出“文化规划”，将其作为一种方法推荐给社区建设，以达到社区文化认同和社区文化资源运用的双重社会目的。文化规划的概念引起诸多学者的关注，他们从不同角度界定文化规划的概念。由于文化本身的复杂性，迄今为止“文化规划”尚没有获得一个被普遍认可的令人满意的定义。

英国学者Graeme Evans认为，文化规划一方面是城市和社区发展中对文化资源战略性以及整体性的运用，另一方面也是城市规划设计的艺术，是整体性的城市文化艺术表达。英国文化策略研究机构Comedia的负责人Chanles Landry认为，文化规划是一种基于文化资源的确认项目、制定规划和管理实施策略的过程，是城市规划和城市政策的一种文化途径。美国学者Craig Dreeszen认为，文化规划是结构性的、社区层面的基于调查研究的集体意识建构过程，确定文化资源、社区需求和发展机会，规划行动和保护相应的资源以对上述需求和机会做出回应。①

从这些定义可以看出：“文化规划”并不是“规划文化”，文化规划被视为一种平衡居民文化需求和文化发展的方法及促进地区发展的工具；文化规划中的“文化”并非狭义上的“艺术”，也不是最广泛意义上的“生活方式”，而是被限定为“能够用以促进城市发展的可共享的物质和非物质文化资源”，② 主要包括两类：（1）历史文化资源，包括地方历史文化遗迹、文物、文化街区、传统手工技艺、风俗习惯、饮食文化、传统礼仪、节日活动、文学传说等；（2）非历史文化资源，比如博物馆等公共文化设施、电影院等文化娱乐设施、餐厅酒店等文化生产和消费场所、城市公共空间和开放绿地，比如文化人才、文化机构及其活动、文化活动和教育培训、文化科技研发等。

国内学者李祎等提出，文化规划原本只是文化部门用以推进国家、地

① 黄鹤：《西方国家文化规划简介：运用文化资源的城市发展途径》，《国外城市规划》，2005（1），36—42页。

② 赵四东：《中国文化规划研究：内容、层系、方法、案例》，兰州大学硕士学位论文，2012。

区艺术文化发展的文化政策，后来有了其他部门（议会、政府、规划部门等）的介入和参与，变成了政府借以推动经济复兴的政策工具。[①] 也就是说文化规划的编制、实施等工作已经不仅仅是文化部门自己的事情，而是一个政府其他部门、社会各方面力量共同参与的统一筹划和实施过程。

黄鹤提出，文化规划是20世纪70年代以来西方国家在社会经济结构转型和产业升级的背景下，以促进经济持续发展、改善民众社会生活环境、提升民众文化生活水平为目的，而对文化资源进行的“战略性以及整体性的运用”的规划与设计。[②] 当前，国内文化发展相对而言存在文化事业和文化产业两个承载主体，从这个角度文化规划可以分为文化事业规划和文化产业规划，尽管二者的关联日益紧密。

（三）文化规划类型

根据规划的范围和层次的不同，文化规划可以分为总体规划、专项规划两种类型。[③]

（1）总体规划。文化产业总体规划是总体性、纲领性的规划，是编制专项规划、区域规划以及制定各项文化政策和文化发展计划的依据。它是以完成全面建设小康社会和构建社会主义和谐社会中文化建设的任务为对象，强调文化与经济、政治、社会协调发展，致力于构建与完善相适应的文化发展格局，增强文化对经济、政治、社会协调发展的支撑能力，提升国家、省、区、市综合实力。总体规划涵盖文化事业、文化产业、文化科技、文化金融等相关规划。比如，《文化部“十二五”时期文化改革发展规划》《山东省“十二五”时期文化改革发展规划》《济南市“十二五”文化发展规划》《泰安市文化建设“十二五”规划》等。

（2）专项规划。文化产业专项规划是以文化产业本身或其中特定领域（具体行业、项目）为对象编制的规划，是总体规划在特定领域的延伸和细化，是指导该领域发展并决定该领域重大工程和安排政府投资的依据。[④] 专项规划的编制既要符合总体规划的总体要求，又要体现本领域

---

① 李祎等：《从“文化政策”到“文化规划”——西方文化规划进展与编制方法研究》，《国际城市规划》，2007（5），75—80页。

② 黄鹤：《文化规划——基于文化资源的城市整体发展战略》，5页，北京，中国建筑工业出版社，2010。

③ 师武军：《关于中国土地利用规划体系建设的思考》，《中国土地科学》，2005（1），3—9页。

④ 周恩帅：《试论文化发展规划的编制——以山东省“十一五”文化规划为例》，山东大学硕士学位论文，2010。

的特点，需要量化发展目标、明确任务、突出重点、合理布局、有的放矢，确保保障措施切实可行。根据规划编制的特点和任务，合理确定规划期，一般为5年，也可以是3年或者4年，有些可以规划更长些，比如《山东省会城市群经济圈文化产业发展专项规划（2013—2020年）》《淄博市文化产业发展专项规划（2009—2015年）》《博兴县文化产业发展专项规划（2013—2020年）》《海北州文化产业发展规划（2012—2020年）》等。同时，专项规划还可以具体到文化产业园区、文化产业项目、文化产业场馆载体等，比如《青海湖人文生态博物馆概念及修建性规划》《大汶河文化走廊概念性规划》《朱家峪乡村旅游度假区规划》等。此外，在国家层面上的出版规划、电影发展规划、旅游发展规划等都属于专项规划，文化部的"十二五倍增计划"也属于专项规划。[①]

**相关链接：**

**案例一　文化产业总体规划：《文化产业振兴规划》要点**

2009年7月，国务院常务会议讨论并原则通过第十一个产业振兴规划——《文化产业振兴规划》。该规划的出台标志发展文化产业已上升到国家战略层面，并进入实施阶段。

《文化产业振兴规划》（下称《规划》）为未来几年我国文化产业发展确定了总体目标，其发布实施对我国文化产业的发展将起到巨大的推动作用；对于调整优化产业结构、积极应对金融危机、满足人民群众精神文化需求、推动中华文化走出去，都具有十分重要的意义。

首先，《规划》进一步明确文化产业发展的战略重点。《规划》明确提出：以文化创意、影视制作、出版发行、印刷复制、广告、演艺娱乐、文化会展、数字内容和动漫等产业为重点，加大扶持力度，完善产业政策体系，实现跨越式发展。"发展重点文化产业"的提出，进一步明确了文化产业发展的战略导向和战略重点，为实现调整和优化文化产业结构的战略任务选择了突破口和切入点，通过扶持重点文化产业，带动其他行业的发展，进而达到优化产业结构、促进国民经济发展的目的。《规划》还提出"实施重大项目带动战略"，加快建设一批具有重大示范作用和产业拉动作用的重大文化产业项目。

① 胡惠林：《文化产业规划：重建人与社会和自然精神关系和精神秩序》，《东岳论丛》，2015（2），49—54页。

第二，“培育骨干文化企业”，也是《规划》提出的文化产业发展的重点任务之一。《规划》提出要在重点文化产业中选择一批成长性好、竞争力强的文化企业或企业集团，加大政策扶持力度，推动跨地区、跨行业联合或重组。

第三，文化消费的扩大，对于满足人民群众多层次、多方面、多样化的文化需求具有重要意义，对于国民经济向较高质量和较高层次发展具有重要作用。《规划》提出，要不断适应当前城乡居民消费结构的新变化和审美的新需求，创新文化产品和服务，培育新的文化消费热点。要提供价格合理、丰富多样的文化产品和服务，开发与文化结合的教育培训、健身、旅游、休闲等服务性消费，带动相关产业发展。

第四，为进一步推动新兴文化业态发展，为文化与科技的融合发展指明方向，《规划》提出采用数字、网络等高新技术，大力推动文化产业升级。支持发展移动多媒体广播电视、网络广播影视、数字多媒体广播、手机广播电视，开发移动文化信息服务、数字娱乐产品等增值业务，为各种便携显示终端提供内容服务。并提出积极发展纸质有声读物、电子书、手机报和网络出版物等新兴出版发行业态等。

第五，《规划》提出要落实国家关于非公有资本、外资进入文化产业的有关规定，积极吸收社会资本和外资进入政策允许的文化产业领域，参与国有文化企业的股份制改造，形成以公有制为主体、多种所有制共同发展的文化产业格局。

第六，《规划》倡导中央和地方各级人民政府要加大对文化产业的投入，支持国家级文化产业基地建设，支持文化产业重点项目及跨区域整合，支持文化领域新产品、新技术的研发，支持大宗文化产品和服务的出口。在落实税收政策方面，《规划》提出要贯彻落实国务院办公厅有关通知中的相关税收优惠政策，研究确定文化产业支撑技术的具体范围，加大税收扶持力度，支持文化产业发展。在加大金融支持方面，《规划》提出鼓励银行业金融机构加大对文化企业的金融支持力度。积极倡导鼓励担保和再担保机构大力开发支持文化产业发展、文化企业“走出去”的贷款担保业务品种。支持有条件的文化企业进入主板、创业板上市融资，鼓励已上市文化企业通过其他再融资方式做大做强，并支持有条件的文化企业发行企业债券。

### 案例二　文化产业专项规划：《“十二五”时期国家动漫产业发展规划》要点

2012 年 7 月，文化部发布《“十二五”时期国家动漫产业发展规划》，提出“十二五”期间，着力打造5至10个知名国产动漫品牌和骨干动漫企业，在产业发展方面重点培育新媒体动漫，推出一批具有较强影响力的新媒体动漫精品，发展壮大新媒体动漫产业。

首先，该规划明确了“十二五”期间动漫产业发展主要目标：努力推动我国原创动漫创意、研发、制作能力大幅提升，动漫精品力作不断涌现，技术创新能力持续增强，国际竞争力大大提高，发挥市场机制对动漫文化资源配置的积极作用，着力打造5至10个知名国产动漫品牌和骨干动漫企业，培育出一批具有较强市场意识、国内外知名的动漫艺术家和企业家，动漫产业的影响力、辐射力、带动力持续增强，动漫在社会生活各领域的普及应用更加广泛深入，成为文化产业发展的重要增长点。

第二，在产业发展方面，要突出动漫出版、影视动画和新媒体动漫。并且配以国家动漫精品工程、国产影视动画扶持项目、“原动力”原创动漫出版扶持计划等带动项目。

第三，该规划指出，加大政策扶持力度，培育骨干企业，扶持中小企业，打造一批有影响、有品牌、有竞争力的动漫企业。支持和壮大国有动漫企业，使其在发展产业和繁荣市场方面发挥主导作用。支持各类所有制动漫企业健康发展。通过信贷支持、加强服务等多种形式扶持各类中小动漫企业发展。改善动漫企业经营环境，帮助解决融资等瓶颈问题。

第四，在配套政策方面，该规划强调，加大财政投入，继续发挥财政资金的杠杆作用，扩大中央财政扶持动漫产业发展专项资金规模，提高资金使用效率。重点扶持原创动漫产品的创作生产和推广传播、高端人才培养、核心关键技术研发及产业化、动漫“走出去”，支持重点动漫企业的重大项目建设。

此外，在财税政策方面，该规划明确，要修订完善《动漫企业认定管理办法（试行）》，做好动漫企业、重点动漫产品和重点动漫企业认定工作。贯彻落实国家对动漫企业的各项税收优惠政策。推动出台动漫产业公共技术服务平台进口设备的税收优惠政策。企业出口动漫产品享受国家统一规定的出口退（免）税政策。境外已缴纳的所得税款可按规定予以抵扣。

### 案例三　文化产业省域规划：<br>《广东省文化产业振兴规划（2011—2015年）》要点

该规划提出广东文化产业在“十二五”期间的目标：全省文化产业增加值力争实现年均增长12%以上，到2015年占全省GDP的比重达到

6.5%以上；文化服务业增加值达到2200亿元，占文化产业增加值的比重超过45%，文化产业规模总量继续保持在全国前列，文化服务业比重大幅提高，新兴文化业态领先全国，传统优势文化产品和设备制造业完成转型升级。拥有一批在国内外具有较强实力和竞争力的龙头文化企业、文化品牌和文化人才队伍，形成一大批优势文化产业集群，文化市场繁荣、文化消费旺盛，文化市场管理进一步规范，文化产业总体实力和核心竞争力显著增强。到2015年，文化产业成为广东省重要的支柱产业，将广东省建设成为全国文化产业示范区和在亚太地区具有较强竞争力的文化创意中心。全省基本形成结构合理、科技含量高、富有创意、竞争力强的现代文化产业体系，基本形成统一开放、竞争有序的文化市场，基本形成珠三角和东西两翼、北部山区优势互补、错位发展，粤港澳台深度合作的产业发展格局。

同时，该规划还确定了广东文化产业今后的重点发展行业，包括文化创意业、平面传媒业、广播影视业、出版版权业、演艺娱乐业、网络文化服务业、文化旅游业等。

**案例四　文化产业县域规划：**
**《泰山区文化产业发展规划（2012—2020年）》要点**

山东大学中国文化产业研究中心2012年与中共泰山区委宣传部合作，共同完成《泰山区文化产业发展规划（2012—2020年）》。该规划提出，坚持“绿色发展战略”，凸显“传统与现代比翼双飞，文化生态和经济发展高度融合”发展理念，充分挖掘和整合优化文化资源，以消费性文化产业和生产性创意产业为重点，实施重大文化产业项目和大企业、大集团带动战略。以科技进步和金融支持为手段，大力发展新兴文化业态，加快推进战略性新兴文化产业的专业化、集约化、规模化发展，加强文化与旅游、科技、新兴产业、金融等领域的全面融合，加快文化产业园区、基地和区域性特色文化产业集群建设，形成适应社会主义市场经济体制和社会主义精神文明建设要求的、鲜明泰山文化特色和现代城市文明交融发展的区域产业发展新格局。

在发展目标中，我们更多从形象宣传、品牌传播角度，勾画产业规划的美丽愿景。我们在调研分析的基础上提出：

定性目标：围绕“绿色发展战略”，以泰山区特色文化资源为基础，以新兴文化业态和现代生产方式为特色，紧扣“人文泰山、创意强区、美丽泰山区”工作主线，依托泰山而胸怀世界，全力打造文化产业发展“泰山模式”，努力将泰山区建设成“泰山文化”品牌展示区、“创意山东”文化产业集聚示范区、“文化强国”建设知名核心区、世界首选中国文化旅游目的地。

定量目标：培育若干支柱性产业集群、若干著名文化产业品牌、若干产业融合项目，争取实现全区文化产业增加值年均增长20%以上。2015年实现文化产业增加值占GDP比重达到10%，2020年实现文化产业增加值占GDP比重达到20%以上，把文化产业培育成为泰山区国民经济重要支柱性产业，文化产业的经济效益和社会影响力日益凸显。

（四）文化产业规划及其特点

关于文化发展规划和文化产业规划具体问题的探讨，主要有清华大学和南京大学学者的相关论著。顾江在《文化产业规划案例精析》一书中强调“文化产业规划是理论与实践相统一、趋势与现状相结合、问题与对策相联系的产物”。由于文化产业规划在国内仍处于起步阶段，文化产业发展规划的编制，不仅需要经济学、城市规划、管理学、法学、中文、社会学、历史学等多学科的指导，还要求编制人员具有敏锐的观察能力和解决实际问题的能力。①

国家战略决策提出了“推动文化产业成为国民经济支柱性产业”的核心命题后，文化产业迎来发展的黄金机遇期，文化产业发展问题逐渐被各地纳入到国民经济与社会发展的总体规划。同时，文化产业规划作为专项规划，也越来越受到各级政府部门的重视，文化产业具体项目、载体建设又推动了文化产业园区建设性规划的广泛展开。文化产业规划要解决的实质性问题是，推动文化产业结构调整，提升文化生产的品质和效益，促进文化产业转型升级，提高文化产业规模化、集约化、专业化水平，加快由注重数量扩张的规模增长转变到更加注重质量效益的内涵提升。②

文化产业规划是将文化产业理论研究成果付诸产业实践的最集中、最有效的表达。文化产业规划作为引导城市文化产业发展的纲领性文件，在推动文化产业发展和文化全面繁荣方面具有重要作用。顾江教授认为，和其他规划相比，文化产业规划具有以下特点③：

第一，系统科学性。文化产业发展规划应该提供给政府主管部门或委

① 顾江：《文化产业规划案例精析》，南京，东南大学出版社，2008。

② 范建华：《中国文化产业通论》，260页，昆明，云南人民出版社，2013。

③ 顾江：《文化产业规划案例精析》，南京，东南大学出版社，2008。

托方一个立体化、全方位、多视角、多层级的开发引导，这就要求规划者不仅要熟悉文化产业体系的基本内容，还要把握住产业和区域相互之间的交互动力和作用机制，使规划文本形成完备而科学的战略系统。

第二，战略前瞻性。文化产业发展规划是对未来一段时期文化产业发展目标抉择、行业布局、载体建设的设计，因此，规划团队和主要负责人必须具备超前意识和国际视野，对当前地方文化产业发展环境、未来文化产业发展规律与基本趋势有比较清醒而准确的认识和把握，最终的规划成果以"立足现实、适度超前"为设计准则，充分体现其战略和发展路径的前瞻性。

第三，落地应用性。城市或区域文化产业发展规划的根本目的是确定未来文化产业的发展战略和实施路径，因此规划提出的功能定位、空间布局、发展重点、载体建设、保障措施等要符合当地实际，要符合经济有效原则，又要具有较强的落地可操作性。

（五）文化产业规划的重要原则

1. 规划是属于决策层面的战略构建。当前，制定规划要明确"十三五"时期我国经济社会发展的基本思路、主要目标，特别是要以新的发展理念推动发展，提出一些具有标志性的重大战略、重大工程、重大举措，着力解决突出问题和明显短板，确保如期全面建成小康社会，保持经济社会持续健康发展。

2. 文化产业规划的关键，就是强化可持续的文化发展思想。规划目的在于推动产业内生增长和产业间融合发展，在于发挥文化创意在城镇化、现代化、国际化中的新作用。规划必须贯彻可持续发展的理念，以当地社会、环境、经济的实际状况为依据，与地区社会发展的总体战略密切联系。

3. 产业规划重在商业逻辑及商业系统的构建，这是其经济属性决定的。所谓产业规划，是指综合运用各种理论分析工具，从当地实际状况出发，充分考虑国际国内及区域经济发展态势，对当地产业发展的定位、产业体系、产业结构、产业链、空间布局、经济社会环境影响、实施方案等做出一年以上的科学计划。可见，我们需要扩展对文化产业及其资源的概念认知。人类价值取向、文化消费偏好等正呈现多元化、个性化趋势，文化产业生产要素间的联系和相互作用越发紧密。因此，仅依靠理论上对文化资源的概念界定来做规划，必然会影响到文化产业规划的质量。

4. 打破行政区域界限的封闭思想。文化产业规划应按文化资源、区域特色对文化产业的诸多方面进行统筹安排和系统设计，而不只是以行政区划为背景进行简单的项目设计与开发。要树立“大区域”“大产业”思想，加强文化产业区域协作，突破行政区划的界限，对文化经济中具有关联性的地域空间进行合理部署、有序安排和系统规划。

## 第二节　规划的学科支撑

文化产业发展规划是一门科学，需要众多学科的支撑。胡惠林认为，任何规划的本质都是重建人与对象的关系，规划是一个人与社会和自然相互关联的体系。与其他产业发展规划相比，文化产业发展规划的本质在于重建人与社会和自然的精神关系和精神秩序。[①]

规划的复杂性与交互性，对文化产业规划师也提出了更高的要求。一名优秀的文化产业规划师应该具备良好的职业品德，能够掌握策划基本知识、方法和手段，具有综合策划执行能力和丰富的实践经验；能够依据文化市场的现实需求、潜在需求和产业发展趋势，为项目地的文化产业、文化项目进行定向、定位，为文化产业园区规划与开发提供全程策划服务。文化产业规划设计人员需要的基本知识与技能应该包括：（1）涵盖历史、艺术、文学、经济、管理等的知识体系；（2）抽象概括能力；（3）文笔表达能力；（4）交流与顿悟能力。

文化产业规划既是一门交互学科，又对人员素质要求较高。文化产业规划并不是一个人的智慧结晶，而是一个团队的倾力之作。这就要求规划团队的研究和擅长领域具有跨学科和多学科的特点，不能局限于文化产业本身，而应该综合历史学、文化学、艺术学、管理学、产业经济学、城市规划学、建筑学等多学科体系作为支撑，才能使文化产业规划不背离我们所立足的时空，使产业规划本身成为文化的延伸，从而推动产业顺应发展空间和历史趋势。

### 一、文化产业规划与历史学

（一）历史学的范畴

历史学有广义与狭义之分。广义的历史学是指完全独立于人们的意识



① 胡惠林：《文化产业规划：重建人与社会和自然精神关系和精神秩序》，《东岳论丛》，2015（2），49—54页。

之外的人类过往社会的客观存在及其发展过程，是由历史、科学、哲学、人性学及其时间空间五部分有机组合的静态时间中的动态空间概念。狭义的历史学是一种精神生产实践及其创造的属于观念形态的东西的统一体。对于其性质，因历史学家们考察的角度和出发点的不同，有“活动”说、“学问”或“学术”说、“知识体系”说、“科学”说、“艺术”说和“一半是科学，一半是艺术”说、“整合”说等不同的界定。

（二）历史学在文化产业规划中的意义和作用

首先，文化产业的形式与内容都是历史的产物。作为一种有机生命形态，文化产业既是技术发展史的结果，也是人的精神发展史的结果，还是人的表达史的结果。伴随着技术的发展，文化产业以人类社会的生产力形态向文化生产领域延伸和扩散，并形成文化生产力。在整个过程中，文化产业完成了生产力形态的历史丰富性，从而使生产力构成中最核心的要素得到形式的解放。与此同时，文化产业寄托着文化和精神的内涵，在不同历史条件下，表现出人类精神发展的不同面貌和形式，以及在这些精神发展中人类所达到的历史形式的高度。从这个意义上来说，任何一种文化产业形态的出现和诞生，都是人类精神发展过程中的一次表达革命与表达解放，是人类文明发展的动力和工具。

其次，文化产业规划是在特定历史时空范围中发生的。文化产业规划是在规定的时间和地点中去改造与营造一个全新的人文生态环境。一旦离开了历史的时空轴，规划便失去了生命机理，无法落地实施。

最后，文化产业规划的目标具有时间属性。任何一个规划目标的实现都需要一个时间长度来约束，这就是历史对人类社会活动的约束。文化产业规划及其规划目标的实现也是对历史和现状的改变。在文化产业发展的规划空间里，将规划的目标与历史的趋势相衔接，这才是文化产业规划目标选择与制定的初衷，是对历史的合理延伸。①

## 二、文化产业规划与艺术学

（一）艺术学的范畴

梁玖提出，艺术学是研究艺术世界的学科，即对各门艺术的事实、普遍规律、基本原理、艺术创造、艺术接受等艺术事项做专门性研究的学

① 胡惠林：《文化产业正义：文化产业发展的历史地理学问题——关于文化产业发展新战略理论思考》，《上海交通大学学报（哲学社会科学版）》，2009（5），5—17页。

科，主要研究各种艺术现象的形而上与形而下的所有问题；考察艺术的本体理论、艺术史、艺术创作、艺术传播、艺术消费之间的互融性关系，艺术的本质、特征、作用、发生演进规律，以及艺术家、艺术作品、艺术风格、艺术欣赏、艺术批评、艺术市场等。① 凌继尧认为，艺术是一种文化现象，而不是狭窄的审美现象；作为文化现象，艺术表现文化和人的需要的全部丰富性。②

（二）艺术学在文化产业规划中的意义和作用

20世纪中叶以后西方发达国家经济社会发展的一个显著特征就是“文化工业”也就是文化产业的兴起。文化产业最终以不断成长成熟的工业化形态，与后现代艺术几乎同时出现，这并不是历史巧合，而是有其内在的连接逻辑。作为“生活美学”的研究领域，文化产业规划需要艺术学的感染力。艺术成为学科性的研究对象，只能出现在艺术的本质已经在现实中全面显现出来时，而这发生在文化产业和后现代艺术的产生和兴起之后。③

第一，文化产业是“文化生产的工业化”与“工业生产的文化化”的复合体。在现代人的生产和生活中，传统社会中那种“纯文化”的表现形态已经越来越少，文化与各种生产要素、各种产业门类的有机结合融汇成的文化消费以及消费艺术化成为一种普遍现象。可以说，文化与艺术的结合正是以“工业生产的文化化”和“文化生产的工业化”为特征的后工业社会在艺术中的真实反映。

第二，文化产业对艺术的冲击与利用并存。视听艺术、平面设计、艺术造型、工业文化等文化业态的出现和迅猛发展，对传统艺术的生存空间造成了严重挤压。在社会化影响和大众审美的影响下，这种挤压是伴随着艺术的自我蝶变而发生的。一方面，艺术的原创性、美学性被文化产业所发掘；另一方面，各种新技术、新材料和新手段将这种原创的形态进行大范围的传播。

第三，文化产业的兴起是艺术的创新本质得以最终显现的历史条件。只有在文化产业的发展中，艺术的本质才得以全面实现。文化产业规划中各种艺术形式的展示是其内容的重要支撑，艺术本身构成了文化产业中的感官享受，艺术形式的选择对于文化产业项目的定位和发展发挥了重要

① 梁玖：《艺术学》，21页，北京，高等教育出版社，2010。

② 凌继尧：《艺术学：诞生与形成》，《江苏社会科学》，1998（4），84—89页。

③ 尹德辉：《艺术学研究与文化产业》，《南京艺术学院学报（美术与设计版）》，2014（3），106—110页。

作用。

结合当下文化市场与各类人群的文化意识，在各种门类的艺术形式之中，可将具有一定社会价值、文化价值、经济价值、政治价值的艺术形式纳入文化产业规划中来，进而打造成代表一定地域范围、某个民族的文化品牌，以此推动对文化产业项目的整合管理。不同的艺术形式赋予文化产业项目不同的特色，对于其产品识别、品牌功能价值的形成都有着重要作用，从而拉动文化品牌所处地域环境的消费需求。

## 三、文化产业规划与文化学

（一）文化学的范畴

1871年英国人类学家爱德华·泰勒的《原始文化》被视为文化学的创始之作。德国科学家奥斯瓦尔德于1909年在《文化学之能学的基础》中正式提出文化的科学——文化学的概念；把人类种系与全部其他动物物种区别开来的独特的人种特性，都被包括在文化一词之中。这门关于人类特殊活动的科学可能最适于称作文化学。①

1949年，美国文化人类学家怀特在《文化科学》一书中，主张将文化学从一般的自然科学和社会科学中划分出来。他说："随着科学领域的拓展，从心理现象与社会现象中划分出另一类现象，它被那些发现和分离出它的人们命名为'文化'。对于事件的这个独特类别的分析与说明，被称为文化的科学。"② 现在，文化学的研究对象和领域已经扩展到社会生活的各个层面，包括人类的物质文化、制度文化、精神文化等各种文化现象。

（二）文化学在文化产业规划中的意义和作用

布尔迪厄在《文化资本与社会炼金术》中提出，在文化生产的过程中，文化资本③借助经济资本得以转换成文化商品，而在进入流通环节之后，文化资本又通过接受者的文化消费再次转换成经济资本收益。在文化日益被视为一种产业、文化进入全球化进程的今天，"文化资本"概念更具有不可忽视的理论意义。文化资本理论为理解文化产业的发展趋势提供

① 林坚：《文化学研究的状况和构架》，《人文杂志》，2007（3），86—93页。

② ［美］莱斯利·怀特：《文化的科学》，9页，济南，山东人民出版社，1988。

③ 对于文化资本，布尔迪厄的解释是："一种属于文化正统的趣味、消费方式、社会属性、技能和判断的价值形式。"布尔迪厄的文化资本概念超越了对文化的狭隘理解，认为文化和社会等级、仪式制度、机构设置等日常生活的方方面面须臾不离，成为和衣食住行一样与社会地位、阶级、社会再生产密切相关的因素。

了新的视角，为文化资源的价值评估和开发利用提供了理论基础。

在当今世界，文化工业已经构成国际文化交流的主流，并因其经济地位和文化价值而成为各国外交中的主导因素之一，成为国家“软实力”的一部分。文化产品和服务的产业化发展已经成为当今社会文化的重要载体，通过产业化的大众文化和真实的民间文化的交流，重构现代文化与传统文化之间的关联，开辟一个更为宽广的领域来彰显民族身份和民族文化，是提高本国文化的竞争力、在全球化视野中实现中国文化和世界文化的多元共存的有益探索。

在全球化的背景下，文化市场一定程度上可以超越国家主权，文化寡头一定程度上可以限制市场的充分竞争，从而使发展中国家的文化产业进入国际市场举步维艰。这就需要国家从政府层面提出支持本国文化产业发展的规划，以及各个地方组织编制文化产业规划，以促进文化产业的发展。与此同时，政策扶持本国文化产业化发展仅是参与国际文化多元共存竞争的一个方面，对于保持文化多样性来说显然不够，还需要对各种尚未或无法进行产业化的传统文化进行及时发掘、整理和保护。这既是国家政策公共性而非单纯商业化选择的体现，从长远来说也是增强民族文化生命力、增强国民文化认同感和国家可持续发展的根本动力的明智选择。



## 四、文化产业规划与管理学

（一）管理学的范畴

规划本来就是管理学中“计划”职能的另一种表述。管理学作为一门研究人类管理活动规律及其应用的科学，它偏重于用一些工具和方法来解决管理上的问题，如用运筹学、统计学、心理学、行为学等来定量定性分析。管理学也是通过探索规范化的管理模式以及管理理论解决问题的科学，是“集人类价值与行为准则之大成、集社会秩序与智力探索之大成的完整学科”①。

（二）管理学在文化产业规划中的作用和意义

首先，文化产业的运转离不开管理学的统筹整合。文化产业是创意产业、内容产业，文化人才是文化产业的主体，创意是文化产业的灵魂。在以精神内容要素为核心的文化产品的生产与研发过程中，其资源投入除了

① 毛颖善：《管理学的视角、参照系和分析工具》，《湖北职业技术学院学报》，2007(2)，77—81页。

资金和实物资本之外，更重要的是大量的创意、版权和人力资本等无形要素。原创性和知识性决定了文化产业的核心竞争力在于人才。例如红遍全国的娱乐节目“中国好声音”，其成功关键在于一个好的创意和商业运作模式，有效地组合各种资源。

其次，文化产业规划的内容离不开管理学的理论支撑。文化产业规划需要一个好的创意，将各种要素组合起来，形成适合本地发展的模式，与当地的经济与社会发展进步目标相结合。这就需要两个过程：一是概念策划，用于确定规划的主体和核心理念，设计产业定位和发展模式。二是具体计划，将创意转化为具体发展目标，并对总体的目标进行阶段、步骤分解，形成规划文本。运用管理学的理论，可以对规划的实际制定进行有效的管理把控，比如明确目标体系、设立需要达成的目标清单并分解细化为主要任务、确定每个环节和层次的分工和责任、分析现状和问题以及重点发展的行业和空间布局，以及整合文化资源、资金、人员、项目等要素体系。

## 五、文化产业规划与产业经济学

### （一）产业经济学的范畴

产业经济学作为以市场和企业为研究对象的微观经济学分支，已经发展成为一门国际公认的相对独立而成熟的应用经济学学科。[①] 产业经济学最初只是以特定产业为研究对象，着重研究产业组织、产业竞争、产业绩效、产业内企业间的竞争垄断关系，后来逐步被经济理论扩展到产业结构、产业关联、产业政策等方面，并形成了相应的理论架构。如，产业结构理论研究产业之间的相互关系及其演进的规律性，从技术经济的角度来描述产业之间的关联性的理论被认为是产业关联理论，产业政策理论则研究有关产业的结构政策、组织政策、技术政策、布局政策等方面的内容。[②]

### （二）产业经济学在文化产业规划中的意义和作用

产业经济学是一门方法论的学科，可以用来分析现实世界的诸多现象。传统上，产业经济学分析方法主要被运用于物质生产领域，所以，给

---

① 程瑜：《产业经济学：西方的发展与我国的借鉴》，《经济师》，2007（4），89—90页。

② 马广奇：《产业经济学在西方的发展及其在我国的构建》，《外国经济与管理》，2000（10），8—15页。

许多人造成了似乎产业经济学只适用于物质生产领域的假象。[①] 20 多年以来，产业经济学家把经济学当成一种方法，分析了政治、家庭、环境、制度、历史等多种社会现象，已经把经济学分析拓展到了多个领域。以文化产业为核心的文化经济学理论也正是这些拓展逻辑的合理延伸。[②]

经济学为研究者提供了借鉴，运用产业经济学的原理、方法和结论来确定国家在规划和发展文化产业时的战略思想和制定产业政策时的科学准确度，以求得最高经济目标的实现。因此，从事文化产业规划的理论研究，必须具备良好的经济学素养，具有比较扎实的产业经济学理论知识。只有带着经济学思维的规划者，才能更全面认识社会经济现象本身，辨别出经济现象背后的本质，抽象出现象的文化意义。此外，进行文化产业规划实务操作时，不但要有经济学基础，而且要不断地学习和吸收经济学研究的一些新动向、新观点和新方法，把握经济学本身的发展及其规律。[③]

## 六、文化产业规划与城市规划学

（一）城市规划学的范畴

城市规划（Urban Planning）研究城市的未来发展、城市的合理布局和综合安排城市各项工程建设的综合部署，是一定时期内城市发展的蓝图，是城市建设和管理的依据。[④] 城市规划学涉及城市规划的理念与工作，不仅要对城市中的建筑物的区域布局、道路和运输设施的设置、城市工程等进行安排，也要对城市中产业结构的区域布局和空间发展做出政策性、科学性、区域性和综合性的预先部署。城市规划不仅要合理地确定城市的发展方向、规模和布局，还要协调好产业、生态、人类、城市各方面在发展中的关系，统筹安排整个城市的建设趋于宜居、乐业、环保、智慧的综合效果，为城市中各种社会活动创造良好条件。

（二）城市规划学在文化产业规划中的意义和作用

第一，城市规划学为文化产业规划提供了框架基础。城市规划学的学科发展较为成熟，理论结构体系都相对完整。而且，城市规划主要是基于城市中物质形态内容而展开的，从这一视角出发，城市规划为文化产业的



① 李婷：《在经济学研究范式下的文化产业研究》，重庆大学硕士学位论文，2006。

② 张来春、许明：《文化经济学论纲》，《学术界》，2007（6），18—23 页。

③ 赵雅安：《文化产业经济学导论》，15—18 页，郑州，河南人民出版社，1996。

④ 王少远：《浅谈城市规划原则和作用》，《中国科技博览》，2015（22）。

空间发展和功能布局提供了理论支撑和规划依据。随着规划学界对以物质空间规划为主的传统规划方法的反思和对城市多样性及公众诉求的关注，长期游离于正统规划体系之外的非正规性、自发性聚落等特殊的城市空间逐步进入规划师的视野。① 比如英国的谢菲尔德文化产业园区、爱尔兰的都柏林寺庙酒吧等一些文化园区在西方文化产业发达国家已经被视为融合文化与城市经济发展的重要载体，较好地在艺术、文化生产与消费、城市空间拓展之间搭建了桥梁。

第二，城市建设与文化产业规划相互补充、相互促进。当前，文化产业作为一门新兴产业，成为培育城市个性、树立城市形象、提升城市魅力、塑造城市品位和进行城市竞争的新焦点。文化产业的发展对现代城市建设具有重要作用：首先，城市文化产业的发展有助于城市文化的培育，形成差异化和个性化的地域特色；其次，城市文化产业的发展有助于城市精神的弘扬，形成良好的城市人居精神；再次，城市文化产业的发展有助于城市品牌的打造，树立良好的城市形象与品质。因此，城市的建设与美化离不开文化的支撑，离不开产业的支撑。城市规划与文化产业规划是相互补充、相互促进的关系。未来将文化产业与城市发展相结合，大力推进产城一体化发展，将是产业规划的重要路径之一。如英国早在 20 世纪 80 年代晚期便提出了从文化的角度引导城市发展的概念，鼓励文化相关的业态通过集聚活跃城市氛围、活化城市建筑。

## 七、文化产业规划与其他学科

文化产业本就是一个多学科的新兴应用门类，规划中所使用的现代技术和所提供的增值服务需要更多的知识补给：

金融学的融入。在中国，文化产业的细分领域已经具备产业化、市场化条件，金融介入规划项目的实施时机基本成熟。而所有的文化产业规划项目都离不开资金投入和金融支持。文化产业的市场主体是以版权、人才等轻资产运行为主的创新型文化企业，多以智力投资为主。在无形资产评估体系尚不健全的市场环境中，专业性的文化保险机构与融资担保机构还相对缺乏，知识产权抵质押制度尚不完备，这些都对文化金融业务推动规划设计和实施形成制约。

---

① 郝凌佳等：《弹性规划理念下的文化创意产业集聚区规划探讨——以中国宋庄文化创意产业集聚区为例》，《规划师》，2015 (7)，73—79 页。

信息技术的融入。随着数字技术和互联网的飞速发展，信息技术与文化产业之间融合态势明显，数字化、信息化革命为文化产业的快速发展和与其他产业的融合嫁接提供了技术支撑和前提条件。特别是以互联网、大数据、云计算等为代表的信息技术，使得网络化的文化信息系统成为可能，加速了文化管理载体智能化进程。伴随着技术进步，诸如数字出版、数字图书、网络文献搜索、网络电影、网络电视、网络音乐等新兴业态应运而生。可以说，以互联网和数字技术为代表的科技革命为文化产业规划提供新的载体和管理形式。运用互联网思维和技术进行文化产业规划，对于推动传统文化业态转型升级、发展新兴文化业态具有举足轻重的战略意义。

建筑学的融入。建筑学不单单是研究建筑物本身的学科，更高层面上是以如何满足人们对建筑物的要求，以及建筑物实体从无到有的产生过程中分别对应的策划、设计、实施为主要内容的学问。文化产业的发展离不开建筑载体的支撑，这就要求文化产业项目规划设计中要渗透建筑学的理念与创意。文化基础设施等建筑或建筑群为文化产业发展提供了优质载体，而文化产业也为一些城市废旧的建筑带来了新的生机与希望。随着城市化进程的不断加快，人口密集和交通拥堵、产业结构的变化升级和产城一体化问题日益突出，综合建筑学知识与文化产业理论，将更好地推进文化产业规划的落地与实施。



当然，人文社科领域的传播学、哲学、美学、法学等，理工科领域的影像技术、材料科学、光电能源、软件、土建、电气等都和文化产业规划息息相关。因此，做好一项文化产业规划，需要多学科背景的专业人士参与。

## 第三节　规划内容和工作流程

### 一、文化产业规划的主要内容

随着我国经济文化繁荣发展，文化产业的作用更加重要。目前，从国家层面到地方层面都在着手制定“十三五”文化产业发展规划，完整的产业规划体系正逐步形成。根据编制需求或地域文化特色的不同，文化产业发展规划可以包括发展现状、存在问题、发展机遇、总体要求、指导思想、基本原则、发展目标、发展任务、空间布局、重点行业、载体建设、保障措施等内容。一般来说，文化产业规划核心六要素包括现实基础、总体要求、空间布局、重点行业、载体建设、保障措施。

（一）现实基础

本部分是对规划目的地客观、科学的评判，包括文化产业发展成效、存在问题、优势和劣势，对标城市、同类型项目地的发展情况，对文化产业总体发展趋势和规律的判断。在编制规划时，通过问卷调查、收集资料、实地调研、座谈讨论等形式，获得编制规划的相关文本资料、图片资料等；根据这些资料，对当地文化产业发展情况进行总结，包括文化创意产业增加值、发展速度、从业人数、企业数量、政府资金投入、文化产业结构、文化产业载体建设及文化品牌的打造等内容。与此同时，对编制规划地区的优势和制约因素进行分析，多从文化需求条件、支撑要素、相关及支持性产业、企业战略、产业结构、政府及市场机会等方面着手。区位交通便捷、经济基础雄厚、文化资源丰富、科技实力强劲等往往组成了地方文化产业规划的发展优势，发展中存在的问题则根据具体情况进行阐述。总之，现实基础部分需要有针对性地提出问题、分析问题，以便于后面更好地解决问题。

（二）总体要求

总体要求一般包括指导思想、遵循原则、产业定位、发展目标、发展战略等几块内容。指导思想是依据各级政府出台的文化产业相关政策、最新会议指示和领导重要讲话等要求，对地方文化产业发展进行宏观上的指导。遵循原则要以当地的发展实际为背景，妥善处理好发展中的一系列关系，即社会效益与经济效益的关系、市场运作与政府扶持的关系、发展重点与产业融合的关系、突出特色与区域协调的关系、“走出去”与“引进来”的关系等。产业定位既要全面统筹地方的文化资源优势，又要精要概括未来文化产业发展的趋势，要求具有较高的前瞻性和创新性。如《潍坊市文化创意设计产业规划（2014—2020年）》，根据潍坊市的文化资源优势和创意产业基础，提出的“世界风筝之都，中国创意名城”的产业定位，相对比较切合实际。发展目标是在以上三大内容的基础上，针对整个区域或项目文化产业发展的时序进行相应目标设定，包括定性和定量两个层面目标。一般来说，按照产业推进的时间来分，可以分为初期、中期和远期目标，或近期目标和远期展望；按照产业实现的效果来分，可以包括产值、企业数量、从业人数等数字的翻番，产业结构、人才体系等发展环境的优化，综合实力、集聚效应、创新能力、消费水平等方面的大幅提升，等等内容。

（三）空间布局（或功能分区）

空间布局是整个文化产业规划的核心部分，能保证区域或片区内的差异化、协同化发展。对区域性的文化产业规划来说，一是要梳理辖区内各县市区文化产业的发展现状与基础，利于区域内各个组成部分最大限度发挥各自的潜力；二是要坚持“一主多副”的发展思路，利于区域内优势产业间实现竞合发展，形成规模化、集聚化的产业带；三是要立足区域内各县市区特色产业或资源禀赋，利于推动特色文化产业集聚化，实现相关产业链条的延伸与聚合。空间布局一般包括一个核心区域、几大功能片区、地理空间上形成的产业集聚带等几个部分。在编制时，要明确涵盖区域的范围、发展方向、路径和发展的重点措施，结合当地实际情况，力求做到深入到位并宏观归纳，对产业带的不同板块进行合理布局，突出各个功能板块的产业链和项目载体，实现差异化分工以及互补化协同。

（四）重点行业（或重点业态）

立足国家大力推动传统产业转型升级、积极培育新兴业态健康发展的宏观背景，根据《文化及相关产业分类》（2012年国家统计局印发），对接国内外文化产业发展趋势，结合规划区域的文化资源开发和文化产业发展实际，为该区域量身定制符合当地条件的“N＋N”文化产业发展体系。确立各个行业的发展目标，制定相应的发展方向，并以推动产业链条完善、产业集聚化发展、产业融合发展等为主要内容，提炼出三到五条重点措施。一方面激发艺术品、工艺美术、新闻出版、广播影视、文化旅游等传统行业活力，以创新元素进一步提升产业优势；另一方面加大对会展、动漫、广告、创意设计、数字内容等新兴业态的培育力度，承继现有发展基础，努力形成新的特色优势领域，实现区域文化产业跨越式发展。

（五）载体建设（或重点项目）

规划的实施最终需要通过项目载体来落实。因此，在制定规划的时候，重点项目也是需要重点突出的部分之一。由于规划编制主体的要求不同，重点项目载体可能放在文本的附录，以表格的形式体现；也可能对重点项目进行策划或设计，以利于形成工作思路或方便招商。重点项目要体现当地文化产业规划布局和重点行业的内容，凸显文化特色和发展基础。因此，在选择时要注意项目的前瞻性和可操作性，将一部分落地性强的项目放在重点位置，明确责任主体、合作形式，提出相应配套措施和发展定位，并对项目的规划蓝图、发展前景、经济效益和社会效益进行初步描绘。重点项目根据项目的实施前景，可分为引爆性项目、常规性项目；根据项目的重要程度，可以分为重点突破项目和提升优势项目；根据项目推进时序，可以分为近期和中远期项目；根据项目的策划，可分为创新策划项目和改造提升项目。具体划分可以依据当地实际需求进行，在此不赘述。

（六）保障措施

保障措施一般包括组织保障、财税保障、金融保障、人才保障等内容，涉及组织领导体系的构建、政府服务平台的搭建、财税土地扶持政策、投融资渠道的开拓、人才培养引进制度、知识产权保护、对外交流与招商引资工作等内容。编制保障措施不仅要结合当地实际，更要深入解读国家、地方出台的相关产业政策。文化产业政策是政府制定和实施的旨在促进和规范文化产业发展的一系列政策的总和，① 如 2014 年出台的《关于推进文化创意和设计服务与相关产业融合发展的若干意见》《关于深入推进文化金融合作的意见》《国务院关于加快发展对外文化贸易的意见》《关于大力支持小微文化企业发展的实施意见》《推动特色文化产业发展的指导意见》《国务院关于促进旅游业改革发展的若干意见》《国务院关于加快发展体育产业促进体育消费的若干意见》等政策意见。从改革开放以来的政策实践来看，我国制定颁布的一系列文化产业政策对推动我国文化产业发展起到了巨大的作用。

需要说明的是，在制定规划时，不是任何地区、任何部门都要严格按照上述六个要素来编写，还可以细分其他内容，包括案例借鉴、总体思路、发展战略、重点突破、关键节点、实施方案、工作分工等内容。针对某一行业领域编制的文化产业规划，在规划基本内容的基础上，可以根据旅游、创意设计、出版印刷、文化传媒、节庆会展、文学艺术、工艺美术及演艺等不同行业的具体内容进行适当增删。针对某一特定地域，文化产业规划需要根据地方自身的文化特色、历史传统和发展基础、当地文化产业的实际发展情况有选择性地进行规划。

## 二、文化产业规划的工作流程

文化产业发展规划是在分析国内外文化产业发展趋势、了解本地文化产业相关要素实际情况的基础上，为未来文化产业寻求发展路径的过程。

① 陈加友：《论我国文化产业政策的调整与优化》，《云南民族大学学报（哲学社会科学版）》，2015（2），38—44 页。

从准备文化产业规划案例解析到调研直至规划编制的完成，每一阶段都有特定的工作内容来保证规划编制的顺利完成。

文化产业发展规划的编制大致分为如下几个阶段：规划提纲的编制和写作人员的确定、文案调查、实地调研、文本写作、中期交流和专家评审等。[①] 文化产业发展规划编制的各个环节都是紧密相连的，前一阶段工作是后续工作的前提和基础，而后序阶段则包含了前一阶段的工作成果，因此我们必须以系统的观点对待文化产业发展规划的编制工作。

（一）规划团队和提纲的确定

文化产业发展规划的编制人员应该具备多元的学科背景，历史学、艺术学、文化学、美学、管理学、经济学、建筑学、规划学等。同时，对规划地要有一个熟悉和了解的过程，邀请地方相关人士参与，以保证文化产业规划具有较高的科学性和前瞻性。

规划编制人员在接受规划编制任务后应该首先确定规划的提纲。文化产业发展规划在国内还处于探索阶段，所以规划提纲的编制应充分借鉴国内已经完成的文化产业规划编制的经验，并征求相关专家对规划大纲的意见与建议，完善规划大纲。

（二）文案调查

所谓文案调查，是指通过搜集各种历史和现实的动态资料，从中选取与调查有关的信息进行分析的调查方法，也叫间接调查法、资料分析法或室内研究法。[②] 在进行文案调查时，规划编制人员应该遵循如下原则：

第一，广泛获取资料。利用各种机会、通过多种信息渠道、采取多种方式，大量收集对规划编制有价值的资料。这些资料既要包括宏观资料，又要涵盖微观资料；既要有综合资料，又要有典型资料；既要有历史资料，又要有现实资料。

第二，提取针对信息。收集资料后，先要对其中一般性的资料进行摘录、整理、传递和选择，从中得到最有参考价值的信息。

第三，资料的时效性。在进行文案调查时，要认清价值最高的资料是能够反映最新情况的资料。

第四，资料的连续性。除了时效性，资料的连续性也有利于在规划编制中进行动态比较，更好地掌握文化产业发展的特点和规律。

---

① 顾江：《文化产业规划案例精析》，南京，东南大学出版社，2008。

② 刘刚：《中小企业市场调查策略探析》，《经济师》，2006（5），168—169页。

文案调查可以从以下渠道进行：

第一，统计部门以及各级、各类政府主管部门发布的有关资料。其中，党政主要领导讲话资料、宣传文化系统的年度总结及统计资料、地方相关规划材料是最重要、最基本的材料。国家统计局和各地方统计局定期发布统计公报等信息，并定期出版各类统计年鉴，内容包括人口数量、国民收入、居民购买力水平等，这些是很有权威和价值的信息。此外，发改委、财政、工商、税务、银行等部门也都设有各种调查机构，定期或不定期地公布信息。

第二，各级各类经济信息中心、专业信息咨询机构、各行业协会和联合会提供的信息和有关行业情报。这些机构的信息系统资料相对齐全，信息灵敏度较高，能够满足各类用户的需要。与此同时，这些机构还可以向需要获取重要资料的客户提供资料的代购、咨询、检索和定向服务。

第三，国内外有关的书籍、报纸、杂志所提供的文献资料，包括相关专家专题或区域研究文献，以及各种统计资料、广告资料、市场行情和各种预测资料等。

第四，数据库查询。一般来说，数据库分为两类：一类是文字性的，一类是数据性的。文字性的数据库通常包括来自报纸、杂志、电视或广播电台节目的新闻稿、政府报告等二级信息源，也有一些一级信息源。一般可以通过相关途径从CNKI、万方、维普、人大资料报刊索引和国外相关数据库收集国内外相关资料。

（三）实地调研与访谈

文化产业规划是将文化产业的相关理论研究和城市建设、经济社会发展实际相结合的过程，因此，实地调研的科学性和准确性将对文化产业规划最终的“顶天立地”具有至关重要的影响。对规划编制人员而言，在进行实地调研时首先应该对实地调研的时间安排和具体调研任务进行分解、确定，然后与规划招标单位或委托方进行沟通，以保证调研和访谈工作的顺利进行。

规划编制人员依据实际情况可以在如下方法中进行选择：

第一，问卷调查法。问卷调查法就是以问卷为载体进行相关资料的收集。问卷设计是问卷调查的核心环节，在进行问卷设计时应遵循以下原则：（1）每个问题的内容要单一，避免一个问题中包含多重含义的提问。（2）设计的问题要具体，避免抽象、笼统的表述。否则，会出现被调查者无从答起的局面。（3）问题的语言表达要力求简短、通俗、精准，不宜将问句设计得冗长烦琐，避免模棱两可和含混不清的词句。(4) 问题的表述要具有客观性，不能对被调查者有倾向性或诱导性，应本着被调查者根据客观实际情况作答的原则去设计。(5) 对于涉及民族、宗教、个人隐私等的敏感性问题，注意回避，或避免直接提问，可以选择旁敲侧击的形式完成。

第二，现场访问法。访问法，又称面谈调查，是规划单位通过面对面地询问和观察被访问者而获取信息的方法。可以采用个人面谈、小组面谈和集体面谈等多种形式。访问法的特点在于整个访谈过程是调查者与被调查者相互影响、相互作用的过程。一般有主管及相关部门、文化企业家、地方文化研究人士、地方经济研究学者等参加。

第三，实地观察法。观察法是规划单位在园区及文化企业现场对被调查者的情况直接观察、记录以取得信息资料的方法，具有自然客观、全面细致、感觉强烈的特点。比如规划编制人员可对消费型园区、古村落的游客流量或者消费情况等进行实地观测，可以更准确地获得游客消费动机、消费体验等的具体信息，进而提高规划编制的针对性和科学性。



(四) 规划文本写作与中期交流

在完成文案收集和实地调研之后，规划编制人员应该确定主要思路并修正完善纲要，以前期和现场收集的资料为基础进行规划文本的写作。在写作过程中规划编制人员应积极进行沟通和交流，采用头脑风暴或反头脑风暴等方法集思广益，发挥团队集体优势，同时也可以保证规划整体逻辑的一致性。

在文本写作过程中规划编制小组应该注重与规划委托方的持续交流，在交流中不断提高和修正规划的主要思路、细化环节等。

(五) 专家评审

完成文化产业规划任务的编制后，规划成果一般包括三方面内容：一是规划文本纲要，二是规划文本，三是规划图件。

规划文本纲要是对规划成果的一种简洁明了的说明，主要提供给政府官员或企业高管审阅。由于一般情况下主要决策者不可能阅读篇幅冗长的研究性文字，因此规划文本纲要仅仅给出规划的主要内容，一般不进行解释和背景介绍，通俗地理解就是文本纲要是“不讲道理”的地方。在课题评审和提交给有关政府机构、文化企业等甲方讨论规划方案时，这种简洁的文本是非常必要的。文字简洁、提纲挈领式的文本来自对规划说明书的综合研究和简化。

文化产业的规划文本不同于城市规划的说明书，后者一般是对规划图表的解释。这里的规划文本详细地罗列了作为规划结论的背景和支持材料的引文及统计数据分析，必要情况下还包括深入的专题研究内容。一句话，规划文本是“讲道理”的地方。在必要时，一些专题研究和辅助材料也可以作为支持数据附于说明书之内或之后，适合于专业管理部门和其他研究人员了解使用。

规划图件一般打印装订在文本中，但为了方便汇报时的解说以及课题完成后委托方的正常使用，规划成果还应包括若干幅配图，如空间布局图、项目分布图、项目示意图、效果图、案例图等。

规划成果送审稿提请委托方组织的有关专家进行评审论证，经修改后形成规划研究报批稿。

**相关链接：山东大学中国文化产业研究中心泰山区调研安排**

| 日　期 | 时　间 | 调研地点 |
|---|---|---|
| 7月25日 | 10:00 | 走访调研岱庙街道辖区内文化产业项目并进行高层访谈，具体企业请文产办协调安排 |
| 7月26日 | 8:30 | 走访调研财源街道辖区内文化产业项目并进行高层访谈，具体企业请文产办协调安排 |
| | 14:00 | 走访调研泰前街道辖区内文化产业项目并进行高层访谈，具体企业请文产办协调安排 |
| 7月27日 | 8:30 | 走访调研上高街道辖区内文化产业项目并进行高层访谈，具体企业请文产办协调安排 |
| | 14:00 | 走访调研徐家楼街道辖区内文化产业项目并进行高层访谈，具体企业请文产办协调安排 |
| 7月28日 | 8:30 | 具体考察泰山工业园区及重点项目，如方特欢乐世界项目，了解其中主要游乐项目设计及运作，具体内容由文产办指导、课题组安排 |
| | 14:00 | 具体考察泰安省级农高区及重点项目，如花样年华景区，了解景区发展现状及产业运作方式，具体内容由文产办指导、课题组安排 |
| 7月29日 | 8:30 | 具体考察泰山风景区，实地了解泰山景区文化及运作，具体事宜由文产办指导、课题组安排 |
| 7月30日 | 8:30 | 走访调研省庄镇辖区内文化产业项目并进行高层访谈，具体企业请文产办协调安排 |
| | 14:00 | 走访调研邱家店镇辖区内文化产业项目并进行高层访谈，具体企业请文产办协调安排 |

续表

| 日　期 | 时　间 | 调研地点 |
| --- | --- | --- |
| 7月31日 | 8:00 | 与区直有关部门、重点文化企业、文化产业园区负责人交流座谈 |
| | 14:00 | 与泰山区委、区政府相关部门主要负责人座谈，交换意见 |
| | 16:00 | 返济 |
| 9月13日 | 9:30 | 与泰山文化研究的专家学者座谈。探讨泰山文化的核心精神，为泰山区文化产业的文化定位做深入调研。具体由文产办组织 |
| | 14:00 | 考察岱岳区文化产业重点项目和园区。了解泰山区的紧邻竞争对手和合作伙伴的状况，为规划编制做进一步的资料准备。具体内容由文产办确定 |
| | 19:00 | 观看《封禅大典》演出。深入理解泰山文化，了解泰安市演艺业的发展现状，具体了解其运作模式及经营状况，对泰山区演艺业的发展定位做深入考察。文产办负责安排 |
| 9月14日 | 8:00 | 考察泰山区重点玉石加工企业。了解泰山玉石加工业的现状及存在的问题，为编制规划提供基础。具体企业名单由文产办确定 |
| | 10:30 | 实地考察扇子崖、泰山景区。了解扇子崖的资源和现状，为规划开发扇子崖景区做实地调研。对景区的运作做深入的了解，为泰山区文化产业与泰山景区的衔接积累资料。具体由文产办安排 |

注：初次调研分2轮进行，第一次主要是在泰山区辖区内进行，第二次主要集中在外围的岱岳区、泰山风景区等地。

# 第二章　文化供需分析与预测

“天下万物生于有，有生于无”，常州中华恐龙园就是一个经典案例。常州没有出土过恐龙化石，1997年中华恐龙园把握当地新建地质博物馆的机遇，借着几具恐龙骨架，让“雪藏”在仓库里的化石恐龙在市场中复活，“东方侏罗纪、中华恐龙园”从此诞生，实现从“无中生有”到“虚实互动”，游客欢乐体验得到了新满足。深圳是另一个经常被拿来做案例的城市，借助区位、科技和经济优势，深圳逐步从中国“文化沙漠”成长为世界“设计之都”。

这些成功案例，都离不开分析消费者的新诉求，离不开文化市场的供需协同。在文化产业规划中，必须提供合适的文化价值主张，也就是我们的规划能为消费者或客户解决什么样的问题，或者能给顾客提供什么样的价值。站在顾客或者消费者的角度考虑问题，进行文化供需的分析与预测，寻找和发现文化产业发展的基本趋势和方向，成为文化产业规划首先要面对的问题。

## 第一节　文化市场供需调查

### 一、文化市场调查的含义

市场调查（Marketing Research）是运用科学的方法，有目的地、系统地搜集、记录、整理有关市场营销信息和资料，分析市场情况，了解市场的现状及其发展趋势，为市场预测和营销决策提供第一手数据资料。①科学的市场调查能使管理者通过市场调研数据和现状分析来明确企业发展方向、寻找企业的竞争实力，从而为企业差异化提供决策依据。文化市场

① 苏楷：《浅析企业市场营销战略创新》，《消费导刊》，2015（1），185—186页。

是市场的一个分支，文化市场的调查与其他市场调查同根同源，即系统地、有目的地收集、整理文化生产者和文化消费者的相关数据资料，通过科学、客观的数据分析来判断文化市场动向的一种活动。

通过科学的方法收集、整理和分析与文化产业规划相关领域的市场信息，掌握相关市场的发展现状和变化规律，能够为文化产业规划的项目团队进行市场预测和决策提供可靠的数据和资料，为规划提供建设性和创意性的战略思路。

## 二、文化市场调查的方法

文化市场调查的方法有很多，企业的市场调查人员可以根据具体情况选择不同的调查方法，也可以多种调查方法并用，全方位了解和掌握调查对象。综合相关研究结论，我们将文化市场主要调查方法归纳如下：

（一）按调查的深度分类

1. 探索性调查。探索性调查是非正式调查的一种，往往用于正式的市场调查之前，通过小样本的调查事先了解目标对象的性质和基本情况，把原先模糊的问题具体化，从而确定调研的方向和范围，得到关于调研项目的某些假定或设想，以便进一步调查研究。文化市场的探索性调查方法主要包括文献查找、案例分析、经验分析等。

2. 描述性调查。描述性调查是指对调查对象所面临的不同因素和不同方面现状，通过甄别、审核、记录、整理和汇总，找出关联因素，对所调查对象做出广泛、深入而准确的描述。此方法着重于对客观事实的静态描述。文化市场的描述性调查主要应用于对文化市场本身的界定和说明，包括市场环境、市场潜力、市场竞争主体、市场消费群结构等内容，例如对文化消费者的年龄、性别、生活方式、消费习惯、购买力水平等信息的准确描述。

3. 因果性调查。因果性调查是指为了查明项目不同要素之间的关系以及导致目标对象产生一定现象的原因所进行的调研。它可以帮助决策者了解内外部因素的变化对项目进展的影响等涉及文化市场变量之间关系的问题，在甄别因变量和自变量之后推导出目标问题的前因后果。

4. 预测性调查。预测性调查是在描述性调查和因果关系调查的基础上，通过对市场变量及其影响因素的历史和现状进行深入分析和调查了解，对这些市场变量及影响因素在未来一段时期内的变化和发展趋势做出估计和预算的研究过程和方法。随着文化产业的快速发展，前瞻性的市场研究显得愈发重要，科学合理地开展预测性调查将促使市场主体自觉规避眼前利益陷阱，增强持续竞争能力以实现长期稳定的市场效益。

（二）按照交流的方式分类

1. 问卷调查法。问卷调查法是调查者精心设计调查问卷，选定被调查对象填写回答，来获取调查信息的一种方法。通过问卷进行实地调查是常见的市场调查方法之一。在问卷调查中，调查者先要依据已掌握的调查资料和需要了解的调查目标的相关内容，以精练准确的语言设计问卷，抽样选取调查对象来将意见或答案填入问卷中。随着网络技术的发展，网络问卷调查也越来越得到调查者的青睐，本节的第四部分将对网络调查进行具体的描述。

2. 访问法。访问根据访问内容的不同，可以分为结构式访问和非结构式访问；根据访问对象的差别，可分为个人访问和集体访问。结构式访问是经事先设计并包含一定结构的问卷访问形式。进行结构式访谈时，调查者应注意保持提问的语气和态度，并尽量以相同的提问方式和记录方式进行。非结构式访问是指不设计统一问卷或固定问题，通过调查者与受访者之间的自由交谈来整理和分析想要了解的信息。个人访问包括个别面谈、电话询问和深度访谈三种形式。集体访问则是通过集体座谈的方式来收集信息资料，包括专家集体访问和消费者集体访问。其中，集体座谈会是文化产业调查常用的访问方式之一。

3. 观察法。观察法是市场调查研究最基本的方法之一。它是调查者根据一定的研究目的、研究提纲或观察表，运用自己的感官，结合辅助性工具去直接观察具体事物，从而获取资料的一种方法。科学的观察应该具有计划性、目的性、系统性和可重复性。常见的观察法包括核对清单法、级别量表法和记叙性描述等。

4. 实验法。实验法是指调查者通过实验的形式，从影响调查对象的若干因素中，有意改变或控制一个或几个影响因素，在可控制的条件下来观察调查对象在这些因素影响下的变动情况，认识市场现象的本质和发展变化规律，从而获取所需资料的方法。

5. 大数据分析法。即通过数据采集、甄别、转换、集成建立数据仓库，利用数据管理和挖掘算法深入分析数据导向。目前，大数据分析在商业经济及其他领域中应用广泛，逐渐取代了基于经验和直觉的传统决策方式。

（三）根据调查的内容分类

1. 市场环境调查。它是对影响文化企业生产经营活动的外部因素如经济环境、政治环境、社会文化环境、自然地理环境、科学技术环境等所进行的调查，主要包括文化市场总体环境调查、相关产业的环境调查和各经营领域中竞争环境的调查。

2. 市场需求调查。它是对文化市场规模的大小及产品潜在需求量的调查，主要包括消费需求调查、消费结构调查、消费行为调查、消费者收入调查等内容。其中消费行为主要包括消费者的购买动机、购买数量、购买频率、购买时间、购买方式、购买偏好和购买后的评价等因素。

3. 市场供给调查。主要包括对产品生产能力和产品本身所做的调查。具体表现为对某一产品市场可以提供的产品数量、质量、功能、型号、品牌等基本要素和生产供应企业的现状进行调查。市场供给从另一角度反映着需求的变化。

4. 市场营销活动调查。市场营销活动调查主要是对文化市场上同类产品的价格、渠道和促销所开展的调查。其中，针对产品的调查主要包括对市场上新产品的开发和设计情况、产品生命周期阶段、产品组合情况等进行调查。产品的价格调查侧重于了解消费者对价格的接受度、满意度和对价格策略的反应等。渠道调查主要包括了解渠道的分布和结构、中间商的情况、消费者对中间商的满意情况等。促销调查主要包括对各种促销活动效果如广告效果、人员推销效果、营业推广效果和对外宣传的市场反应等的调查。

## 三、文化市场调查的过程

文化市场调查的过程主要包括明确调查目标、制定调查计划、设计调查方案、收集整理调查数据、分析调查数据、撰写调查报告等几个环节，既可以委托专业的市场调查公司也可以由企业的市场部或专门组建的相关调研团队进行。文化市场调查是文化产业规划科学性和客观性的前提，这一重点工作必须遵循一定的程序，才能获得科学的信息和资料，形成具有指导性、说服性的调查报告，进而切实保证文化产业规划的判定符合基本规律。

（一）明确调查目标和内容

明确调查目标是市场调查的前提，也是设计调查方案首先要解决的问题。目标的性质不同将直接导致研究层次和研究方法的不同。调查目标是否明确，直接关系到调查活动的有效性和获取数据的有用性。只有明确了调查目标，才能确定调查的样本和内容，通过调查活动聚焦问题，以获取有效数据，加强数据分析的可信度和逻辑性。调查内容是收集一手和二手资料的依据，可以根据市场调查的目标确定具体的调查内容。全面、具体、逻辑性强的调查内容可以节约时间和成本，优质高效地完成调查任务。如调查消费行为，可以根据消费者的购买动机、购买行为、用后评价三个方面列出调查的具体内容项目。[①]

（二）制定调查计划

市场调查计划是调查过程控制的必要前提，主要包括确定调查对象、调查内容、调查区域、调查时间和期限、调查成本预算、调查组织等方面。[②]

1. 调查对象。根据调查目的和任务，确定一定时空范围内所要调查对象的总和。文化市场调查的对象一般为文化消费者，应该注意对与项目对应的特定消费群体的选择和把握，选择产品的主要消费群体进行调查。

2. 调查内容。由于调查的目的和任务以及调查对象的特点与数据资料搜集的渠道有所不同，调查内容也有所不同。

3. 调查区域。调查区域的范围划定应与文化产品消费的覆盖范围相一致。可根据人口分布情况和人口特征中收入和文化程度等因素，对整个调查区域进行划定，按照比例将总样本分配到各个区域，然后分别在若干个小范围区域进行调查，从而减少实地访问工作量，提高调查工作效率，多渠道获取信息。

4. 调查时限。调查时限是指所调查资料所属的时间范畴，以及整个调查工作所占用的时间周期（即一项调查任务从策划到结束的整个时间跨度）。确定调查时限，不仅能够保证数据的统一性，便于资料和数据的分类和汇总，也便于在调查课题的难易程度、工作量及时效性的基础之上合理设计调查进度表，从而更好地控制调查的进度。

5. 调查成本预算。调查成本预算要求对可能需要费用的项目尽可能全面考虑，并对各个项目的费用进行合理估计；既要全面细致，又要实事求是。随意和不切实际的预算将不利于调研方案的审核和通过。

6. 调查组织。调查组织是调查工作实施的人力资源配置问题，主要包

① 张慧芳：《基于统计学角度分析的市场调查问题探讨》，《现代商贸工业》，2010（17），45页。

② 马天宝：《企业如何做市场调查》，《青海经济研究》，2006（2），83—84页。

括调查队伍的组建、调查的组织领导者、调查人员培训等。企业委托外部市场调查机构进行市场调查时，还应了解双方的责任人、联系人和联系方式等。

（三）设计调查方案

文化市场调查的方法多种多样，规划团队应根据调查的目标和任务、调查对象的特点、调查的成本和精度、调查资料收集的难易程度等，选择合适的调查方法。一般来说，既要重视二手资料的获取，也要利用合适的一手资料调查方法进行资料收集。

在市场调查中，调查表或调查问卷可以是被调查者填写的书面调查，也可以是访谈的调查提纲，因此常被用来作为基本工具。如何设计调查表或调查问卷？需要注意以下几点：(1) 设计内容要简洁明了，且与调查主题密切相关，能够突出重点。(2) 措辞与内容表达要易于被调查者接受，预测调查对象的情绪和敏感情况。(3) 调查问题的设置要注意条理清晰，逻辑性强、循序渐进。可以遵循由易到难、由简到繁，敏感问题放在最后的形式；或选择将封闭式问题前置，开放式问题后置。(4) 尊重调查对象的时间和隐私权。

（四）资料收集和整理

资料的收集是资料分析的前提。来源和角度呈多元化的第二手资料收集迅速且代价低，并能够为第一手资料的收集提供重点和方向。但第二手资料的针对性不是很强，所以第一手资料的收集也很必要。

资料的整理是对所获的调查资料进行加工和系统开发的过程。通过对资料的审核、订正、编目、分类、汇总等，为市场分析研究提供系统化、逻辑性强的综合资料，可利用 Excel 工作表格作为辅助工具对调查数据进行统计。

（五）分析解读数据

文化市场调查资料的分析，是一个对市场调查数据深度加工的过程。其目的在于把现实的客观数据转换成可行的策略，由数据导向结论，由结论导向对策研究。在对市场调查数据进行分析的时候，分析者应结合现实情况和经验，遵循分析的原则和要求，运用科学的分析方法形成系统化和表格化的解读。

（六）形成调查报告

文化市场调查报告是整个调查过程的最终成果，供项目规划者和决策者参考。编写文化市场调查报告时应注意围绕市场调查目标，突出重点，准确统计数据，简明扼要地分析，对调查结果做中肯客观、科学合理的评价，为文化产业规划提供建设性和创新性的意见。

## 四、网络市场调查

网络市场调查，又称网上市场调查或联机市场调查，指的是通过网络有系统、有计划、有组织地收集、调查、记录、整理、分析与产品、劳务有关的市场信息，客观地测定及评价现在市场及潜在市场，用以解决市场营销的有关问题。其调研结果可作为各项营销决策的依据。[①]

（一）网络市场调查的类型

1. E-mail 法，即电子邮件法。这一方法基本是传统邮寄调查的电子化。电子调查以 E-mail 地址清单作为样本框，以文本格式或是 HTML 格式作为调查问卷，随机发放问卷进行调查。[②] 其中，样本框的代表性及问卷的回收率直接影响调查的准确性。

2. Web 站点法。即建立市场调查网页或是把相关调查问卷直接放置在点击量和访问率较高的 Web 站点的页面上，由对该调查感兴趣的网站访问者完成并提交问卷。[③] 由于某些大众类网站的访问者的素质参差不齐，可能来自社会的各个阶层，而有的网站则只针对某一类群体，所以，用此方法做出的调查结果代表性较低。

3. 除了以上两种常见的网络调查方法之外，还有通过网络随机 IP 地址发送问卷的调查、通过网络实时交谈（IRC）进行访谈式的调查、通过计算机辅助调查（CAI）等多种网络调查方法。[④]

（二）网络市场调查的优势

网络市场调查具有传统市场调查无可比拟的优势，为市场调查提供了新方法和新技术，对于拓宽和深化传统的调查方法具有重要的推动作用。与传统的市场调查相比，网络市场调查还具有成本低、回收快、信息采集方便等特点。

---

① 刘曜、盛彧湛：《基于层次分析法实现网络调查模式最优化选择》，《中国管理信息化》，2009（6），76—77 页。

② 黄建华：《网络环境下的市场调查方法》，《微计算机信息》，2003（7），74—75 页。

③ 李龙江、党存红：《我国网络市场调查存在的问题及对策研究》，《重庆三峡学院学报》，2010（5），56—58 页。

④ 肖丹桂：《试论我国市场调查的未来趋势》，《湖北财经高等专科学校学报》，2004（5），23—25 页。

第一，便捷性和丰富性。网络调查在收集二手资料上有绝对的优势，网上数据库搜索的便捷性和资料的丰富性大大缩短了搜集资料所需的时间，且降低了收集资料的成本。

第二，主动性和可靠性。网上调查是开放性的，任何网民都可以根据自己的兴趣选择主动参与调查，因此，被调查者一般都会以认真的态度对待，所反馈信息的可靠性就高。同时，网上调查还可以避免传统调查中出现的人为误差。

第三，无时空限制。网络调查的开放式特性使网民可以在任何时候进行问卷作答，调查者也不再担心时空限制。对于大规模的、涉及地理区域广的市场调查来说，网络调查不失为一种高效优质的途径。

第四，成本低。与传统调查需要大量人力物力成本相比，网络调查可以实现网上提问、网上回收、网上统计分析，避免了传统调查数据记录、整理和录入的烦琐工作，大大节约了成本。

第五，多样性。网络市场调查主要通过多媒体技术如文字、图像、影像、声音等多种形式表现调查信息，使得市场调查轻松而富有乐趣，能够在很大程度上吸引被调查者主动参与。



网络经济和网络文化已经渗透到社会的各个方面，在潜移默化地改变着人们获取信息的习惯和方式，以其独有的特点和优势为调查者所青睐。但不可否认，网络市场调查也存在一定的局限性，如调查样本代表性不强、监控机制不健全、相关的法律法规及管理规定尚不完善、涉及侵犯隐私等问题，还需要进一步改进和完善。因此，将网络市场调查与传统市场调查方法相结合、丰富调查数据、增强调查结果的权威性和说服力才是最重要的。

## 五、调查中容易出现的问题

第一，信息收集方法落后，效果差强人意。随着互联网、大数据、云计算等一系列新技术的涌现，现在传统的信息收集方法，已经不能满足现代市场调研活动的需求，需要新的信息收集方法来适应这一需求。与此同时，在一些涉及隐私、敏感的问题上，信息收集方法不合理，会导致调研工作不畅通、难开展。如果涉及敏感问题，调查者想要获取全面、真实的信息，应避免采用调查者和被调查者面对面的调查方法，并尝试合理运用互联网、大数据等新的调查与采集工具，从而取得更好的调查效果。

第二，问卷设计不合理，容易以偏概全。问卷调查是收集一手资料常用的调研方法。通常情况下，对这一方式所收集的数据大多能进行质量分析，为调研机构形成直观的参考信息，结果具有很强的说服力。其中设计一份科学的市场调查问卷是关键。问卷设计者的水平和实践经验的不同，直接影响问卷水平的高低。问卷如果不合理，就难以收集到有效的信息。问卷设计的用语、结构、顺序具有规则性和科学性，是一门技术性很强的工作。

第三，分析方法不科学，结论不精准。目前，国内大多数市场调研机构仍然沿用传统的分析方法如相关分析、回归分析、聚类分析、判别分析等进行数据分析，而一些先进的数据分析法如正交分析等还没有得到广泛采用，导致一些调查挖掘结论不够精准，出现偏差。

第四，对行业实际情况了解不深，对策不切实际。市场调研的目的是向客户展示调研结果，并向需求方提供切实可行的对策方案。而一些调研机构为了争取客户量，增加经济效益，盲目对客户承诺调研，但事实上，其本身对所服务的文化产业实际情况的把握能力并不强，调研操作缺乏规范，提出的对策建议空泛不切实际，导致对策无法满足客户需求，无法给客户解决发展问题，最终损害了整个行业的利益。

## 第二节　文化市场需求分析

### 一、什么是文化市场分析

市场分析既是市场调查的组成部分和必然结果，又是市场预测的前提和必要准备。市场分析就是运用统计原理对已获得的市场调查资料进行分析，了解和掌握影响调查目标的多种因素，从而为目标决策者提供决策依据。市场调查的资料和信息必须经过甄选和科学的分析才能加以运用。市场分析是一门综合性的科学，它涉及经济学、统计学、经济计量学、运筹学、心理学、社会学、语言学等学科。

文化市场分析对文化产业规划具有指导性意义。通过文化市场分析，文化产业规划相关负责人员能够了解影响规划实施的内外部因素，包括市场潜在销售量及可能具有的市场占有率、目前市场的供求关系、消费者的消费习惯和消费偏好等，据此评估项目规划的可行性与预期效益等，从而修正规划以确保项目按预期进行，将项目运行过程中的风险降到最低。另外，细致的文化市场调研和文化市场分析可以帮助文化产业规划者发现市场机会，并为项目的建设和发展创造条件。不论是了解当前市场竞争者的发展现状，还是规划项目实施后产品的推销和促销手段的选择，都离不开科学的市场分析工作。

## 二、文化消费行为分析

消费者行为是消费者的购买决策和消费者行动过程的整合。购买决策是消费态度的形成过程，是消费者购买产品和服务前的心理活动和行为倾向。[①] 而消费者行动则是购买决策的实践过程。文化产业规划要经过规划决策、规划策划、设计、实施、经营等多个阶段，但最终还是要面向消费者，只有消费者买单，才能实现其社会效益和经济效益。因此，项目规划必须坚持“以人为本”的理念，重视文化消费行为的分析。

（一）文化消费偏好的分类

李康化认为文化消费者的偏好一般存在三种情况：同质性偏好、分散性偏好和群组性偏好。假如一组文化消费者对某种文化产品和服务最关心的两种属性是X（内容丰富性）和Y（获取便利性），那么，这组消费者对这两种属性的偏好就会存在如下三种情况：

1. 同质性偏好。所有文化消费者对X和Y两种属性的偏好大体相同，不存在显著差异。面对这种情况，文化企业必须同时注意文化产品和服务的上述两种属性，根据文化消费者的偏好特点，提供相同的文化产品和服务，没必要进行市场细分。

2. 分散性偏好。文化消费者的偏好不同，极为分散。这组文化消费者有的看重属性X，有的看重属性Y，且偏好的程度也不同。面对这种模式，假如文化企业只推出具有一种属性的文化产品和服务，很难满足所有的文化消费者。因此，可以对市场进行无限细分，提供具有多种属性组合方式的文化产品和服务类型。这时，文化企业面对的选择将是多样化的。

3. 群组性偏好。市场上不同偏好的文化消费者，呈族群分布。部分消费者偏重属性X，部分消费者看重属性Y，部分消费者偏好的程度高，部分消费者偏好的程度低。面对这种模式，文化企业可以从整体市场划分出有限的几个市场，在有限的选择中进行市场细分。

对消费者偏好的分析，有利于文化产品规划者寻求目标市场，深度开

① 杨晓燕：《中国消费者行为研究综述》，《经济经纬》，2003（1），56—58页。

发文化企业现有的利基市场，发现新的市场机会，形成竞争优势，用最经济的投入获取最大的市场回报。[①]

（二）影响文化消费行为的因素

1898年，美国学者E. S. 刘易斯提出了消费行为AIDMA理论。他认为，大多数购买行为的产生会经历以下5个阶段：Attention（引起注意）→Interest（产生兴趣）→Desire（唤起欲望）→Memory（加深记忆）→Action（促成行动）。该理论完全符合网络1.0时代的消费者决策行为，即信息单向流动所催生的消费模式，只有A（促成行动）是消费者产生的主动行为。直到今天，部分信息技术不发达的国家/地区的消费行为仍与此理论契合，适合以此理论结合心理学理论分析消费行为的动因。

随着需求与技术的不断契合，新媒体产生，促生了新的消费行为——AISAS。这个加入互动要素的理论认为，消费决策经历以下五个阶段：Attention（引起注意）→Interest（产生兴趣）→Search（主动搜索）→Action（促成行动）→Share（信息分享）。而在互联网和移动通信技术高度融合的今天，消费模式又发生了新的改变。如果按照经典理论的格式，新的消费行为SCIAS包括以下五个阶段：Search（主动搜索）→Compare（同类比较）→Interest（产生兴趣）→Action（促成行动）→Show（秀出宝贝）。[②]

菲利普·科特勒认为，主要是社会因素、文化因素、个人因素和心理因素决定着消费者的行为。对于文化消费者行为的影响因素的分析，不仅能够让文化产业规划者更好地把握目标消费者的欲望、偏好、购买动机和消费习惯，使文化产品能够满足消费者个性化要求，同时，文化产业规划者还能据此提出并制定行之有效的市场营销计划，以维护现有的消费群体，发掘潜在的文化资源，获得较大的市场空间。

1. 社会因素。文化产品消费者的选择与消费行为常常受到一系列社会环境因素的影响，主要表现为社会其他成员的影响。主要社会因素有：参照群体、家庭、社会成就等。

（1）参照群体。参照群体是指对个人的文化产品接触、使用态度和行为具有直接或间接影响的相关群体。具体来说主要有主导群体和辅助群体、参与群体和期望群体、自觉群体和回避群体、长期群体和临时群体等

---

① 李康化：《文化市场营销学》，102—104页，太原，书海出版社，2006。

② 李光斗：《移动互联网时代的消费法则》，《走向世界》，2014（30），109页。

几种类型。[1] 参照群体对消费者的选择与消费行为的影响主要表现在三个方面：首先是为消费者提供可供选择的生活方式和消费行为，进而影响消费者的文化产品接触和消费习惯；其次是影响消费者的态度和自我观念，进而影响消费者的文化产品解读方式；第三是促使文化产品消费者的行为趋于一致，从而影响消费者对文化产品和品牌的实际选择。文化产业规划者在进行文化产品规划的时候，要注意分析目标对象所处的群体，并了解该群体中的领袖人物，借助“舆论领袖”效应影响人们的文化产品消费行为。

（2）家庭。在不同的文化产品消费领域，特定的家庭结构和不同的家庭成员扮演的角色是不一样的。文化产品规划者应根据项目的内容采取针对性的营销策略，发挥具有选择决定权和消费影响力的消费者的作用。

（3）社会成就。马斯洛把人的需求分为生理需求、安全需求、社会需求、受尊重需求和自我实现需求五个层次，并发现只有低一层的需求满足之后，人们才会追求更高一层次的需求。由此可见，不同的文化消费者，会因其不同的社会成就和社会角色而选择与自己的身份地位相符的文化产品和品牌。

2. 文化因素。在生存发展的过程中，人类会产生各种各样的文化需求，会有各种各样的文化产品选择和消费方式，但是需求的内容和行为尤其是对意义的解读方式无不受到文化的影响。文化就是通过满足人们的社会心理需求、解决人们的社会价值判断来决定文化产品消费的顺序和方向，从而导致了不同的消费心理和选择行为。文化因素对文化产品消费者的行为有着深刻的影响，潜移默化地影响并支配着消费者的生活方式和对文化产品的认同。不同地域、不同民族、不同阶层的文化对消费者关于文化产品的解读和接受也会产生影响。文化产业规划者要重视文化这一历史累计变量的影响，打造符合目标群体心理预期的文化产品。

3. 个人因素。年龄、职业、经济状况、受教育程度、生活方式、个性和自我观念等方面是影响消费者行为的个人因素，这是个体性和独特性的因素。不同年龄的消费群体因价值观念、认知结构、经历经验的不同，对文化产品的解读和选择不同；职业和社会地位也对文化产品消费偏好产生直接影响，表现为不同职业的消费者对文化产品的消费时间、地点及解读

① 梁承磊、李秀荣：《参照群体对冲动性购买行为的影响》，《山东财政学院学报》，2010（3），84—88页。

方式不同；经济状况决定消费者的实际购买力，消费能力也会成为选择文化产品时的考虑因素；生活方式、个性和自我观念促使文化消费者选择那些符合自身生活方式或彰显自我个性、兴趣、气质和性格的文化产品。以上各种因素都要求文化产品规划者在宏观市场分析的基础上，认真分析文化产品的目标消费者，并尽力打造符合细分市场消费者特点和个性的文化产品。

4. 心理因素。需要与动机、知觉、学习与记忆、态度等方面都是影响消费者行为的心理因素，本书将之称为临时性或短期性心理变化因素。这些因素在一定程度上不仅决定消费者的决策行为，而且对外部环境与文化产品营销也具有放大或抑制作用。文化消费的逆循环性和社会网络效应等特征，均与心理因素相关。

影响消费者偏好的因素除了上述社会因素、文化因素、个人因素和心理因素之外，还与获取产品的报酬与费力程度有关。威尔伯·施拉姆曾提出产品选择的概率公式：报酬的保证/费力的程度＝选择的概率。可见，提高文化产品的附加价值，降低文化产品消费的代价，并把文化产品相关信息有效传达给目标消费群体，能够激活文化消费者的选择行为和消费行为。

黎万强先生在著作《参与感》中，对消费者需求进行了分析。消费者购买一件产品，从早年的功能式消费，转变为品牌式消费，再变为体验式消费；但小米公司所经营的并不是功能式消费也不是品牌式或体验式的，黎万强称这种全新的消费方式为“参与式消费”。周鸿祎在《我的互联网方法论》一书中，指出“用户至上”：互联网讲的不是把东西卖给谁，而是如何提供有价值的服务，和我的用户永远保持连接；强调“体验为王”：在传统经济里，很多时候给用户提供的产品，够用就好，能卖就成，但在互联网上，用户选择成本很低，所以要想办法让大家获得超出预期的感受，产生交易之外的感情上的认同。可以说，互联网思维为文化产业规划与设计提供了全新的视角。

**相关链接：《济南市文化产业调研报告》节选**

济南城乡居民收入水平持续提高。2010—2013年居民收入年平均增速保持在10％以上。2013年，济南城市居民人均可支配收入为35648元，农民人均纯收入为13248元，高于同时期全国的平均数据26955元、8896元。

表 1　2010—2013 年济南城乡居民人均可支配收入

| 年份 / 区域 | 2010 | | 2011 | | 2012 | | 2013 | |
|---|---|---|---|---|---|---|---|---|
| | 收入（元） | 增长率 | 收入（元） | 增长率 | 收入（元） | 增长率 | 收入（元） | 增长率 |
| 城镇 | 25322 | 11.4% | 28892 | 14.1% | 32570 | 12.7% | 35648 | 9.5% |
| 农村 | 8903 | 14.3% | 10412 | 16.9% | 11786 | 13.2% | 13248 | 12.4% |

资料来源：济南市统计年鉴

一、居民文化消费意愿较为强烈

根据济南市文化消费市场调查问卷，认为文化消费非常重要的约占总人数的 27%，认为重要的占 39%，认为一般的占 29%，而认为不重要的仅占 5%。认为重要和非常重要的人群比例占到了 66%。

二、居民用于文教娱乐服务类支出水平逐渐提高

2012 和 2013 年，济南城市居民人均消费支出分别为 20031 元和 21666 元，2013 年文化教育娱乐服务消费 2603.5 元，占比为 12%；2013 年农村人均消费支出 7798.7 元，文化教育娱乐服务消费 583.3 元，占比 7.4%。城乡居民文化消费所占比例虽然均大于全国 6.6% 的平均值，但离 30% 的合理比例仍然有很大差距，济南居民文化消费能力仍有很大的提升空间。

表 2　2009—2013 年济南农村居民文化消费增长情况

| 年份 / 类型 | 2009 | 2010 | 2011 | 2012 | 2013 |
|---|---|---|---|---|---|
| 人均生活消费（元） | 4477.0 | 5152.9 | 5702.4 | 6728.2 | 7798.7 |
| 人均文化消费（元） | 377.8 | 416.8 | 387.5 | 435.9 | 583.3 |

资料来源：济南市统计年鉴

## 三、文化市场机会分析

文化市场机会是文化市场环境和消费者行为变化过程中表现出的有利于文化企业获取竞争优势的时机和空间。对文化市场机会的分析和把握有助于利益主体明确竞争方向和目标，及时采取有效措施，从而获得竞争优势。

（一）文化市场机会的分类

文化市场机会按照不同的分类标准可划分为不同的类型，常见的机会类型主要有[①]：

① 李康化：《文化市场营销学》，181—189 页，太原，书海出版社，2006。

1. 环境市场机会与企业能力机会。随着环境变化而客观形成的各种各样未被满足的需求构成了文化企业面对的环境机会，它是可供文化企业选择的所有市场机会的集合。企业能力机会是指环境机会中那些最有利于保证文化企业竞争战略实施、有利于文化企业利用现有资源和培养竞争优势的市场机会。对环境机会的考察是市场机会选择的第一步，要求全面、系统地分析环境变化蕴含的所有可能的机会，尽可能地为文化企业提供各种选择。文化产业项目规划的过程中，规划相关主体应全面评估环境机会和竞争对手，在了解自身资源和能力的基础上对文化市场相关领域的供需进行分析和把握，这有助于利益主体有目标、有计划地进行规划方案的编写和实施。

2. 显性市场机会和隐性市场机会。显性市场机会是那些明显的没有被满足的市场需求，隐性市场机会是那些尚未被意识到的没有被满足的市场需求。市场竞争的智慧在于，当面临显性市场机会的时候要及时抓住，迅速占据市场机会所提供的利益空间；当意识到隐性市场机会存在的时候，要慎重分析，把对隐性市场机会的满足作为文化企业利益调整的方向和支点。但就一般情况而言，显性的市场机会容易被识别，因此，隐性市场机会的发掘和相应措施的采取，将会使利益主体在低竞争成本的前提下获取对目标市场的超额利润。

3. 行业性市场机会和交叉性市场机会。行业性市场机会是在文化企业所处的行业或者经营领域中出现的市场机会。交叉性市场机会是在文化产业与其上下游相关行业之间的交叉或结合部分出现的市场机会。对上述两种市场机会的把握要和文化产业发展周期以及文化企业本身的发展战略相联系。一般而言，在文化产业发展初期和成长期，由于本产业相对大的市场空间和超额利润，行业性市场机会显得重要一些；而到了产业发展较为成熟的阶段，由于产业内的市场机会和运作空间相对减少，边缘性市场机会成为文化企业发展的新天地。对于一个文化企业而言，如果实施多元化发展战略，则行业内的机会优先；如果实施的是非相关多元化发展战略，对边缘性甚至非相关性市场机会应予以优先考虑。

4. 现实市场机会和未来市场机会。现实的市场机会给了文化企业拥有现实竞争力的可能性，未来市场机会更适合于作为文化企业规划长期可持续性发展战略的依据。另外，未来市场机会的风险很高，将其作为战略目标的时候要周密考察。

5. 全面市场机会和局部市场机会。大范围市场内出现的未被满足的需求，被称为全面市场机会。这意味着整个市场环境的变化演变成一种普遍趋势。在较小范围市场上出现的未被满足的需求，被称为局部市场机会，标志着局部市场环境有别于其他市场部分的特殊发展趋势。对这两种市场机会的区分，有利于文化企业准确测定市场规模，了解需求的新特点，从而有针对性地开展市场营销活动。

（二）文化市场机会的特征

文化市场机会在顾客和“非顾客”之间。“非顾客”一般是指那些由于缺乏必要的财力、观念或技能而暂不消费某一类产品或服务的潜在顾客，可分为三类：（1）“备胎型”顾客。购买意愿低，容易购买同类竞争产品。（2）抗拒型顾客。对现有产品抱有不满情绪，决心不购买。（3）绝缘型顾客。还没有使用过甚至没有想到使用某类商品。这是距离最遥远的顾客。

文化市场机会具有四个方面的特征：

机会均等性。文化市场机会是客观存在的，不为某一个利益主体所独享。市场体系中的每一个利益主体都可以对市场环境变化所带来的市场机会加以利用，获取利益。这就要求文化企业具有迅速识别和把握市场机会以及迅速决断的能力。

利益时效性。文化市场机会虽然可为文化企业提供利润的时机和空间，但现实机会在转化为实际竞争行为时存在时序性差异，只有最先发现市场机会并采取相应措施予以应对的文化企业才能在相关领域中获得先得利益。

多维针对性。市场机会存在于社会生活的各个方面，在文化市场中有多种多样的市场机会，但对于某个文化企业来说，众多的市场机会中仅有很少一部分才有实际意义，因此文化企业在选择市场机会的时候要有针对性地选择最符合自身资源和能力的市场机会。

风险复合性。文化市场机会是市场机会和市场风险的复合体，文化市场机会背后也可能蕴藏着市场陷阱。因此，文化企业在分析市场机会时，一定要保持足够的风险意识，在利用市场机会的同时，要预期市场行为可能出现的问题，不断加强对机会的控制和规避风险的能力。

（三）文化市场机会价值的评估与选择

文化企业在选择和利用文化市场机会之前，先要对寻求到的市场机会进行价值分析与评估，以便选择企业获利最大的市场机会。文化市场机会的价值评估主要有两个维度：一是文化市场机会的吸引力，即文化企业利用该市场机会可能获取的最大效益和文化企业对该市场机会的利用率，主要指标有市场需求规模、市场效益、发展潜力等；二是文化市场机会的可行性，即文化企业将文化市场机会转化为现实效益的可能性，主要有文化企业的内部资源、能力、竞争状态等因素的影响。

按照吸引力的大小和可行性的高低，构建文化市场机会的二维价值评估模型如下：(1) 吸引力大、可行性弱的文化市场机会，除了少数敢于冒险的企业会利用外，一般的文化企业不会将主要资源投放进去。但相关企业也可以尽快找出成功可能性较低的原因，设法扭转不利因素，使企业的自身条件得以改善。另外，该市场机会可能会随着市场环境变化而向其他区域移动，相关企业应给予密切关注。(2) 吸引力和可行性最佳组合的市场机会，是文化企业利用的最佳区域。(3) 吸引力和可行性都差的文化市场机会，通常文化企业不会注意这类价值最低的市场机会。(4) 吸引力小、可行性大的文化市场机会。该类市场机会经常为稳定型、实力薄弱的文化企业所重视。企业应密切关注市场发展趋势的变化，并根据其变化情况及时采取措施。

我们需要注意的是，数量和质量是不等价的。因为数量比质量容易量测，所以人们总是习惯用数量来评定好坏。“辛普森悖论”提出，对于在某个条件下的两组数据，分别讨论时都会满足某种性质，可是一旦合并考虑，却可能产生相反的结论。因此在上述评估模型中，可采用加权平均估算法，对影响市场机会的各项变量设定权值，并根据当前文化企业相关变量的具体情况予以赋值并进行加权平均汇总，以便从数量上反映该市场机会的吸引力和可行性的大小，为文化企业分析和评价市场机会提供数据支持，使文化企业准确地发现自身所面临的最有利的市场机会并积极采取措施巩固市场地位。

## 第三节　文化市场预测

### 一、文化市场预测的含义与内容

“凡事预则立，不预则废。”面对竞争日益激烈的市场环境，要确保项目顺利实施，实现经济效益和社会效益，就必须遵循客观规律，在市场调查的基础上，按照科学方法对未来市场的变化及趋势进行有效预测，为科学决策提供支持。

文化市场预测是以对同类型文化产业业态的观察和分析为依据，对文化产业项目的发展趋势做出估计。文化市场预测是文化产业规划和建设的必要论证，是项目投资决策的基础。通过预测能更好地把握文化产业项目的内容和生产规模、经济效益和社会效益等方面内容。市场预测还能提高主体预见性，及时反映未来相关市场的动态，减少不确定性，降低项目实施过程中可能遇到的风险，使项目规划得以顺利实现。

但同时也应该注意，未来的实际值和预测值之间不会完全相同，一般说来总会有一些偏差；再加上预测对象在发展过程中可能会受到某些客观条件的限制，从而使预测的前提发生变化。所以，要时时重视预测的修正工作，以保证预测对决策的积极影响。

学界对文化市场未来发展的预估存在着不同的声音。李晓锋认为，未来中国文化产业发展将呈现五大趋势：一是文化资源进入大调整、大整合的时期；二是文化与科技的融合步伐不断加快；三是行业界限越来越模糊；四是文化与旅游及制造业的结合越来越明显；五是文化产业发展已经从自发转向自觉。



深圳大学李凤亮认为：信息化、虚拟化、体验化、跨界化和国际化将成为未来文化产业的五大趋势；文化领域从业者需要不断提升前瞻性战略研判能力，增强文化科技创新动力，继续强化技术引领作用，加大人才培养力度，不断破除文化产业体制机制障碍，进一步培育消费市场。

冯琳认为，中国文化产业发展态势主要包括[①]：(1) 文化产业区域化竞争将全面展开，地区间的不均衡发展态势进一步突出。进一步完善公共文化服务体系，整理文化资源，打造文化品牌，开发特色文化产业，成为普遍的规划目标。(2) 文化产业集团将进入调整整合期。以现代“文化生产—市场动作—大众消费”的企业运作模式，改造以往的“生产—传播—接受”营运习惯，强化品牌意识，出现大而强的文化企业集团。(3) 数字技术将有进一步的发展和推广，成为提升文化产业综合竞争力的主要力量。数字电视、数码电影、宽带接入和视频点播、电子出版和数字娱乐等新的文化产业群将形成主流。(4) 产业间合作力度加大，传统产业将会进一步向新兴的文化产业进军。特别是金融资本与产业资本的融合，信息设备制造业、软件开发业与信息服务业之间的融合，等等，都将在未来几年内中国文化产业的发展中明显地表现出来，社会资本与国际资本将多渠

① 冯琳：《中国文化产业发展新趋势》，《中国产经新闻报》，2009 年 5 月 14 日。

道、多形式进入中国文化产业的核心区域。(5) 文化产业的发展需要政府与民间组织的共同努力，文化产业内部各领域分工将会进一步细化和专业化。(6)“走出去”战略将不再仅仅是一个口号，将会有实际的行动。“走出去”不仅仅是经济发展战略，而且也是文化发展战略。

王小佳认为，“十三五”是文化产业发展新的历史机遇期，文化产业呈现出诸多新的发展趋势：① (1) 文化生产跨界化。文化资源的跨时空整合、文化人才的跨领域聚合、文化元素的多样化重组更为便捷和可能，文化生产可以突破在地文化生产、在场文化生产、在线文化生产等不同的门类，形成开放、包容、立体、多元的链条和系统。(2) 服务平台信息化。信息技术的全方位渗透和大数据处理能力的全方位应用，创造了前所未有的服务形式，并几乎覆盖了文化产业中文化产品和文化活动的整个生命周期。(3) 科技研发迭代快。通过大数据的采集和分析，采用可量化的精确市场定位技术，重复反馈过程。(4) 文化消费体验化。“消费即生产”的态势已经出现在文化产业领域，并将引发“大批量定制”和“个体创造”时代的到来。(5) 文化产品虚拟化。一批基于仿真现实的无形产品，能够以前所未有的方式快速传播，在契合大众消费心理的同时引发新的消费热点。(6) 文化贸易国际化。我国借助文化贸易推动“文化走出去”的步伐正不断加快，优秀的传统文化、习俗、艺术、风格、文学、观念和思想等将更多参与全球化。

## 二、文化市场预测的分类及方法

市场预测分类有五种标准：

(1) 时间跨度：短期预测、中期预测和长期预测；

(2) 地理空间范围：国内市场预测和国际市场预测；

(3) 经济活动的空间范围：宏观市场预测和微观市场预测；

(4) 预测的性质：定性预测和定量预测；

(5) 预测所涉及的对象：经济预测、技术预测、社会预测和政治预测。

市场预测的方法多种多样，相关主体要根据预测的期限、数据的散布形式、适用范围、经济性、可行性等因素选择合适的预测方法（见表 2-1）。

① 王小佳：《“十三五”时期文化产业发展的机遇、趋势与对策》，《太原日报》，2016 年 3 月 17 日。

表 2-1 市场预测分类表

| 预测分析 |
| --- |
| 预测目标的性质分析 |
| 因素：因果分析 |
| 时间：过程分析 |
| 比例：结构分析 |
| 预测结果的评估分析 |

| 预测方法 |
| --- |
| 定性预测 |
| 定量预测 |
| 定时预测 |
| 定比预测 |
| 预测评估 |

| 预测发展趋势 |
| --- |
| 定性分析定量化 |
| 定量分析模型化 |
| 模型分析计算机化 |

（一）定性预测分析

在缺乏定量数据时，预测者凭借其直觉、经验和综合分析能力，根据预测对象的性质、特点、过去和现状及最新信息等，来预测当地未来文化市场发展的趋势。在具体操作的实际个案中，可以运用德尔菲法、综合判断法、客户或消费者意见法对预测对象的发展优势诸如区位优势和资源禀赋进行预测分析，明确其文化市场发展的核心竞争力。另外，也要运用上述方法对制约预测对象文化市场发展的因素如当地经济发展水平、产业基础设施建设情况、文化产业专业技术人员等进行预测分析。

1. 专家预测法。专家预测法又称为德尔菲预测法，俗称“背靠背”法。即将所要预测的问题和必要的背景材料通过信函寄给专家，以不记名的方式征询专家对某类问题的看法。专家们根据预测的目的和性质，通过对过去和现在的情况的分析，凭借自己的知识和经验，对未来可能出现的趋势做出合理的判断和预测。在缺乏历史数据或趋向数据的情况下，或在偶发性因素干扰较大、各种模型难以起作用时，一般采用德尔菲法。

德尔菲法的一般步骤为：第一，在组织内部和外部，挑选一群富有市场经验且可以互相补充的专家成立一个小组，通常为 30—50 人，并设定控制条件；第二，把相关的预测主题提供给专家（常用的方法是邮寄调查表以避免群体压力影响），要求专家以无记名的方式针对预测项目做出评价并说明理由；第三，回收调查表，整理并确定中间意见，以便减少过于乐观或过于保守的极端意见影响；第四，把提炼汇总的结论制成第二轮调查表寄给同一专家组的成员，要求回答是否同意中间意见，如仍不同意，请专家们解释原因；第五，将第二轮调查表的结果及评论意见整理成表，看是否需要专家进一步论证或补充意见，直到专家达成统一认识、归纳出预测结果为止。

德尔菲法既便于专家独立思考，又发挥了集体讨论的特长，使专家在集体意见的反馈中得到启发，克服自己的主观性和片面性。但是采用此方法进行预测的时间较长，有可能会使预测结果滞后，影响实际的经济活动。

2. 综合判断法。综合判断法是指组织若干对预测对象比较了解的人员，要求他们根据各自的经验，对预测对象的未来发展做出分析和估计，然后将不同人员的预测值进行综合，取其平均数作为预测数的方法。此法简便易行、节省费用。主要有经理人员判断法、营销人员估计法等方法。

3. 客户或消费者意见法。客户或消费者意见法是指通过对目标客户或消费者的需求意向、体验满意度进行调查或征询，从而预测出潜在客户或顾客的需求变化趋势。其具体方法包括当面询问、电话征询、填写调查表、召开座谈会等。

（二）定量预测的方法

定量预测法是根据历史和现状统计资料，借助数学模型，通过移动平均法、指数平滑法、变动趋势预测法、回归分析法、计量经济法、投入产出法推算出预测对象的基础竞争力、核心竞争力和环境竞争力，从而预测出其文化市场未来的发展变化情况。

1. 时间序列分析法。时间序列分析是基于预测目标随时间变化的规律，以事物的发展是连续的、从过去到现在并发展到未来不发生质的变化为前提，按照时间顺序将预测对象的历史数据排列成时间序列，并运用数学方法找出数列的发展趋势或变化规律，并使其向外延伸，从而预测市场未来的变化趋势。它包括移动平均法、指数平滑法和变动趋势预测法。

（1）移动平均法。所谓移动平均法，是指通过以一定长度计算时间序列中相邻数据的平均值，来消除不规则因素或季节性因素对时间序列的影响，找出时间序列变化的趋势。移动平均法又分为简单移动平均法和加权移动平均法。简单移动平均法是以过去某一段时间的数据平均值作为将来某时期预测值的一种方法。而加权移动平均法是在简单移动平均法的基础上，给不同时期的变量值赋予不同的权重来计算预期值。移动平均法操作简单便捷，但是需要存储大量的数据信息。

（2）指数平滑法。在移动平均法的基础上，人们按照指数规律递减的权数，将预测的过程中利用的历史资料赋值，这被称为指数平滑法。它是对移动平均法的改进。其中，对远离预测期的数值赋予较小的权数，体现“重近期，轻远期”的客观要求。

（3）变动趋势预测法。根据市场规律，将过去的市场数值，通过最小平方法，求得其未来图表区域或以直线、曲线所表示的长期预测趋势，这被称为变动趋势预测法。该方法的精度较高。

2. 因果分析法。在因果分析法中，回归分析法是常用的一种方法。它依据事物发展的因果关系，将事物发展的主要因素以及它们之间的相互关系视为重点，通过建立数学模型对预测目标进行预测。此种方法复杂，工作的细致程度比其他方法要求高，消耗资源量大。

（三）其他分析法

王立国、王红岩等专家认为除了时间序列分析法、因果分析法外还有其他的分析法可以实现定量预测。①

1. 定时分析的方法。定时分析是对预测对象进行时间的分析，进而预测未来时间的发展过程，又称为过程分析。定时分析是一种定量分析，如对产品生命周期、销售量的平均增速、季节性商品的供需变化、历年价格指数变化、长期规划等的分析预测都属于定时分析。定时分析常采用变动趋势预测法、移动平均法。

2. 定比分析的方法。定比分析是用定比方法来研究、选择对象未来的发展结构，主要用来研究不同预测对象之间的结构关系，如局部与整体之间的关系、局部与局部之间的关系等。定比分析是一种重要的分析方法，应用范围十分广泛，如购买力趋向分析、库存结构比例分析、费用比例分析、消费比例分析、市场占有率分析、市场占有率转移分析等。

3. 预测评估分析。对未来的预测对象进行了定性、定量、定时和定比预测之后，并不是已经完成了预测，还必须对预测防范进行评估，对其实现的可能性进行估计。预测评估一般用估计均方差来研究、判断时间预测的准确程度。此外，还可以采用专家调查法和不同预测方法比较等方法进行评估分析。

**相关链接：《海北州文旅融合的市场预测》节选**

一、总体趋势

（一）海北州旅游客源结构未来仍将以周边大中城市客源为主，近地旅游出游半径将逐步扩大，游程多为 1—3 天的周末休闲时间，出游频率和重游率上升。

（二）海北州四县旅游目的地的形象差异化特征将进一步体现。通过差异化的资源开发、产品打造和品牌构建，市场对海北州旅游形象较为单一、模糊的认知将会有所改善。

① 王立国等：《工程项目可行性研究》，46 页，北京，人民邮电出版社，2002。

（三）较高文化程度和收入水平的阶层是当下和未来最为稳定的旅游目标人群；未来游客可承受价格有所上升，价廉物美不再是主要诉求。

（四）伴随海北州基础设施建设和旅游商品开发水平的不断提升，海北州旅游市场娱乐和购物环节的短板效应将得到有效改善，旅游市场消费呈现多元化趋势。

二、定量分析

**表 1　文化旅游融合发展竞争力评价体系**

| 一级指标 | 二级指标 |
|---|---|
| 基础竞争力 | 地理区位、交通条件、气候条件 |
| | 经济总量、增速；产业结构 |
| | 整体营商环境 |
| 核心竞争力 | 文化遗产、自然遗产数量与等级 |
| | A 级景区、星级酒店、旅行社数量 |
| | 产业融合现状 |
| | 政策、资金扶持力度；文化旅游项目投资额 |
| 环境竞争力 | 地域风貌、基础设施（交通、医疗、商业、金融）健全度 |
| | 媒体曝光率、百度网页数量 |
| | 文化旅游到达率 |

**表 2　各地经济总量及产业结构对比（2014 年）**

| 地市 | 地区生产总值（GDP） | | 同比增速 | | 第三产业增加值占比 | | 三次产业比 |
|---|---|---|---|---|---|---|---|
| | 数值（亿元） | 位次 | 数值 | 位次 | 数值 | 位次 | |
| 西宁市 | 1077.14 | 1 | 13.5% | 3 | 44.4% | 1 | 3.5∶52.1∶44.4 |
| 海北州 | 106.62 | 4 | 4.1% | 2 | 28.8% | 4 | 16.4∶54.8∶28.8 |
| 海东市 | 377.7 | 2 | 15.1% | 1 | 32.6% | 3 | 14.1∶53.3∶32.6 |
| 张掖市 | 353.43 | 3 | 8% | 4 | 41.1% | 2 | 25.2∶33.7∶41.1 |

数据来源：各地市政府工作报告

**表 3　各地文化旅游资金扶持与固定资产投资**

| 地市 | 资金扶持（市/州级） | | 固定资产投资（2013 年） | |
|---|---|---|---|---|
| | 扶持内容 | 数额（万元） | 总额（亿元） | 文体、娱乐业投资额（亿元） |
| 西宁市 | 旅游产业发展基金 | 2000 | 925 | 15.9（2014 重点旅游项目投资） |
| | 文化产业发展基金 | 2000 | | |

续表

| 地市 | 资金扶持（市/州级） | | 固定资产投资（2013 年） | |
|---|---|---|---|---|
| | 扶持内容 | 数额（万元） | 总额（亿元） | 文体、娱乐业投资额（亿元） |
| 海北州 | 旅游发展基金 | 900 | 98.37 | 6.26（旅游投资） |
| | 文化发展基金 | 400 | | |
| 海东市 | 文化产业发展基金 | 500 | 405.45 | 6.8（文化旅游基础投资） |
| 张掖市 | 旅游发展专项资金 | 1000 | 275.2 | 19.61（文化旅游基础投资） |

数据来源：各地市政府工作报告

**表 4　各地文化旅游影响力对比（2014 年）**

| 地市 | “文化旅游”关键词百度搜索量（个） | 旅游接待量（万人） | 接待量同比增长 | 旅游总收入（亿元） |
|---|---|---|---|---|
| 西宁市 | 3730000 | 1443.25 | 10.44% | 126.83 |
| 海北州 | 103002 | 563.8 | 26.3% | 12.74 |
| 海东市 | 62902 | 753 | 11% | 22.5 |
| 张掖市 | 903001 | 1100 | 46% | 61.8 |

数据来源：各地市 2013 年政府公报及网络检索

**表 5　各地文旅载体及配套建设对比（截至 2014 年）**

| 地市 | 省级以上文保单位（处） | A 级景区（家） | 星级酒店（家） | 过境省道、国道（条） | 飞机场 |
|---|---|---|---|---|---|
| 西宁市 | 89 | 25 | 48 | 8 | 1 |
| 海北州 | 35 | 4 | 30 | 6 | 1 |
| 海东市 | 131 | 13 | 24 | 6 | 0 |
| 张掖市 | 59 | 25 | 33 | 4 | 1 |

数据来源：各地市统计年鉴及网络检索

基于相关指标的定量分析看，海北州以经济总量与产业结构为核心的基础竞争力表现较弱，地区生产总值、第三产业占比数值较低，但目前增速较快，后发优势较为显著。以文旅载体及配套建设为代表的核心竞争力较为突出。人文资源及 A 级景区数量虽不占优势，但人文及自然生态资源特色极为显著，较之其他三地资源类型差异化明显，能与周边三地市形成较为明显的互补格局，为“新丝路”等区域协同发展战略提供了不同类型的资源组构空间。以文化旅游市场影响力为代表的环境竞争力有待提高，由到达总量向消费总量的转化率急需提升。海北州酒店、交通等配套建设不断健全，以各级别酒店为主体的住宿业态不断完善，兰新二线、祁连机场及附近青海湖机场（海南州）等新建交通基础设施将有效提高海北州文化旅游承载力。海北州作为中国西部游精品线路的重要目的地，到达率将逐步提高。

三、定性分析

（一）发展优势

区位优势与地区发展战略地位相匹配。海北州文化、旅游资源得天独厚，是环青海湖民族文化体育旅游圈和青藏高原旅游带的重要旅游目的地，青海省旅游业“十二五”规划把海北列为高原生态旅游示范区进行重点建设。同时海北州成为青海省旅游业“一圈三线”布局的核心区域，处于全省“四区二带一线”发展战略的重要位置，可有效借力省会资源优势，承接省会经济辐射，带动省内各城市协同发展。

资源禀赋与新型旅游业态、市场相契合。国内外旅游需求和业态出现新趋势，为海北州文化旅游实现跨越式发展带来了宝贵的机遇；产业融合发展推动混合型业态成为旅游业主流，海北可以将特色文化、旅游资源与医疗、体育等资源嫁接，构建旅游发展大格局；汽车时代来临使自驾车旅游成为重要的旅游形式，海北独特的大景区特点正好适应盛行的自驾车旅游，成为自驾车旅游新高地。

（二）制约因素

经济总量小，人均消费水平低。2013 年，全州文化产业、旅游收入总量仅占全州 GDP 的 0.2%、7.5%，文化产业存在龙头企业少、资金投入和载体少等问题，文化产品与服务的潜在需求尚需进一步释放；旅游业在第三产业的比重虽在上升，但龙头引领作用发挥不充分，市场人均消费水平低，2013 年旅游市场人均消费仅占全省人均消费水平的 21.2%。

地方财力有限，产业基础设施薄弱。由于经济发展水平较低，建设资金对国家和上级财政依赖程度大，产业基础设施建设步伐缓慢，成为制约文化、旅游、体育等核心产业发展的突出问题。城镇旅游服务功能、接待服务水平虽不断改善，但产业基础设施系统仍有待完善。

专业人才匮乏，服务水平有待提高。海北州人口少，从业人员综合素质、服务意识、专业技能有待统一提升；地理区位和经济因素导致海北州对经营、管理、营销、策划类专业人才的吸引力差，核心产业经营管理理念和知识技术技能匮乏。

淡旺季差别大，产品、设施闲置期长。海北州平均海拔 3100 米，海拔超过 3000 米的面积占总面积的 85%，“五月解冻，八月草黄，长冬无夏，春秋相连”是全州自然条件的真实写照。全州旅游黄金时间只有100天左右，旅游淡旺季明显，景区招商及淡季旅游产品开发难度较大。

## 三、市场预测的程序

预测应该遵循一定的程序和步骤，以使工作有序化。市场预测的基本步骤如下图（图2-1）所示：

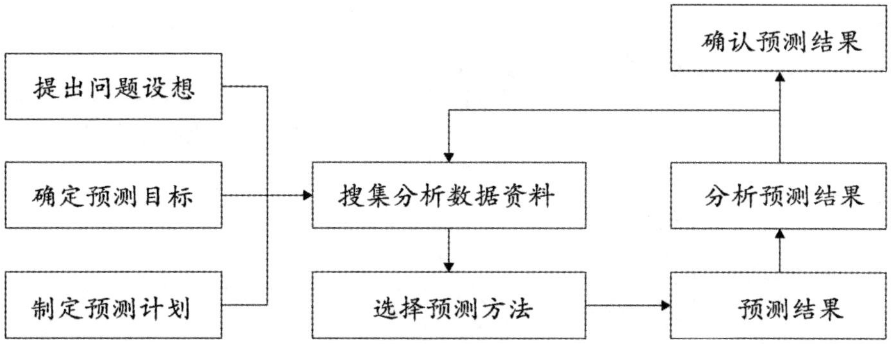


**图2-1 预测的基本步骤框架图**

具体来说，主要包括以下几个方面：

（一）确定目标

预测目标的确定，能够在组织形式上保证预测工作有计划、有节奏地进行，减少不必要的损失。预测目标应详细、明确、具体，否则会降低预测的准确度。

（二）搜集资料

收集市场预测所需的各种信息，主要包括预测对象本身发展的历史信息、影响预测对象发展变化的各种现实因素等。这一基础性的工作，已在之前市场调查一节中有详细说明，在此不再赘述。另外，对搜集来的信息还要进行科学的分析和整理，找出各因素之间相互依存、相互制约的关系，并从中发现基本规律，为预测提供依据。

（三）建立预测模型

在获取数据资料的基础上，根据有关市场理论、预测目标、预测要求、预测对象的实际情况，以及各种预测方法的适用条件和性能，选择合适的方法（如图2-2）建立描述、概括研究对象特征和变化规律的模型。预测模型直接关系到预测的精确性和可靠性。其中，对于因果关系的分析，一般依据有关经济理论，利用数理统计技术，建立回归模型或计量经济模型；对于时间序列的分析，则区分趋势变化、季节变化、周期性波动和随机波动的成分，以主要变化成分为变量建立数学模型。

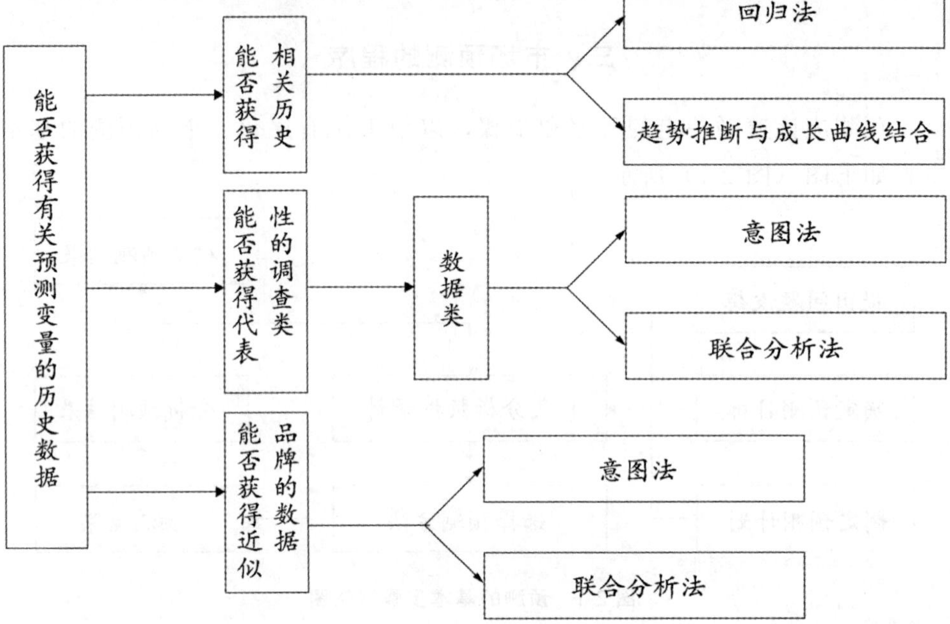


图 2-2　预测方法的选择判定图

（四）分析修正

对调查搜集的资料进行综合分析，并利用建立的预测模型，对各种变量数据进行计算，使感性认识上升为理性认识，从事物的现象深入到事物的本质，从而预计市场未来的发展变化趋势。在这一基础上，通常还要根据最新信息对原预测结果进行评估和修正。

（五）编写报告

预测报告应该涵盖预测研究的主要活动过程，包括预测目标、预测对象及有关因素分析、主要资料和数据、预测方法的选择和模型的建立，以及对预测结论的评估、分析和修正等方面。

# 第三章　文化产业资源调查与现状评价

关于中国文化产业的特点，中国社科院原院长李铁映曾经有一段很好的叙述："中华民族有着五千年悠久的历史和灿烂的文化，这是一笔怎么估价也不过分的宝贵的文化资源，是我们得天独厚的优势。对于中国新兴的文化产业来说，启动并整合、包装这些文化资源，就有可能形成具有中国特色的文化产业，并在全球市场的激烈竞争中占有可观的优势。"①

从某种意义上讲，我们需要用更广阔的视野看待文化产业，它涵盖文化产业、旅游产业、服务业、养生产业、体育产业，与建筑、园林等有着不可分割的密切联系。同时，文化创意产业的核心就在于人的创造力以及最大限度地发挥人的创造力，而创意经济正是知识经济的核心和动力，正是中国经济转型的方向所在。

可以说，文化产业发展不仅需要文化资源和相关支持资源，而且需要创意、技术和商业模式的资源补给，获得更多政府扶持，抓住市场机会。创意的精神并非割裂、并非推倒重来，创意的根本是继承。我们的传统不可避免地在经受着全球化的消解，但争夺全球资源的能力又来源于本地的文化特色。文化特色与历史沉淀是密不可分的，文化创意的高度在于发掘传统的深度。因此，文化产业规划工作的第二步，就是要对相关资源进行调查和评估。

① 李铁映：《创建有中国特色文化产业之路——〈2001—2002年中国文化产业蓝皮书〉》，《上海交通大学学报（哲学社会科学版）》，2002（1），3—4页。

## 第一节 文化资源和产业资源

### 一、文化资源

（一）文化资源的概念

关于文化资源的内涵，不同学者做出了不同的界定。吕庆华在其著作《文化资源的产业开发》（2006）中指出，文化资源是人类通过劳动所创造和形成的物质成果及其转化。丹增在其《文化产业发展论》（2008）一书中指出，人类发展进程中所创造的一切含有文化意味的文明成果和承载了一定文化意义的活动、物体、事件，以及一些名人和名城等，都是某种形式的文化资源。何频则认为，文化资源是人类在改造世界的过程之中所凝结的物质、精神的成果和活动介质，不仅包括历史上人类所积聚的文化财富，而且包括了现代的文化信息。周正刚认为，文化资源是各种客观文化现象的总和，能够形成文化实力，可供主体开发和利用，既包含历史所积累的文化遗产库，也包含了现代社会所创造的文化信息和文化形式库和作为文化活动设施与手段的文化载体库等。唐月民则指出，文化资源是指那些具有文化内涵的资源、通过对其进行资本投资能够直接带来经济效益的生产性资本。严荔认为，文化资源是指人们从事文化生产活动时所利用的、具有文化特征和内涵的各类资源。

综合学者们的理论研究，本书将文化资源界定为：在生产生活过程中，人类创造出来的具有文化内涵、经济与社会功能的，可以通过合理开发、利用转化为生产性资本的物质与精神成果。

（二）文化资源的特点与分类

大体说来，文化资源具有以下特点：（1）无形性。文化精神和气质存在于人们的思想当中、意识之内，是不可见的形式。例如孔子文化、始祖文化。（2）差异性。不同地域的文化资源呈现多样化和差异化。如齐鲁文化、巴蜀文化，因为地域差异表现出了不同的文化属性与特质。（3）适境性。文化资源的生命力要在一定的情景或者相当的环境资源条件支撑下才会发生。文化是民族的文化，文化是大众的文化，民族的大众的文化为文化的传承和交流提供了丰富的适应情景，也因其广泛的影响力可以持续为文化注入新生的力量源泉。

按照不同的标准，可以对文化资源进行不同的划分。从是否具备产业化可能的角度来看，文化资源可以分为四个层次：（1）完全属于文化事业范围的文化资源；（2）介于文化事业和文化产业之间的文化资源；（3）不属于文化事业，但文化产业特色不强、市场潜力较小的文化资源；（4）文化产业特色强、市场潜力大的文化资源。其中，第一种文化资源是不被允许进行产业化经营的，第三种也不具备产业化经营的条件；第二种文化资源需要在保护的基础上，进行适度产业化开发；第四种文化资源则是产业化运作的重心。由此可见，仅有第二、第四种文化资源才是可以进行产业化开发和经营的文化资源。①

（三）文化资源的重要价值

一切的文化产业都必须以文化为基础，文化是其逻辑起点，犹如水之源。可以说，文化是文化产业的“内在之魂”和“无形之魅”。

文化部、财政部2014年发布的《推动特色文化产业发展的指导意见》强调，特色文化产业是指依托各地独特的文化资源，通过创意转化、科技提升和市场运作，提供具有鲜明区域特点和民族特色的文化产品和服务的产业形态。任何一个产业的存在和发展都离不开资源，文化产业的发展也与资源密切相关。我国文化产业发展的重要使命即依托不同地域特色的文化资源，通过创意转化、科技提升和市场运作的方式，合理开发和有效配置文化产业的各种资源，提供具有鲜明地域特点和民族特色的文化产品和服务，丰富居民的文化生活，满足居民日益增长的文化需求。

## 二、文化产业资源

文化产业资源，是指文化商品生产和服务中的一系列要素。② 从这个定义看，在自然和社会的物质文明和精神文明资料中，能够作为文化商品生产和服务的要素，例如环境、资金、技术、人才、文化等都是文化产业资源。研究文化产业，必须明确文化资源和文化产业资源的概念，区分出文化资源和文化产业资源。

（一）文化产业资源的构成

自然资源、人文资源、资本资源、技术资源、人力资源和市场资源是文化产业生产经营缺一不可的要素。对这些文化产业资源进行优化配置，文化产业才得以持续健康地发展。

---

① 严荔：《论文化资源产业化开发》，《现代管理科学》，2010（5），85—87页。

② 江奔东：《论文化产业资源配置》，《齐鲁学刊》，2006（4），141—144页。

1. 自然资源。自然界中天然存在的、可直接利用的自然生态景观、地理位置等资源都是文化产业的基本载体。在文化产业中，可直接利用的自然资源一般是指富有特色的自然生态景观，如植被、湖泊、海洋、名山大川等。特定的区位条件也是重要的自然资源之一。在文化产业发展过程中，区位的影响对于文化产业集群的形成、文化交流活动的开展、文化专业人才的引进等都有着巨大影响。如北京、上海、深圳等城市能够位居文化产业的发展前端，原因之一就在于它们突出的区位优势，使得其对人才、资本、技术等要素的吸纳效应明显高于其他城市。

2. 人文资源。人文资源是一种可持续利用的资源，凝结了人类劳动成果和思维活动的精华，是最高层次、最具开发价值的文化资源，可分为有形的物质资源和无形的精神资源两大类。其中有形的物质资源包括三类：一是富含历史文化内涵的遗址和文物；二是具有鲜明的民族和地方特色的工艺、饮食文化资源等；三是文化设施与设备资源。无形的精神资源也包括三类：一是优良的精神文化资源，通常是指在长期的社会发展和文化发展过程中形成的独具特色的认知传统、思维方式、生活方式和精神风貌等；二是经验型的文化技能资源，它是由人掌控的一种技能，包括写作、歌唱、舞蹈、绘画、演奏、设计等方面的各种技巧；三是创新型的文化智能资源，是文化人才在获得知识和操作技能的基础上，突破前人模式的独特思维和实践能力，体现为创新型的构思、创意、主题、灵感、方案、决策等。人文资源是文化产业资源的核心所在，是文化产业发展的重要战略条件。

3. 资本资源。文化基础设施的建设、文化资源的挖掘等都离不开资金的支持。可以说，资本是文化产业可持续发展的动力源和重要保障。文化产业投融资体系日趋完善，由传统的单靠政府财政支持向政府支持下的广大民间社会力量参与的多元化方式转变。当然，滥用资本会制约文化产业的可持续发展。资本的科学运营应该引起有关专家学者的关注和研究。

4. 技术资源。文化产业是一个集聚高知识和高产业附加值的业态，科学技术是文化产业发展的驱动条件，它让文化产业的类型、内容、表现形式不断丰富，并通过重组整合将原来无法利用的资源变成廉价可用资源。在文化产业发展中，以能源、原材料、技术和设备等技术资源为代表的生产要素，在创造了新的文化生产模式和文化消费方式、培育新兴业态、刺激新的文化需求、开拓文化市场空间方面发挥越来越重要的作用。

5. 人力资源。文化即人化，人才在文化产业的发展中处于核心地位，文化产业最需要的是复合型人才。文化产业人才既要具备较高的文化素养，又要具备文化产业经营管理的素质和能力。

6. 市场资源。文化市场是文化产业赖以发展的生存空间。要充分尊重市场需求，以经济效益为中心，确定开发内容、开发重点，制定开发规划，选择开发资本、开发规模，充分发挥各种资源的价值，保障文化产业的效益。

（二）文化产业资源的特点

1. 动态性。文化产业发展的过程，主要就是利用自然资源、资本资源、技术资源、人力资源和市场资源对人文资源（也包括某些自然资源）进行产业开发，使其不断转化为文化资本即文化产品和文化服务，这样文化产业的各项资源才能实现价值的升值和作用空间的拓展。[①]

2. 增值性。所谓增值，是指产出的最终产品或服务的价值相对于投入的生产要素（劳动力和生产资料）而言的。在市场经济条件下，增值是企业资源运动的归宿，文化产业中的企业自然也逃离不了这一规律。文化产业资源不仅是一种自然存在，还可以转换为文化产品；它们蕴藏着潜在的巨大价值，不仅具有文化价值和精神价值，还具有经济价值。

3. 共享性。随着经济全球化步伐的加快和信息高速公路的逐步完善，地理空间的概念逐渐缩小，资本、技术、人力、市场等资源要素的流动更便捷畅通。即便是人文资源这类有较强的地域性标志的资源，一旦成为一种现实的存在，也可变为一种可供全人类共享的财富，并被其他人用于文化再创造。

**相关链接：青海省海北州的文化资源**

海北州历史悠久，人文资源禀赋极佳，在长期历史演进中形成了以民族文化为核心，以红色文化、历史文化、生态文化为支撑的地域文化资源体系。（注：该体系构建思路以《中共海北州委、海北州人民政府关于促进文化与旅游融合发展的实施意见》为依据。）

（一）民族文化

海北州共有藏、汉、回、蒙等27个民族，少数民族人口占总人口的64.7%，是以藏族为主体的典型多民族聚居地区。在久远的历史长河中，

① 李志珍：《中国文化产业资源开发与利用》，湖南大学硕士学位论文，2008。

海北州各民族创造并延续形成了语言、服饰、饮食、宗教信仰等一系列民族文化形态。

1. 民族民俗文化

在饮食文化层面，藏族、蒙古族分布的牧区主要食用牦牛肉、羊肉、奶制品，也食青稞（多做成糌粑）、大米、面粉等；汉族、回族、撒拉族、土族则主要从事农业生产，主食为小麦、青稞制作的面食，亦食用牛羊肉、奶制品。海北州各民族在漫长的生产和生活过程中，饮食习惯虽逐渐趋同，但也保留着自身特色。

在服饰文化层面，传统藏服受青藏高原自然环境及气候条件影响形成了长袖、宽腰、大襟的特色形态，尤其是门源华热藏族的衣着追求精美、华贵的古风，保留着游牧者袒露一臂、长宽大的特点；藏族人民每有喜庆之事，或远客来临，或拜会尊长，或远行送别，都要献上哈达以示敬意。蒙古服饰称为蒙古袍，主要包括长袍、腰带、靴子、首饰等，以右衽、斜襟、高领、长袖、肥大、镶边为基本特征，具有浓厚的草原风格。以男子戴圆帽、女子戴盖头为标志的回族服饰也是当地民族服饰文化的重要体现。

在节庆文化层面，融赛马、射箭、摔跤等活动为一体的传统盛会“那达慕大会”是蒙古民族民俗文化的重要体现；藏族的传统节日与藏传佛教密切相关，民间最大的传统节日为每年藏历正月初一的藏历年，人们自发组织成社火队，走街串巷欢度春节；门源县华热藏族婚礼别具一格，举行“索萨”“仲”“尕什杂”的祝福仪式，晚上点燃篝火，敬上美酒，气氛热烈；回族在热闹而隆重的宴席中形成的回族宴席曲则成了民俗文化的重要代表。

2. 民族宗教文化

在精神文化层面，藏传佛教作为一种外来文化在雪域高原扎根、开花、结果，构成了藏区人民的信仰追求和精神内核；伊斯兰教的基本原则、信仰观、人生观和行为准则经过长期积淀，产生了巨大的历史惯性力、行为驱动力和民族凝聚力。

在信仰形式方面，藏族信教群众除参加寺院举行的法会外，还在家中供奉佛像、献净水、点酥油灯、念嘛呢、挂经幡；回族信奉并学习《古兰经》以及伊斯兰教经典，虔诚践行念、礼、斋、课、朝五项功课；衍生了祭海、祭俄博等一系列基于自然崇拜的民族祭祀活动。

在文化传承方面，海北州宗教文化载体数量较多，久负盛名的藏传佛教寺院沙陀寺、刚察大寺、白佛寺、仙米寺、珠固寺、阿柔大寺等集聚于此，连同穆斯林定期参加礼拜的伊斯兰教清真寺，成为许多游客和朝圣者慕名前往的祭拜圣地。

（选自《海北藏族自治州文化与旅游融合发展“十三五”规划（2016—2020年）》）

## 第二节　文化产业资源调查与评估

### 一、文化产业资源调查与评估

（一）文化产业资源调查的作用

文化产业资源调查，是指在特定区域内，在既定时间段，调查者在既定目的的驱动下，以科学的理论为指导，运用科学的方法和手段，有目的有系统地收集、记录、整理、分析和总结文化产业资源及其相关因素的信息资料，以确定产业相关资源的存量状况，并为文化经营管理者提供客观决策依据的活动。

文化产业资源调查的作用主要体现在以下四个方面：一是描述作用。通过文化资源调查，可以了解一个区域文化资源的存量和类型。二是诊断作用。通过文化产业资源调查，可以认清文化产业资源的诸多特征，包括时空特征、经济特征、文化特征等；还可以分析各种特征形成的原因和环境背景。三是预测作用。文化产业资源调查可以充实和完善文化资源信息资料，为市场预测、制定市场决策奠定基础，为寻找新的文化资源、开发新的文化产品、开拓新市场提供参考价值。四是管理作用。文化管理部门从传统的经验管理向现代的科学管理转化的重要标志就是对文化产业资源调查的高度重视。

（二）文化产业资源评估的内容

江奔东教授认为，文化产业资源的评估，是以发展文化产业为目标，对文化产业资源的可开发利用价值的估量，即对文化产业资源蕴含的文化、美学、经济、社会等价值的考量估价。文化产业资源的评估主要包括以下内容：

1. 品质评估。文化产业资源品质评估主要是对其内在文化品质大小高低的评估，主要评估文化资源的历史传承、文化特色、美学特性、可再生程度和稀缺程度等内容。

2. 市场评估。文化产业资源市场评估是对文化商品和服务中的文化产业资源有无市场及市场大小进行的评估，主要评估市场区位、居民文化消费水平、市场潜力等内容。

3. 效用评估。文化产业资源效用评估是对开发利用文化产业资源、进行文化产业商品生产和服务的效果、前景的评估，主要评估经济效益、社会效益、环境效益和可持续发展等内容。

制定文化产业资源评估指标体系对于文化产业资源评估有着重要的作用，既要有综合性的评价指标，又要有针对不同类别不同内容不同方面的具体指标。通过综合性分析结合实际经验，确定不同的权重后得出结论。

## 二、文化产业资源评估的方法

文化产业资源评估的流程包括确立评估对象、设立评价指标、现场考察咨询、收集整理资料、分析讨论计算、获取评估结论、提交评估报告几个环节。具体的评估方法主要有经验性评估和技术性评估两种。①

（一）经验性评估方法

1. 统计报表评估。统计报表评估是对文化资源基础统计资料进行收集和整理，据此进行文化资源评估的方法。② 要按照统计学的方式来建立和完善文化资源的统计报表评价体系。

2. 问卷评估。将各种需要评估的问题，设计成问卷的形式，发给文化产业资源专家学者、文化企业经管者和文化消费者回答，回收问卷做出综合分析后得出评估结论。

3. 专家系统评价。请专家和相关人士举行头脑风暴会议，听取其意见，协商得出评估结论。由于组成专家的学科背景有所不同，对文化资源的评估会受到个人因素的影响，因此，这一评价方式会有一定的主观性。

上述三种方法可以同时使用，也可以单独使用，还可以将统计报表评估和问卷评估的结果请专家和相关人士进一步论证，得出最终的结果。

（二）技术性评估方法

文化产业资源的技术性评估方法是运用技术经济的测量计算方法评估一些可以计量的文化产业资源。在广泛搜集资料的基础上，运用数学模型运算基础数据资料，得出数量评估结论。尽管数学模型法是一种先进的技术性评估方法，但是其中的权重划分多依据经验而定，所以有一

① 江奔东：《文化产业经济学》，86—87 页，济南，泰山出版社，2008。

② 韩英、付晓青：《文化产业概论》，180 页，福州，福建人民出版社，2012。

定的局限性。

技术性评估方法的核心是建立技术评价指标体系，指标体系的科学性和合理性直接关系到评价的质量。首先，坚持科学性的原则，紧紧围绕改进系统这一目标来设计指标体系；由代表系统各组成部分的典型指标，多方位、多角度地反映系统的水平。其次，指标体系反映了一定时期文化资源传承和发展的实际情况，包含资源所涉及的众多方面，基于相关性、层次性、整体性和综合性的思考。应将其设计为一个完整的系统并跟踪其变化情况，及时调整，准确评价。第三，为了便于采集数据与收集信息，指标的设计应该采用定性与定量相结合的方法，力求概念明确、定义清楚，并且有利于资源评估的改进。

技术性评估步骤包括：（1）明确评价对象；（2）建立评价指标体系；（3）定性与定量指标评价值的确定；（4）评价指标权系数的确定；（5）确定指标间合成关系，求综合评价值；（6）根据评价过程得到的信息，进行系统分析和决策。[①] 要想得到较为切合实际的评价结果，必须处理好指标体系的建立、指标评价值和权系数的确定、合成关系的处理这几个最为关键的环节。

这两种基本的文化产业资源评估方法，各有优势也各有其自身的局限性。为了确保最后评估结果的准确性，应当结合使用两种方法，将这两种方法得出的结论中和，确保评估结果的准确性。

**相关链接：青海省海北州的文化产业资源调查与评估实例**

基于对文化产业资源的调查与评估，采用调查问卷抽样调查，对青海省海北州文化旅游消费市场中文化旅游资源的占比得出相应结论：在海北州诸多文化旅游资源中，游客对山水风光、民俗风情兴趣度最高，占比分别为46.1%、23.2%，文物古迹和文化艺术占比分别为9.5%、6.3%，节庆活动、饮食购物占比分别为7.1%、6.3%。在游客饮食消费选择标准上，以特色风情饮食为标准的占比61.8%，以价格高低作为标准的占比17.8%，以服务档次作为选择标准的游客占9.3%，其他为11.1%。总体上看，山水风光、民俗风情仍是海北州文化旅游的核心资源，文物古迹及文化艺术可开发潜力巨大。

基于对文化产业资源的调查与评估所得出的海北州文旅融合现状中，

① 韩英、付晓青：《文化产业概论》，182页，福州，福建人民出版社，2012。

资源端融合的具体结论如下：海北州地文、水文、气候、生物等自然生态资源的开发利用已趋于系统化，但支撑此类资源开发的基础设施建设相对滞后，一定程度上影响着差异性资源的融合利用。以历史遗产、宗教文化、民族手工艺为代表的人文资源仍处于浅表性开发阶段，保护意识淡薄，开发时序不系统。其中，宗教、礼制建筑保存较好，文化氛围浓厚，但缺乏体验性、互动性开发内容，难以对外部文化圈人群形成文化浸染和精神震撼；西海郡等古城遗址类遗存破坏严重，保护力度不足，如不及时改变现状，未来将难以承载“丝路文化”“西部文化”等特色主题的文化旅游目的地角色；掐丝唐卡、嘛呢石刻、剪纸等民族手工艺差异化特色不明显，工艺传承力量薄弱，创新整合意识较弱，向特色商品转化能力较差。

（据《海北藏族自治州文化与旅游融合发展“十三五”规划（2016—2020年）》整理）

## 第三节　产业现状分析

### 一、文化产业发展的评判标准

文化产业发展是一个综合性的问题，包含产业机构、产业组织、产业布局、产业环境等等一系列问题。一个区域未来文化产业发展规划的制定，首先要对其文化产业发展的现状进行分析研究。这种分析研究不是凭空想象的，而是有着一定的客观评判标准，主要包括以下七个方面：

（一）文化产业的规模与综合实力

文化产业是现代经济的一个重要组成部分，它具有知识密集性、高附加值、高技术含量、低成本无污染和可重复开发的特点，具有优化产业结构、扩大消费市场、增加就业率和促进产业经济跨越式发展的业态优势。在现状分析中，文化产业的规模与综合实力通过直观的数据可以表述，应该作为第一个评判标准。这部分内容可以包括文化产业增加值、占国民经济比重、对国民经济贡献率、文化企业数量、从业人员数量等。对这部分内容的客观分析将影响到目标制定的准确性与合理性。

（二）文化产业结构

顾江教授认为，从产业经济学的角度分析，文化产业结构主要是文化市场中相互竞争的企业在规模和数量上的分布情况以及由此决定的竞争形式，其核心内容是竞争与垄断的关系。[1] 基于竞争和垄断的程度不同，市场结构类型可以分为四种：完全竞争、完全垄断、垄断竞争和寡头垄断（见表 3-1）。其中，完全竞争市场和完全垄断市场是两种极端的结构类型，并不是真实存在的市场形态，而是经济学家构想的为其他市场提供参照的理论模型。在现实中，绝大部分市场结构都介于两者之间，表现为竞争与垄断博弈的组合状态，或是靠近竞争的垄断竞争市场，或是靠近垄断的寡头垄断市场。客观评判产业发展现状，应从文化产业不同行业在产业结构中的位置与发展情况进行分析，并以此为基础在规划中对重点业态进行整体设计。

**表 3-1　四种文化产业市场结构的对比**

| 文化市场类型 | 企业数量 | GDP 占比 | 市场进退壁垒 | 典型案例 |
|---|---|---|---|---|
| 完全竞争 | 非常多 | 很少 | 无 | 网吧运营 |
| 完全垄断 | 一个 | 很少 | 高 | 广播电视 |
| 垄断竞争 | 很多 | 较大 | 较低 | 新闻报刊 |
| 寡头垄断 | 几个 | 较大 | 较高 | 网络游戏 |

（三）文化产业布局

文化产业布局是对一国或地区经济发展规划的基础进行设计，构成该国或区域的文化产业发展战略的重要组成部分，是一国或地区实现文化产业持续稳定发展的前提条件。在对文化产业的客观评判中，我们主要考虑以下几个方面：影响产业布局的因素、产业布局与经济发展的关系、产业布局的基本原则、产业布局的基本原理、产业布局的一般规律、产业布局的指向性、产业布局政策等。[2] 原有产业布局的合理与否，以及其对产业发展做出贡献的程度，都应该是我们在现状分析中考察的重点。

（四）文化产业企业组织

文化企业是文化产业资源配置的主体，文化产业资源的绝大部分要在文化企业中完成配置。随着社会分工的不断细化和经济全球化进程的加快，文化产业的企业组织形式从最初的家庭作坊经营发展为合作社，再到股份制、事业合伙人制。事业合伙人是职业经理人制度的升级。近年来，万科正在尝试建立这样的制度。在这一制度下，合伙人取代股东，成为企

① 顾江：《文化产业经济学》，南京，南京大学出版社，2007。

② 赵一丹：《试析影响产业合理化布局的主要因素》，《中国外资》，2009 (24)，170 页。

业的劣后收益人。企业的管理者站到了劣后位置，自然就有更强的动力去创造远超社会平均水平的卓越收益。这才真正解决了创造剩余和分配剩余两者的脱节，进而彻底解决了所有权和经营权分离的问题。① 当然，这一制度是否适用于更多企业，还有待检验，但这一制度的探索对文化企业来说，是对整个企业组织“由内而外，由点到面”的系统革命。

（五）文化产业项目（载体）

文化产业项目是文化产业发展的载体，项目质量的优劣直接决定了该区域文化产业发展带动性的强弱。一般而言，文化产业项目应该有引领性的文化产业项目，如龙头企业集团、重点文化项目等；服务性的配套产业项目、为引领性项目做好服务配套的公共平台支撑项目，如金融平台、园区服务、技术服务等业务领域的项目。作为产业发展的重要载体，文化产业项目的发展情况关系到企业、市场、区域整体的发展，因此，也是对文化产业发展的客观评判中的重要考察点之一。

（六）文化与相关产业融合

李晓锋教授指出，中国文化产业发展正在从自发转向自觉，文化资源进入大调整、大整合的时期，未来的发展趋势将主要呈现为融合与跨界：文化与科技快速融合，行业界限越发模糊，文化与旅游、制造业的结合更加明显。这表明，产业融合发展已经成为文化产业及其他产业发展的必然趋势。在对文化产业的客观评判中，产业融合发展的程度与模式直接影响到未来该区域文化产业发展的速度与质量。因此，文化产业与旅游、科技、体育等相关业态融合，以及与农业、制造业、金融等产业融合的内容也应该作为评判内容。

（七）文化产业政策

文化产业政策是指国家根据文化经济与社会发展的要求和一定历史时期内文化产业发展的现状和变动趋势，以市场机制为基础，规划、干预和引导文化产业形成和发展的政策系统。② 作为文化政策的一部分，文化产业政策是市场经济条件下政府对文化进行宏观调控的重要手段，主要解决怎么样扶持和引导文化产业的稳定、持续发展的问题，实现社会资源在产业部门之间和产业内部的优化配置，构建科学合理的文化产业结构，促进国民经济快速、健康、持续发展。在文化产业发展现状评判中，该区域的

① 《一篇文章读透万科的事业合伙人制》，《万科周刊》，2015 年 9 月 15 日。

② 胡惠林：《文化产业学》，344 页，北京，高等教育出版社，2006。

文化产业政策是否对当地的产业发展发挥了重要作用也是客观评判的标准，关系到规划中保障措施部分的科学制定。

**相关链接：《潍坊市推进文化创意设计产业发展实施方案》（节选）**

一、发展现状

近年来，在市委、市政府的正确领导下，我市文化创意设计产业以多向、交互的融合态势深度融入经济社会各领域，取得长足进步，总体水平进入全省第一方阵。

（一）产业载体建设与企业培育成效显著。目前，全市拥有国家级文化产业示范基地6家，省级文化产业园区（基地）19家，省级重点文化企业8家，市级文化产业示范园区（基地）59家。陆续打造了潍坊软件园、潍坊创意产业园、泰华领域创意产业园、寿光软件园等综合类、专业类创意产业园区。全国唯一一家数字教育出版产业研发基地落户高新区，山东云计算版权登记交易平台正式上线并入选2014年国家新闻出版项目库，高新区被国家版权局正式授予“全国版权示范基地”称号。潍坊文化产业孵化器进入省“金种子”计划，成为山东省首批文化产业孵化器建设试点之一，并顺利通过验收。

（二）“中国画都”成为潍坊城市新名片。全市书画艺术产业呈现“重点突破，多点开花”的格局，书画市场“买全国、卖全国”的局面已基本形成。目前全市有各类画廊、书画室、美术馆2000多家，其中，沈学仁画廊和集文斋画廊入选文化部评选的第一批“中国诚信画廊”。广丰文化特艺城、青州宋城书画艺术中心、临朐龙韵文化艺术城等一批书画主题市场发展成熟，形成中心城区、青州、临朐三大书画产业交易中心。目前全市书画产业从业人员达到5万余人，专业人才队伍不断壮大。全市各类书画交流活动日益频繁，每年举办各类画展千余场、全国性的书画交流活动100余次、书画拍卖活动30余次，“全国书画看山东，山东书画看潍坊”已成业内共识。

（三）工艺美术业成为特色基础产业。民间传统工艺美术作为传统文化的核心载体，逐步演进为潍坊创意设计的基础产业，在传承优秀文化、促进经济发展、扩大就业和创收等方面发挥了重要作用。作为世界风筝之都的品牌文化产品，潍坊风筝得到世界风筝爱好者的广泛认可。杨家埠木版年画为全国三大木版年画之一。潍坊红木嵌银漆器为全国独有。潍坊仿古铜器、布玩具、核雕、红丝砚等手工艺品制作精美，蜚声中外。高密扑灰年画、剪纸、泥塑等民间艺术独树一帜。目前，全市规模以上的工艺美术企业80余家，从业人员近4万人。截至2014年，全市拥有国家级工艺美术大师2人，省级工艺美术大师24人，市级工艺美术大师60人。

（四）动漫产业成为特色龙头产业。近年，潍坊动漫设计行业规模快速扩容。截至2014年，潍坊共有动漫游戏企业21家，其中国家认定的动漫企业3家，主营业务收入6100万元，年产动画3100余分钟。动漫游戏设计业快速发展，营业收入以20%左右的增长率快速增长，动漫产业外包额位列全省第一。中动文化传媒与美国公司签订三年5000万美元的外包协议，并与央视签署合作协议，代理近300多部动画作品的发行权，成为全国最大的动漫出版发行代理商。《精灵萝卜娃》《超级优优》《黑豆木仔奇遇记》《食功夫》等一批优秀动漫产品相继推出，社会效益和经济效益显著。

（五）新兴业态集聚化程度不断提高。以影视制作、广告设计、文化创意、数字出版等为代表的新兴创意设计业态通过集聚化载体建设获得长足发展，取得了一些可喜成果。各大影视剧制作公司纷纷来潍坊挖掘制作具有地域文化元素的影视剧作品，《大掌门》《红高粱》《潍县集中营》《绝地天使》《一代跤王》《另类村姑》等影视精品力作不断涌现。广告设计行业集聚化程度持续提升，我市目前拥有广告类企业900多家；潍坊广告创意产业园跻身“国家广告产业园区”，获得1亿元的国家扶持资金。山东（潍坊）数字出版基地、山东中动数字出版创意研发园区、山东云计算版权交易园区等的设立，为数字出版业集聚发展打下坚实基础。

## 二、文化产业评析方法

（一）PEST分析法概述

PEST分析法是在政治、经济、社会和技术四个方面分析企业发展的宏观环境，并评价这些因素对企业战略目标和战略制定的影响。P即Politics，政治要素，是指对组织经营活动具有实际或潜在影响的政治力量和有关的法律、法规等因素；E即Economic，经济要素，是指一个国家的经济制度、经济结构、产业布局、资源状况、经济发展水平、未来的经济走势等；S即Society，社会要素，是指所在社会组成成员的民族特征、文化传统、价值观念、宗教信仰、教育水平、风俗习惯等因素；T即Technology，技术要素，是指那些引起革命性变化的发明，还包括与企业生产有关的新技术、新工艺、新材料的出现和发展趋势以及应用前景。

下面运用PEST分析法对济宁市文化产业发展的宏观环境进行分析。

1. 政治环境分析。"十二五"时期是济宁市公共文化服务体系建设投入最集中、投资量最大、水平提升最快的时期。山东省文化厅和济宁市积极推动"曲阜优秀传统文化传承发展示范区"建设上升为国家战略、列入国家"十三五"规划，在儒家文化研究和传播、文物保护、历史名村名镇名城保护、项目建设、红色旅游开发、基础设施建设等方面，在国家层面上为示范区争取更大的支持。[①] 2013年11月习近平总书记视察济宁时提出大力弘扬优秀传统文化、建设首善之区的殷切期望，并在中央办公厅第二次回访报告中提出"弘扬齐鲁优秀传统文化与国家文化战略需进一步对接""进一步加大对儒家思想等中华优秀传统文化研究和开发的扶持力度"等建议和要求。国家支持文化大发展大繁荣的时代政治背景，为济宁市弘扬优秀传统文化、加快文化发展提供了重大的政策支持。

2. 经济环境分析。2013年，济宁市文化产业增加值135.18亿元，占GDP比重为3.86%。城市居民家庭人均文化娱乐用品及服务支出1629元，增长4.6%，占城市居民家庭人均消费性支出的比重为8.8%；农村居民家庭人均文教娱乐用品及服务支出406元，增长14.6%。根据最新普查数据分析，可以看出济宁市经济高速增长，收入水平提高，文化消费激增。这些都为文化产业发展创造了雄厚的经济基础和广阔的市场空间。

3. 社会环境分析。济宁市历史悠久、文化底蕴深厚，坐拥儒家文化发源地和中国大运河两项世界级文化遗产，区域性文化资源异彩纷呈。有闻名于世的世界历史文化遗产"三孔"（孔府、孔庙、孔林）、"四孟"（孟府、孟庙、孟林、孟母林）、中国大运河（济宁段），有国内外驰名的武氏墓群石刻，享有"天下汉碑半济宁"之誉。深厚的历史文化造就了济宁丰富多彩的文化艺术，鲁西南吹打乐、山东琴书、四平调、端鼓腔、济宁民歌等民间艺术种类繁多，在全省乃至全国都有一定的影响。通过市场运作机制的激活，丰富的社会文化资源优势会转化为巨大的产业优势。山东是人口第二大省，人力资源存量优势明显，人口文化素质的提高为文化产业发展提供了人才支撑和知识储备。

4. 技术环境分析。在产业革命和技术革命的时代，文化传播媒介不断

---

① 于国鹏：《省文化厅推动"曲阜文化建设示范区"上升为国家战略》，《大众日报》，2016年1月15日。

更新。文化产业既是新技术的汇集区，又是对新技术最敏感的领域。影视、激光、卫星等方面先进技术的更新，促进了文化产品生产过程的发展变化。例如，印刷术促进了图书、杂志、报纸等纸质媒介的流传，摄影摄像技术的革命丰富了人类的精神生活，网络和信息世界的出现又使得一些文化消费者迷失于虚拟世界中。可见，文化产业的发展带动了科技在文化产业领域的应用，而科学技术体系的变化又会进一步作用于文化产业，影响着文化产业的生产方式和传播模式。

（二）SWOT 分析法概述

美国韦里克教授在 20 世纪 80 年代提出了 SWOT 分析法，即根据企业自身条件，找出企业发展的优势、劣势及核心竞争力所在。SWOT 四个英文字母分别代表：优势（Strength）、劣势（Weakness）、机会（Opportunity）、威胁（Threat）。SWOT 分析法的实质就是将这些看似各自独立的因素进行系统化的综合分析，为企业制定全面、科学的发展策略。

整体来看，SWOT 分析法可以分成两部分，一个是分析内部条件（SW），另一个是分析外部条件（OT）。通过这种分析方法，发现利于自身发展的因素并继续发扬，找出不利于自身发展的因素并及时规避，并且找出解决问题的方法，明确未来的发展方向。

在制定集团发展战略和分析竞争对手情况时，常用到 SWOT 分析方法。那么在文化产业规划中，如何借用管理学中的 SWOT 分析方法呢？主要有以下几个方面的内容：

1. 环境因素的分析。通过多种方法调查，分析调查数据，找出目标区域内文化产业发展中存在的各种环境因素，包括外部环境因素和内部环境因素两个部分。外部环境因素包括发展机遇和外部威胁，内部环境因素包括发展优势和发展劣势。在调查分析这些因素时，不仅要考虑到这些环境因素的历史与现状，而且要考虑其未来发展的问题。

2. SWOT 矩阵的构建。根据影响因素轻重缓急的程度，将调查得出的各种因素排序，构造出该区域文化产业发展的 SWOT 矩阵模型。优先排列那些对文化产业发展具有重要的、直接的、长久的、迫切的影响的因素，而将那些次要的、间接的、短暂的、不急的因素排列在后边。

3. 发展策略的制定。在完成上述两步工作后，就可以制定出相应的发展策略。首先应当扬长避短，即发挥优势因素，克服劣势因素，抓住发展机遇，化解威胁因素。其次应当思考过去、立足当下、着眼于未来，制定出未来一段时期内该区域文化产业发展的思路与对策。

**相关链接：黄河三角洲文化产业SWOT分析**

1. 内部优势分析

(1) 文化资源丰裕。本区域土地资源优势突出，生态系统独具特色，地理区位条件优越。本区拥有未利用土地792万亩，人均未利用土地约0.81亩，比我国东部沿海地区平均水平高45%，适宜大规模开发建设。自然资源较为丰富，既是黄河文化和齐文化的发祥地之一，又拥有河口湿地自然景观。古老的黄河文明、浓郁的天然生态、武圣故里、世界风筝之都构成了黄河三角洲高效生态经济区多姿多彩的文化旅游资源。惠民魏氏庄园、邹平丁公陶文、寿光双王城盐业遗址、陈庄西周古城遗址等文化资源和历史古迹，具有较高的知名度。独具魅力的自然和人文景观，展现了黄河三角洲高效生态经济区厚重而富有灵性的文化底蕴。

(2) 生态环境优良。本区黄河沿岸农业发达、入海口生态环境优美，滨海物产丰富。黄河自济南市进入本区，向东北斜贯于平原之上，河势顺地势经东营市河口区入海。平原土层深厚，地势平坦。区域内河、湖水系众多，大小湖面如点点繁星点缀黄河两岸和黄河三角洲高效生态经济区，集中彰显了黄河文化特色的城乡宜居生态。莱州湾生态环境日益改善，海湾生物资源明显增多，促使留鸟和候鸟成倍增加，把莱州湾变成了鸟类的家园。

2. 内部劣势分析

(1) 文化消费能力低。随着我国人均GDP超过1000美元和恩格尔系数的下降以及人民生活水平的提高，人民群众对文化产品及服务的需求和消费日益凸显。随着人均GDP和人均可支配收入的不断增长，居民更加注重精神生活享受和自身的身体健康。由于本区经济结构不平衡、收入的绝对水平较低、文化产品价格较高、民生消费居高不下等因素，文化产品消费尚处于较低支出比例和基本文化消费范畴，经济区文化产品与服务的潜在需求尚需进一步释放。

(2) 文化产业规模小。本区已经形成文化旅游、演出业、影视业、印刷出版业、艺术品研发销售、文化用品销售、艺术培训等行业部门，但文化产业总体规模过小，而且基本是传统的资源依赖型文化产业。文化企业集团化、规模化、聚集化处在起步阶段，缺少在全国有较大影响的产业品牌，缺少产业领军人物和著名文化企业家，仍需进一步组建大型文化产业集团，扩大文化企业的市场影响力。总体上看本区文化企业竞争实力还不够强，文化产业集聚区尚未形成。

（3）产业联动效应差。近年来，黄河三角洲各地市陆续颁发了一系列政策文件，支持文化产业发展。由于受传统体制及观念的束缚，本区仍然存在事业、产业不分，重意识形态、轻产业功能，以及政府直接经营文化产业大项目的现象。文化资源效用未能得到充分利用，未能有效利用市场配置资源功能。本区有着天然的生态资源、众多历史遗迹、优美的黄河自然风光，但由于缺乏系统性规划和开发，资源整合不到位，导致文化旅游景点分散、精品线路开发不足。

3. 外部机遇分析

（1）文化体制改革纵深推进。文化体制改革的规律性认识为继续深化改革和发展文化产业提供了思想保证。党中央推进文化体制改革的态度坚定、方向明确，抓住关键环节和重点领域，已经在解决影响和制约文化产业发展的一些深层次矛盾和问题上实现重点突破。黄河三角洲各地市结合自身产业发展实际，积极推进经营性事业单位转企改制、文化市场综合执法体制改革，制定和完善改革的配套政策。文化体制改革深入推进，各县市文化管理部门进一步理顺管理职责和权限，为文化产业发展带来了新局面和新气象，这必将对本区文化产业发展产生非常重大的影响。

（2）文化扶持政策持续推出。2009 年 9 月国务院发布《文化产业振兴规划》，重点推进文化创意、文化演艺、动漫游戏、影视制作、出版发行等行业，这是中央政府出台的第一个关于文化产业发展的纲领性文件。2009 年 11 月国务院出台《黄河三角洲高效生态经济区发展规划》，强调充分发挥黄河三角洲地区文化资源优势，培育和壮大文化企业。明确提出重点发展生产性服务业，积极发展消费性服务业。东营市、滨州市等地市相继出台推进措施和具体对接政策，将发展文化产业作为加快黄河三角洲开发建设、促进经济增长的重要举措。

（3）区域合作互动态势推行。伴随文化产业快速发展，生产活动开始由高到低阶梯式转移，发达地区文化企业寻求文化资源丰富、生产成本低的地域衔接。黄河三角洲地区处于产业北移的中间地带，拥有国家鼓励开发的大量盐碱地和荒草地，面临着主动接受辐射、集聚生产要素的战略机遇。黄河三角洲地区通过承接天津滨海新区开发机遇，对内依托半岛蓝色经济区和济南城市圈，进而实现城市群合作共进。实现区域可持续快速发展，就要各经济区带形成一定的合作和互动，而产业梯度转移正是发生在不同梯度区域之间的一种由经济规律决定的自发现象。要抓住行业与企业梯度转移的机会，谋求以市场、资源换技术、换投资，为文化企业的可持续发展提供新的动力。

4. 外部威胁分析

（1）基础条件的挑战。黄河三角洲地区特别是黄河沿岸各县市区，经济基础相对薄弱，文化基础设施相对匮乏，导致本区文化资源无法适度开发，影响金融资本的全面进入。文化资源和生态优势还多停留在理论上的研讨和低水平建设层面。由于经济发展水平和管理理念限制，普遍存在文化阵地缺设施、缺设备等问题，以民俗民间工艺品为代表的农村文化产业发展滞后，示范性文化企业、文化产业聚集区相对较少。文化资源开发处于各自为政的状态，彼此之间尚未形成一个有机整体，缺乏系统性宏观规划。

（2）文化人才的挑战。文化产业是新兴的产业业态，相当多数的从业人员对文化产业的经济规律没有完全把握，经营管理理念和科学技术技能陈旧，严重阻碍了文化经济的发展。由信息技术和商业模式引领的数字文化产业，可以很好契合黄河三角洲高效生态经济区丰富的文化资源；但是熟悉黄河三角洲高效生态经济区资源禀赋又通晓现代管理运营理念的人才缺乏，成为阻碍本区文化行业发展的最大瓶颈。从业人员的文化创意、商业运营的综合能力低，导致文化产品和服务质量较低，不能释放黄河文化的本质特性和独特魅力。

（3）产业链条的挑战。从横向产业链条看，文化产业传统业态发展中同质化、低层次竞争问题明显，特别是黄河沿岸的农家乐、文化旅游业，尚未形成项目互补、价格互补的良性产业系统。从纵向产业链条看，黄河三角洲高效生态经济区文化产业链条过短，业务单一，并且严重依赖地方文化资源存量。区内文化资源创意研发、衍生品生产、文化市场营销都暴露了明显的非持续、间歇性特征，存在文化产品线少、可选择性差等突出问题，无法形成产业集群，因而缺乏规模效益。

通过对黄河三角洲地区文化产业发展的环境因素分析，构造出SWOT矩阵，便可以制定出相应的发展战略计划。要充分依托其自然和人文环境，发挥其特色品牌文化优势，克服其文化产业发展规模小、联动效应差等弱点因素，利用文化体制改革的机会，加强区域合作互动来化解产业链条不完整等威胁因素。考虑过去，立足当前，着眼未来，运用综合分析方法，制定出黄河三角洲文化产业未来发展的战略对策。

（选自《黄河三角洲国家生态经济区文化产业发展规划》）

## 三、区域产业竞争力

（一）产业竞争力的理论体系

区域产业竞争力是经济研究的一个核心问题。诸多学者的研究都涉及区域产业竞争力的内容，例如亚当·斯密的绝对优势说、大卫·李嘉图的比较优势说、俄林的资源要素禀赋说。随后，马歇尔、韦伯、克鲁格曼、威廉姆森等强调外部经济性、报酬递增和交易成本的降低，从产业区、产业集群的角度探讨了产业的集聚竞争力。熊彼特提出“创新说”，即不断进行技术创新的企业会有强大的竞争力，突破了古典竞争力理论。

当然在这些专家学说里，美国经济学家迈克尔·波特（Michael E. Porter，1990）的产业竞争优势理论当属最具影响力的。波特继承了熊彼特的创新思想并把竞争力理论从微观拓展到宏观，提出了决定国家竞争力的“钻石模型”（参见图 3-1）。他认为，一国的特定产业能否在国际竞争中取胜，取决于四个因素，即生产要素、需求要素、相关产业和支持性产业的表现，以及企业的战略、结构和竞争对手的优劣程度。此外，政府的作用以及机遇因素也具有相当大的影响力。这六大要素就构成了著名的“钻石模型”，借此波特建立起了产业国际竞争力核心因素的广泛经济联系，为研究产业竞争力做出了巨大贡献。

鲁格曼和克鲁兹（Rugman&Cruz，1993）通过对加拿大国家竞争优势的研究，认为单一“母国钻石”并不能很好地解释经济规模小、开放的贸易经济国家竞争优势的来源。因此，他们基于加拿大利用美国市场扩大生产与引入美国企业在加拿大投资办厂的双重竞争框架，构建了“双重钻石模型”。但这一模型具有一定局限性，不适用于北美自由贸易区外的其他小国。随后，穆恩等人（Moon，Rugman&Verbeke，1998）将“双重钻石模型”进一步拓展为“一般化的钻石模型”，更好地阐释适合所有小国经济的竞争力问题，提出“一国经济完全融入全球经济时，该国国际竞争力的大小在可预期时间内是固定不变的”。这些拓展的“钻石模型”更多关注国家和区域的竞争力。

国内学者也做了大量研究。金碚（2003、2006）认为，体制因素和竞争所依赖的优势资源对中国产业国际竞争力的影响非常大，提出了人气指数等评价指标。曾国宁（2006）认为，区域产业竞争力的来源从根本上使比较优势和竞争优势内在统一。刘林青、谭力文（2006）基于全球价值链背景，构建了评价产业国际竞争力的二维评价模型。

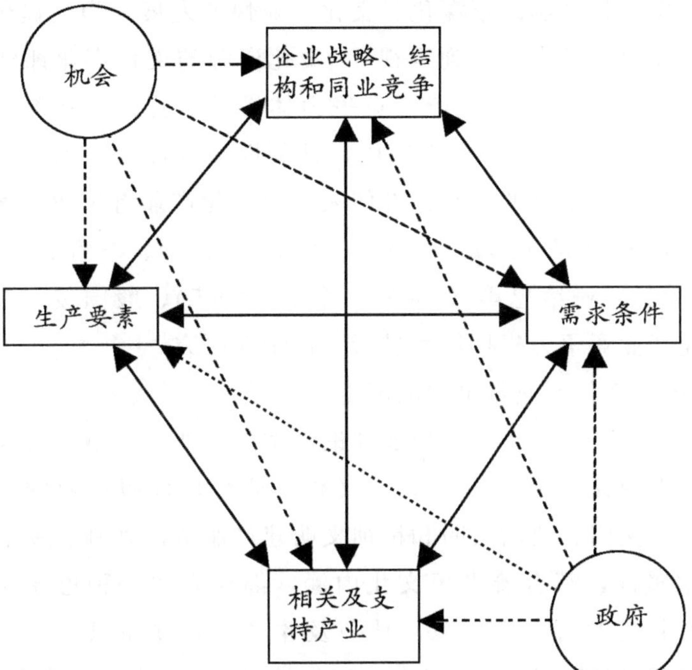


图 3-1　迈克尔·波特的经典“钻石模型”

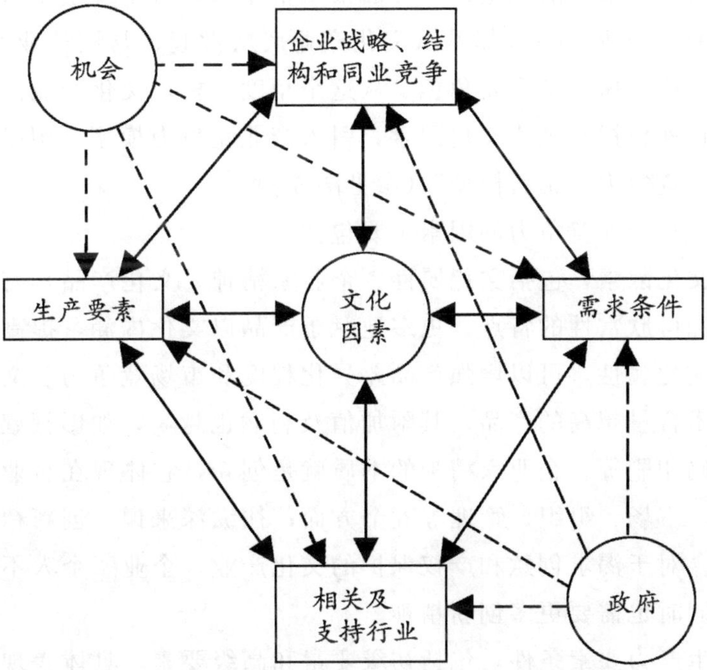


图 3-2　融入文化因素的扩展“钻石模型”

随着我国文化体制改革深化和文化产业快速发展，为之提供数据支持的文化产业竞争力越来越受到重视。《文化资源与文化产业评估》（2008）是国内第一本系统研究文化产业竞争力体系的著作。祁述裕（2004）在《中国文化产业国际竞争力报告》中，开创性地设计出中国文化产业竞争力评价指标体系，量化的评判标准使人们对文化产业有了较为客观准确的评价。同时，顾江等（2008）、王岚（2008、2009）、李宜春（2006）、赵彦云等（2006）、杨绪忠等（2005）、张强（2005）、殷国俊（2004）等都对中国文化产业竞争力指标体系进行了探索性研究。

（二）影响文化产业竞争力的因素

综合上述"钻石模型"及延展理论，文化产业的区域产业竞争力具有独特属性，表现在两个方面：（1）文化产业是现代服务业的重要组成部分，是为物质文明、政治文明和精神文明建设服务的产业。所有文化产品都具有文化属性，都有着思想文化内涵，都在表达一种思想、理念和意愿。文化产业是源自个人创意、技巧及才华，通过知识产权的开发和运用，创造财富和就业潜力的行业[①]。这是不同于一般制造工业的特殊之处。（2）企业家创新和冒险精神在文化企业普遍存在。一方面该产业初始投资比较大，需要冒很大的风险；一方面很多企业都是从小规模私营企业发展壮大起来的，企业家一般都是从文化产业底层做起、与该行业密切相关，企业家在产业中扮演了重要角色。从这个角度分析，文化产业的文化属性和企业家精神也被归结为文化因素，引入产业竞争力模型，用于构建扩展的文化产业竞争力"钻石模型"（参见图 3-2）。

影响文化产业竞争力的因素主要包括：

（1）文化因素，包括文化属性、企业家精神。文化产品具有保持信息的持久性和可欣赏性的特点。更多地赋予产品以文化内涵，提高产品的知识含量和文化属性，可以增强产品差异化程度和市场竞争力。文化产业中创意和技术含量越高的产品，其附加值及利润也越高，如影视娱乐、网络传媒、数码印刷等。企业家精神的本质就是创新，它体现在企业经营的技术、产品、市场、组织、管理等五个方面；往纵深来说，创新精神就是冒险加理智。对于渴求创意和产权保护的文化产业，企业家个人不但需要文化属性，同时也需要更多创新精神。

（2）生产力要素条件，包括初级要素和高级要素，具体表现为自然资

① 曾贵：《基于文献综述的文化产业概念反思》，《创新》，2010（5），114—116 页。

源、资本资源、人力资源、知识资源和基础设施等等。中国博大精深的传统文化、山河秀美的自然景观为文化创意提供了取之不尽用之不竭的素材和资源。越来越多的培训机构和高等院校加入到文化产业人才培养的阵营，为文化产业发展提供源源不断的智力支持。

（3）需求条件，包括国内与国外两个市场。波特认为，国内需求市场是产业发展的动力，其因对规模经济的影响而刺激企业改进和革新，提高产业效率。根据发达国家和地区的发展经验，当人均 GDP 接近或超过 5000 美元时，就会进入对文化产品消费需求的“井喷”阶段。而文化产品和服务作为文化消费的主要载体，随着人们消费能力的提高，必将会获得更广大的市场空间。

（4）相关及支持性产业情况。产业欲形成竞争优势，自然不能离开与上下游产业的密切合作。一个优势产业不是孤军奋战、独立存在的，而是同国内相关强势产业强强联合、共同崛起的。中国以微电子技术、计算机技术、通信技术和网络技术为代表的信息技术，对文化产业的影响尤为巨大而深远。同时，在国际产业结构调整和梯度转移中，我国有承接发达国家、地区产业梯度转移的优势。

（5）企业战略、结构及同业竞争。波特指出，创造与维持产业竞争优势的最大关联因素是国内市场强有力的竞争对手。由于地区之间的宏观政策、发展环境、管理部门的理念等因素的差异，中国东部沿海地区文化产业迅速发展，而西部文化产业起步缓慢。

（6）机遇。企业外部机遇可遇不可求。对文化企业发展来说，可能形成机遇的情况有传统技术出现断层、新技术的发明创造、生产成本突然波动（因外部因素）、金融市场或汇率的重大变化、市场需求的剧增、政府的重大决策等。

（7）政府行为。波特指出，在经济全球化的新形势下，政府的角色应当是市场竞争的催化剂，政府应当鼓励企业竞争，激励企业提高产业竞争力，并且提供企业所需要的资源，改善产业发展的环境。[①] 自 2009 年 9 月发布《文化产业振兴规划》以来，我国不断出台促进文化产业发展的相关政策，这些举措将对中国文化产业产生重要影响。

（三）文化产业竞争力的分析方法

通常，在制定区域文化产业规划时，对于该区域进行产业竞争力分析

---

① 姜杰等：《城市竞争力理论评介》，《山东社会科学》，2004（10），113—117 页。

主要从横向和纵向两个角度展开。所谓横向竞争力，是指该区域在一个更大区域范围的竞争力排名，比如省域在全国的竞争力排名、市域在全省的竞争力排名等。横向比较是基于同级别、同类型的城市框架而进行的，主要涉及两方面：一是生产要素、需求要素、相关产业要素等文化产业各项要素的绝对指数分析；二是相对梯度分析，即文化产业发展基础、集聚效率梯度比较，文化产业发展绩效及成长潜力梯度的比较。所谓纵向竞争力，是指该区域在产业发展中所形成的社会影响力、战略机遇期等发展优势。

此外，在制定文化产业规划时，为了便于实际操作，结合国内学者对相关要素代表指标的研究以及指标数据获取的可能性和可行性，编者建立了地区文化产业竞争力评价指标体系（参见表 3-2）。基于这一指标体系，可以对横向竞争力比较进行数据分析，从而更加直观地发现该区域在文化产业发展中的相对优势和存在的不足。

**表 3-2 文化产业竞争力指标体系表①**

| 一级指标 | 二级指标 | 三级指标 |
|---|---|---|
| 企业要素 | 企业素质 | 企业数量、规模以上企业数量 |
| 生产要素 | 公共文化资源 | 艺术团数、每百人拥有藏书量 |
| | 人力资源 | 产业从业人员占比 |
| | 资本资源 | 企业市场融资 |
| | 基础设施资源 | 文化场馆数 |
| 需求要素 | 人均收入 | 城市居民人均收入 |
| | 消费者行为 | 人均文化消费支出 |
| 产业支撑 | 产业环境 | 第三产业增加值 |
| | 旅游业 | 旅游收入 |
| | 教育业 | 每万人中高校学生数 |
| | 金融业 | 金融服务业增加值 |
| 环境要素 | 政府支持 | 财政补助 |
| | 固定资产投资 | 文教固定资产投资 |
| | 产业政策 | 政策完善程度 |

① 参见编者的山东省艺术科学重点课题项目《山东省文化产业竞争力与发展战略研究》相关内容。

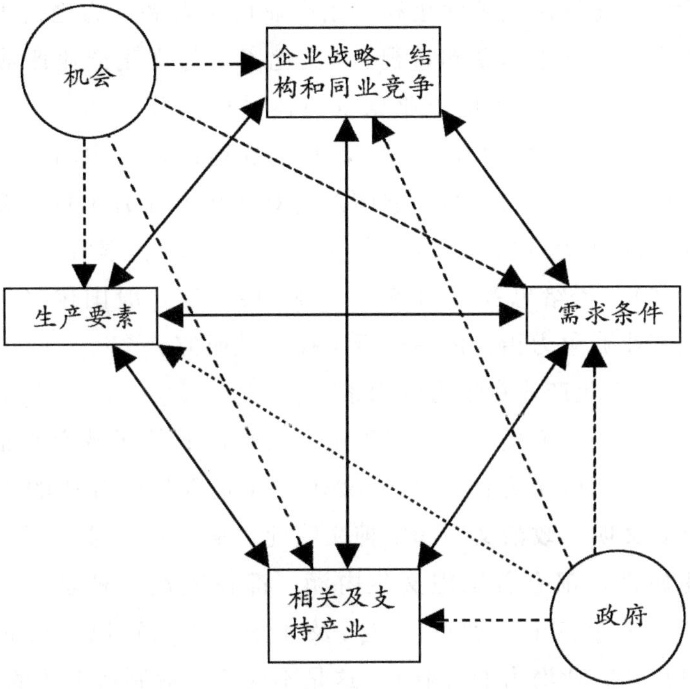


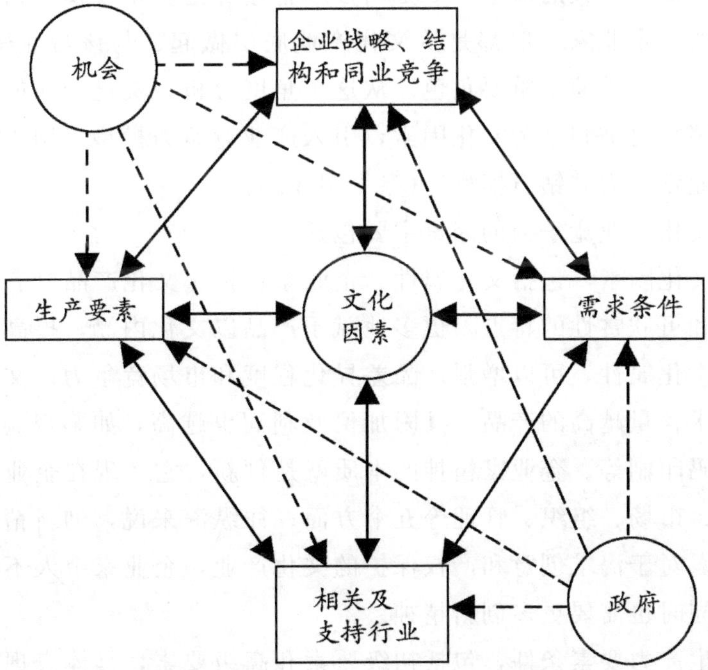


步繁荣、文化交流合作辐射力强、文化高端人才聚集度高的崭新文化发展格局，建成具有鲜明的文化品牌、浓厚的文化氛围、丰富的文化内涵、独有的文化特色、强劲的文化综合实力的烟台文化核心区。

就具体目标而言，全区文化事业努力实现“一个标杆、两个突破、三个优化、四个工程”。

一个标杆：在烟台市创建国家公共文化服务体系示范区的基础上，探索文化事业发展新模式，在国内公共文化服务体系示范区创建城市中走在前列，成为文化事业发展的标杆城区。

两大突破：依托芝罘区丰富的传统文化资源，加强现代科技传媒手段利用，推动传统文化现代化实现新突破；依托烟台市作为海上丝绸之路首航地的区位优势，推动芝罘区对外文化交流合作实现新突破。

三个融合：推动公共文化服务与科技融合发展，建设公共文化资源共建共享数据库，构建现代文化传播体系；推动文化建设与旅游融合发展，加强文化遗产资源保护的同时适当进行旅游开发；公共文化建设与城市环境建设融合，实现城市建设文化化，打造文化特色鲜明的城市风貌。

四大工程：实施基础文化设施提升工程，对现有设施进行改造提升以更好满足居民需要；实施民间文艺团队扶持工程，加大专业技术及资金支持力度，进一步提高基层群众文化活动质量；实施公共文化特色品牌打造工程，深入挖掘各街（道）、（社）区文化特色，打造一批特色文化品牌；实施“十百千”文化人才培育工程，力争培养十名具有较高造诣、德艺双馨、热衷于公益文化事业的专业级人才，百名有一定公共文化服务水平和业务能力的骨干级人才，千名热爱公共文化事业的从业人员、文艺爱好者和文化志愿者。

（选自《芝罘区“十三五”文化事业发展研究报告》）

WENHUA CHANYE

# 第五章　文化产业空间布局

由于经济水平和机构设置、自然和生态资源条件、意识观念和消费理念、文化管理体制、技术创新和人才积累、相关及支撑产业等因素造成的问题难以在短时间内得到切实解决，地区间在文化产业发展上缺乏协调，导致发展思路单一、产业结构雷同，缺少差异化的发展战略，重复建设和资源浪费等问题突出。区域分割引致的产业布局不合理问题已经成为中国文化创意产业进一步优化升级和跨越发展的障碍。

因此，要加强区域文化产业空间布局差异分工、统筹规划、分类指导，把优化文化创意产业空间布局和载体分布作为文化产业发展的重点任务；鼓励各地市、县区、镇街根据文化资源禀赋和总体功能定位，确立各地文化产业空间发展重点，优势互补，形成区域、城乡之间乃至区域内部文化产业协调发展格局。而要在省区、地市、县区乃至某个文化产业园区中进行合理产业布局和载体协调，空间层面的设计也就成为规划的工作重点。

## 第一节　空间结构的基本理论

空间结构是指在一定区域范围内，社会经济各组成部分及其组合类型的空间相互作用和空间位置关系，以及反映这种关系的空间集聚规模和集聚程度。[①] 空间结构理论是在古典区位理论基础上发展起来的一种区位理论，具有明显的整体、动态特征。这一理论是地理学和区域科学的重要理论基础，也是指导国家土地开发实践中制定区域发展战略的主要依据。

---

① 陆大道：《区域发展及其空间结构》，北京，科学出版社，1995。

## 一、西方区域经济理论

西方区域经济理论的发展大致经历了四个阶段：(1) 在第二次世界大战之前，区域经济学主要研究领域为企业和产业的区位选择、空间行为和组织结构等。(2) 20 世纪 40 年代末期，由于世界各国各种区域问题的出现，区域经济学研究开始转向区域经济发展和区域政策问题。由于计量化和模型化研究的飞跃发展，各国学者提出了许多很有影响的区域发展理论和战略模式。(3) 20 世纪 70 年代后期至 80 年代，随着官方统计数据的大量公布和计算机网络技术的迅速发展，区域经济学研究开始逐步走向实证研究。由于世界各国之间合作竞争关系的加强，区域经济发展研究提出了较过去更为复杂的问题。(4) 20 世纪 90 年代后，区域经济理论研究将运输成本纳入到了理论分析框架之中形成"新区域经济学"，并重新找到空间的重要性尤其是区位的重要性，促使"新经济地理理论"成为第四次区域经济理论的浪潮。本书将西方区域经济理论分为古典区位理论、区域经济发展理论和新经济地理理论进行阐述。

(一) 古典区位理论

古典区位理论属于成本决定论，该理论主要是基于产业空间布局的现实基础，分析空间经济活动中空间分布和空间联系对成本和收益的作用，具体来说是研究"在特定区域进行一种经济活动比在其他区域进行同类活动可能节约成本的情况，以及这种情况对产业配置的吸引作用"[①]。约翰·海因里希·冯·杜能 (Johann Heinrich von Thunen) 在《孤立国同农业和国民经济的关系》一书 (1826) 中首次提出了农业区位理论。在书中他提出了著名的"孤立国"模式和假设，即用 $P=V-(E+T)$[②] 的公式来计算各种农作物合理的种植界限，以此形成农业的区域配置。农业区位理论的研究目的是探讨土地利用所能达到的最大纯收益。它认为农业土地利用类型和农业土地经营集约化程度不仅取决于土地的天然特性，更取决于它们与农产品消费地 (市场) 之间的距离。在之后的理论发展中，杜能的理论体系和研究方法被推广到其他研究领域，并对城市土地利用的研究起到了重要的指导作用。

在欧美国家率先迈入工业化时代及新兴城市崛起后，一些学者开始关

---

① 张燕：《西方区域经济理论综述》，《当代财经》，2003 (12)，86—88 页。

② 其中，P 表示利润，V 表示农产品的市场价格，E 表示农业生产成本，T 表示运费。

注产业结构中的资源配置问题。德国学者劳恩哈特（W. Launhurt）利用“区位三角形”的概念，厘清了在资源供给和产品销售条件限制下的工业区位的概念、原理和规则，系统完整地建立了工业区位理论体系。德国经济学家阿尔弗雷德·韦伯（Alfred Weber）在其《工业区位论》一书（1909）中指出，大城市产业与人口集聚，既能带来单位产品生产成本下降和利润增加，又可以实现在同一产业链条上高度关联的企业按一定比例规模集中分布，从而产生比分散布局更大的效益。随后，美国区域经济学家埃德加·M·胡佛（Edgar Malone Hoover）发展了韦伯的理论，丰富了运输费用结构、生产替代物和规模经济等内容。

随着理论研究的不断深入，研究者发现“最小成本”对企业选址及要素集聚的影响并非决定性的，以取得最大利润为原则、以市场为中心的区位理论——“利润决定论”应运而生。1933 年，德国学者克里斯泰勒（Chrastaller）首先系统阐明了以城市为中心吸引产业资源配置的“中心地理论”。后来奥古斯特·廖什（August Losch）将市场区位理论的思想引入区位分析中，进一步扩大了区位理论的范围。新城市经济学的代表贝克曼（Beckman）又发展了廖什理论，认为区域商品需求结构和总量会通过生产布局影响该城市的发展规模。

20 世纪 60 年代，现代区位论在凯恩斯主义的影响下逐渐兴起。美国区域经济学家伊萨德（现代区位论的创始人）明确指出，虽然利润最大化的原则是区位选择的基本原则，但能否实现这一原则需要综合考虑天然环境、产品的成本和价格、工资等相关变量。另外，现代区位理论更强调选择主体的行为因素，即企业选址和产业要素集聚的效果受到主体的心智、知识结构、观察与信息收集、分析等各方面能力的影响，这些因素共同构成决策者认为的综合利益最大的区位。此外，现代区位理论的研究视野已经从单个企业扩大到产业系统，提出应改变研究中将工业、农业、城市区位各自孤立的思想，而应以动态、互促、有机的系统思维去考量区位选择的效果及各产业相互间的关系。

（二）区域经济发展理论

西方经济学中有关经济增长和发展的理论对区域经济研究产生了巨大的影响，使区域经济发展成为西方区域经济理论的一大主题，在理论发展的第二阶段扮演重要的角色。[①] 早期的区域均衡增长模型是建立在自动平

① 张燕：《西方区域经济理论综述》，《当代财经》，2003（12），86—88 页。

衡倾向的新古典假说基础上的。它认为，只要存在完全竞争的市场，资本和劳动的双向运动就将最终导致区域差异缩小。[①] 该理论是一种静态分析法，与大部分发展中国家的客观现实相悖；并且这种方法忽略了规模效应和技术进步因素，不能解释现实的经济增长过程，也不能为区域发展问题找到出路。

20世纪50年代以来，在经济利益的驱动下，发达国家将大量资源和要素集中投入到某一区域的做法，使得发达区域与欠发达区域的两极分化加剧。在这一背景下，学术界将研究的目光投向城市和区域经济配置的问题上，标志着西方区域经济理论进入第二个发展阶段。

区域经济不平衡理论成为这一时期的关注焦点。如法国经济学家弗朗索瓦·佩鲁（Francois Perroux）提出了以部门分工所决定的产业联系为主要内容的“增长极”概念。法国经济学家布代维尔（J. B. Boudeville）从理论上将“增长极”概念的经济空间拓展到地理空间，认为经济空间不仅包含了经济变量之间的结构关系，也包括了经济现象的区位关系或地域结构关系。[②] 1957年，瑞典经济学家纲纳·缪达尔（Karl Gunnar Myrdal）在《经济理论与不发达地区》中阐述了区域经济不平衡的产生机制，认为经济在各区域内并非同时产生和均匀辐射的，而是从一些具有集聚吸引力、条件优越的地区开始；先发地区通过获取初始优势不断积累有利因素，从而进一步强化和加剧区域间的不平衡。[③] 此后，美国经济学家米尔顿·弗里德曼（Milton Friedman）提出“二元空间结构”理论，将经济系统空间结构划分为中心和外围两部分；若中心区发展条件较之外围区优越，必然导致生产活动中的各类要素从外围区向中心区的净转移。在经济发展初始阶段，二元结构十分明显，表现为一种单核结构；随着经济进入起飞阶段，单核结构逐渐被多核结构替代。

1965年美国经济学家威廉姆逊（Jeffery G. Williamson）把库兹涅茨的收入分配“倒U型”假说应用到分析区域经济发展方面，将时序问题引入了区域空间结构变动分析。同时做出数学证明的是保罗·萨缪尔森（Paul A. Samuelson）。此外，还有日本学者小岛清提出的边际产业转移模

① 粟献忠：《区域经济发展与民族地区农村劳动力转移》，《生产力研究》，2009（10），22—24页。

② 费洪平：《区域经济增长理论的再评述》，《改革与战略》，1994（1），60—63页。

③ 吕军书：《西方区域经济发展理论及对我国的启示》，《商场现代化》，2006（6），276—277页。

式。从某种意义上说，这种分析反映了一般趋势。另外，一些区域经济学者把生命循环论应用到区域经济学中，从动态的角度发展了增长极理论，形成了“区域经济梯度推移理论”。该理论的主要观点是，地区产业结构的优劣和转移决定了区域经济的发展，主导性的专业化部门在工业生命周期中所处的阶段决定了产业结构的优劣。从某种意义上说，区域经济梯度推移反映了区域经济发展的一般趋势。

（三）新经济地理理论

区域经济学是从规模报酬不变和完全竞争出发来研究现实经济问题的，但两个假设之间的矛盾却因为生产要素和商品不完全流动性、经济活动不完全可分性而无法解决。随着外部性、规模经济等概念被引入，以及建模技术的升级，一些原先被忽略的因素被重新纳入分析框架中，比如一些学者注意到运输成本的减少会引发聚集经济、外部性、规模经济等问题。在企业区位选择、区域经济增长及其收敛与发散性问题的研究中考虑这些要素的话，就会得出不同于传统区域经济理论的观点。[①]

20 世纪 90 年代，保罗·克鲁格曼等人引入运输成本概念，开创了新经济地理理论（简称为 NEG 理论）。这一理论试图通过建立不完全竞争市场结构下的规模报酬递增模型，将区域经济理论研究纳入主流经济学。这一理论也充分论证了工业活动具有空间集聚的倾向性趋势、产业区集聚的空间格局具有“路径依赖性”，一旦形成后具有自我延续下去的倾向。美国经济学家瓦尔兹（Waltz）认为，区域经济一体化会导致规模收益递增的生产和创新产品的区域性集中。[②] 针对聚集经济条件下的区位竞争问题，马丁（Martin）研究得出在同一区位的厂商数目会随着外生的相对成本优势和内生的聚集优势的增加而增加的结论。[③]

## 二、产业集群理论

（一）产业集群理论内涵

关于产业集群现象的研究涉及众多学科领域，国内外学者对于产业集群理论和实践的研究视角和论述阐释也各有千秋。学界普遍认为，迈克

---

① 计晓燕：《对中国经济地理研究体系的探索》，《生产力研究》，2012（8），136—138 页。

② 包浩斌：《国际分工与区域集聚：一个文献综述》，《当代社科视野》，2009（7），36—40 页。

③ 张燕：《西方区域经济理论综述》，《当代财经》，2003（12），86—88 页。

尔·波特对产业集群的研究具有开创性意义，其对产业集群的定义也比较有代表性。按照波特教授的理解，产业集群是由某一产业领域相关的相互之间具有密切联系的企业及其他相应机构组成的有机整体。[①]

国内学者王缉慈将产业集群定义为：一组在地理上靠近的、相互联系的公司和关联机构，它们同处一个特定的领域，由于具有共性和互补性联系在一起，具有专业化特征。[②] 王缉慈强调产业集群内企业共同的社会文化背景及价值观念，认为只有具备了这些条件，群内企业才具有区域的“根植性”，才可以形成能够共生的产业集群。[③] 尽管国内外理论界学者研究视角和论述角度不同，对于产业集群理论和实践给出了不同的阐释，但总体上都在产业联系、空间集聚、专业化分工、创新、社会经济网络和集群发展的动态性等方面达成了共识。

集聚、集群、产业集聚、产业集群等概念通用的现象普遍存在，其实集聚与集群的概念不尽相同。产业集聚可以形成产业集群，但并不是所有的产业集聚都是产业集群，产业集聚只是产业集群形成的一个必要条件。一般来说，从产业集聚发展到产业集群，要经历产业集聚、韦伯集聚和产业集群三个阶段，其间步骤可以通过行政手段、经济手段促进发展，但是不能实现跨越式发展。[④] 目前我国很多文化创意产业园区惨淡经营、发展停滞的主要原因在于当地政府不能真正理解产业集聚到产业集群的过程性，盲目让企业“扎堆”，导致创意产业园区规划的失败。根据蒋三庚等《文化创意产业集群研究》一书的总结，产业集聚与产业集群主要有以下的不同点：

1. 侧重点不同。产业集聚侧重于产业的同类企业空间集中的规模，从而形成产业链上下游成员间的互补与合作；产业集群侧重于主导产业的企业与相关机构间在空间集中基础上产业内和产业间的联系，即分工的同类企业在同一产业环节的竞争以及不同企业在产业链上下游的合作。

2. 动力机制不同。虽然两者都受益于规模经济和范围经济，但产业集

---

① 韩骏伟、胡晓明：《文化产业概论》，103 页，广州，中山大学出版社，2009。

② 韩锦绵、马晓强：《产业集群再认识：比较视角》，《生产力研究》2009 (1)，136—138 页。

③ 王雷：《中国产业集群理论研究评述》，《重庆工商大学学报（社会科学版）》2004，21 (2)，29—32 页。

④ 张淑静：《产业集群的识别、测度和绩效评价研究》，华中科技大学博士学位论文，2006。

聚更为关注的是降低运输成本，其持续发展的动力主要来自领头的大企业。而产业集群是在降低劳动力等生产要素成本基础上，更为关心信息成本、交通和学习成本等交易成本的降低，以尽可能地促进创新；其持续发展的动力不仅得益于核心企业，更重要的是众多企业发展主导产业的目标一致。

3. 信息传递方式不同。产业集聚一般是通过报告会、期刊等正规途径的正式交流传递知识，扩散信息和技术，倾向于常规创新；而产业集群更多的是在俱乐部、企业家协会等非正式交流中传递经验来实现思想火花的碰撞，更趋于“爆炸式创新”。

4. 根植性不同。产业集聚多考虑与原材料、市场等的距离而确定集中的区位，与当地文化关系不大，根植性较弱，可迁移；而产业集群更多的是关注区位的制度环境，对当地的社会资本和文化等因素的根植性较强，且不可复制。[①]

因此，产业集聚不等于产业集群，只考虑地理上的集中并不能创造出共同获益的相互依赖性；产业集群必须以区域内的相互关联、优势互补、交互促进为基础，没有区域内部的共生协调机制就不能真正发挥集群优势。这一点对区域产业的协同发展具有较强的指导意义。如果简单地认为产业的地理集中就能形成产业集群，则很容易漠视企业之间内在互动机制的建立，往往导致产业发展区域集中战略的失败。

（二）文化创意产业集群

文化创意产业常常与其他的产业融合在一起，许多公司的设计和艺术被融入其他行业的产品或项目之中，其主要价值常常通过其他产业来体现，其创意附加值得不到有效释放和保护。比如服装、珠宝、饰品的创意设计附加值很难单独计算。优秀设计和创意所创造的价值可能隐藏在产品中，只能够通过产品的销售来体现。放大而言之，文化创意产业集群对城市和区域所附加的审美和真实的市场价值难以精确地计算。

一般来说，文化创意产业集群具有以下几个特点：第一，产业规模较小，多以中小微企业为主。第二，生态群落分布态势明显，以专业化分工、社会化合作的共生共赢为基础互补共存。例如青岛国家动漫产业基地，包含了原创动漫制作、衍生品开发销售、版权交易和相关增值服务的

① 张淑静：《产业集群的识别、测度和绩效评价研究》，华中科技大学博士学位论文，2006。

各种企业，产业链条完整并趋向系统化。第三，属于知识密集型产业，具有较强的人文根植性。第四，以创意为核心，一体化特征明显。创意源于生活，也来自工作创造，是生活和工作一体化、文化产品生产和消费结合的产物。第五，依赖科技与创新，具有高风险、高收益、高回报和高增长潜力的特性。第六，集群空间更宽广，产业带动性强，呈现出跨行业的特性，具有强大的经济溢出效应和规模效应。

## 第二节　总体布局

### 一、文化产业布局的总体要求

文化产业是随着城市形态的发展而发展的一种特殊的产业形态，集合政治的、经济的、社会的、意识形态的和文化的等多重属性。文化产业空间布局与产业特点紧密结合，表现出对消费人群的极强依附性和产业空间分布的趋集中性，所以，文化产业集聚区多集中在人口稠密的城市中。城市功能定位各有不同，但无论是在量上还是在质上，都会反映在文化产业的布局运动中。因此，人为制定规划和政策来影响文化产业布局，是为了更好地实现文化产业布局空间集聚的文化和经济效益，克服文化产业布局的盲目性和趋同性及其所造成的重复建设、资源浪费与恶性竞争。①

（一）文化产业布局的重要性与必要性

文化产业通过产业集群实现对各种文化资源的优化配置与有效利用，强化集群内企业对各种文化资源的吸纳能力和辐射能力，节约文化资源的流通成本，提高创新创意能力，从而形成文化产业的综合竞争力与核心竞争力。同时，文化产业集群也成为改造社会、扩大再生产的方式和途径，为社会发展提供智力支持和文化生态环境，进而实现了产业的文化能力向社会能力的转化。

然而，文化产业的集聚必须在一个适当的量度内才是有价值的，超过了一定的度，产业生存空间过于狭窄，必然引发恶性的市场竞争，造成投资环境的破坏，致使文化资本外流，进而最终导致整个产业发展的停滞和

① 胡惠林：《区域文化产业战略与空间布局原则》，《云南大学学报（社会科学版）》，2005（5），43—56页。

衰败。[1] 因此，在制定文化产业规划时，要遵循区域文化产业结构的个性发展规律与特点，还要结合目标城市的发展定位与功能区划。合理科学的空间布局对区域文化产业甚至对城市的经济、文化与社会发展都具有重要意义。一方面，合理的空间布局将加速区域文化产业与文化企业的集中化运动，有助于文化生产力的集约化发展；另一方面，合理的空间布局将促进区域文化产业和文化企业的合理分散，有助于文化经济的空间均衡发展。

（二）文化产业布局的制约因素

作为社会经济未来发展的空间投影，规划是对未来空间资源的一种配置，同时也是对现有空间资源配置的一种再认识。在反映社会经济要求尤其是发展中的要求上，文化产业布局受到两方面的制约[2]：一是历史形成的文化产业空间布局的局限性，包括文化体制、国民经济发展基础、文化要素禀赋；二是规划主体对未来发展认识的科学性程度的制约，包括视野的广阔度、观点的先进度、理念的创新度和追求的科学度。历史的局限性是无法选择的客观存在。就我国而言，文化要素禀赋存在地区差异、曾长期实行计划经济体制、国民经济发展相对滞后、文化行政分割严重，都是现阶段文化产业布局的巨大障碍。但规划主体的智慧和能力直接决定了文化产业空间布局规划的绩效，并将形成新的历史局限性，对这个地区文化产业发展产生长远影响。

因此，文化产业布局应具有继往开来的前瞻性与创新性，既要在原有的基础上对文化产业资源空间配置状况做出合理调整和重新安排，又要根据已发展的实际对文化产业未来走向做出新的战略思考。只有对整个国家乃至整个世界的发展大趋势有所了解，对我国文化产业发展概况有一个清晰的认识，才能对区域文化产业空间布局有恰当的定位，并在规划理念上充分反映和体现文化产业的本质性要求。

## 二、文化产业布局的规划原则

文化产业是一种新兴产业经济类型和文化建设形式，对一个国家的发展道路和发展模式有深远影响。推动文化产业快速发展，已经成为提高一

---

① 胡惠林：《关于区域文化产业战略与空间布局》，《山东社会科学》，2006（2），5—14页。

② 胡惠林：《关于区域文化产业战略与空间布局》，《山东社会科学》，2006（2），5—14页。

国或区域的综合竞争力、优化产业结构、参与全球社会分工与优先发展的关键战略所在。而文化产业布局的重中之重是政府主导下的区域文化产业布局，关系到一定区域范围内文化产业的未来发展方向与社会经济形势。区域文化产业布局应以由点及面的发展层次递进，逐步形成若干个持续良性循环的文化产业生态群落。

美国著名的城市设计教育家凯文·林奇在他的著作《城市意象》中指出，从城市空间体验的角度，可以通过路径、边界、区域、节点和标志五种元素来提高城市的可识别性。(1) 在旅游设计层次中，通过内在要素实现产品和空间的游憩逻辑关系，通过游览线路、节点场景、特色界面、风貌区域和核心吸引物等外部要素形成点线面的空间形态网络，用于控制景区空间环境格局。这是共时性的空间维度概念。(2) 在旅游策划规划层次中，将旅游战略策划或规划的目标转译为具体操作行为。它是下一步规划、景观设计、建筑设计、生态保护、施工建设等的行动指南，是历时性的空间维度概念。(3) 在旅游管理层次中，在旅游策划规划层次中的转译功能涉及多专业群体、不同利益群体、不同层次群体，因此在项目中起到组织协调和对各群体分别指导的作用，同时也是旅游管理者主持进行的项目策划的主要内容。

通过借鉴旅游规划的这种经验，我们认为文化产业规划应该做到：首先，应该优先考虑以历史文化资源丰沛和经济基础雄厚的地区作为文化产业集群的起点或中心，努力形成新的增长能级；其次，根据该区域核心文化产业的性质，为文化产业集聚区的产业经济功能和文化传输功能定位，逐步形成不同功能区之间的分工和协作，实现各种文化资源合理配置的最佳产业结构；最后，在各功能区之间构建规模不等的产业集中体系，产业链条内外及不同规模的文化企业间能够实现优势互补，最终形成一个可持续发展的文化产业生态群落。由这样一个集聚思路出发，规划区域文化产业布局应该坚持以下四点基本原则①：

1. 坚持空间重组与结构调整相结合。胡惠林指出，文化产业布局应该包含两个方面的内容：一是文化产业布局与区域国民经济发展进程中原有产业体系的关系，二是文化产业布局与原有文化产业资源分配的力量分布

---

① 胡惠林：《区域文化产业战略与空间布局原则》，《云南大学学报（社会科学版）》，2005 (5)，43—56 页。

的关系。[①] 这表明，只有在文化产业与其他产业体系之间搭建起必要、充分的产业关联，才能实现文化产业空间布局的重组与扩张，为产业结构的战略性调整提供广阔的空间。在规划空间布局时，要将区域文化产业布局纳入到区域国民经济整体发展战略中去，围绕文化产业布局与区域产业布局、区域经济运动三者之间的关系，优先布局文化产业主体结构的空间变动，构建文化产业发展所需的资源准备和产业关联，丰富产业发展所需的供应链，推进和实现文化产业结构的战略性调整。

2. 坚持主导产业与辅助产业相协调。比较优势理论认为，不同区域生产要素禀赋是不一样的。如果一个地区拥有某种比较充裕的生产要素，在假定需求不变的情况下，该要素的价格必然比较便宜，那么该地区就能够利用大量的廉价要素，以更便宜的价格进行生产，从而拥有比较成本优势。所以，在经济发展中，区域内生产要素的丰欠对该地区的社会分工机制以及生产要素利用有着直接影响。文化产业的发展同样受到该区域生产要素禀赋的影响，而文化资源是最为直接的生产要素。区域文化资源比较优势决定着文化产业布局的利益分配机制，也制约着文化产业和文化企业的地区选择。从这一点出发，文化产业的空间布局应该围绕能够充分发挥本地区文化资源比较优势的主导产业进行排布设计，以此为核心在全部文化产业的市场竞争中逐步带动相关辅助产业协同发展，实现文化生产、文化消费和文化流通的良性互动，最终形成区域比较竞争优势。

3. 坚持非均衡发展与区域一体化相兼容。从某种意义上说，趋同的文化产业结构与布局，非但不能体现文化资源的比较优势，还会在不同地区之间和同一区域内不同文化产业部门之间产生无意义竞争。区域经济运动的一个基本规律就是，由于市场的选择和产业政策的运动等不同的力的作用，一个地区的文化产业发展在任何时候都是非均衡的。因此，在空间布局中，应利用非均衡性在适度的利益差距内尽快实现“扩散”与“极化”两个效应。第一，对文化产业基础较好、体系较为完备的地区要优先发展，集中力量培育和引导文化产业核心区域的形成；第二，对优势主导产业要重点发展，形成文化产业的核心竞争力。从长远利益来看，非均衡发展必须和区域文化产业一体化相兼容，这就需要内外两个方面的一体化。对内强化文化体制改革，消除条块分割所造成的各种形式的壁垒，以最大

---

① 胡惠林：《关于区域文化产业战略与空间布局》，《山东社会科学》，2006（2），5—14 页。

程度地建构完整、有机的文化产业关联；对外实现区域文化资源的有机整合，加速文化产业的跨地区、跨行业、跨媒体经营，促进各地区、各部门、各行业之间优势互补，协调发展。

4. 坚持“增长极”建构与分阶段布局相呼应。文化产业发展的历程显示，文化产业的增长往往首先集中出现在某一点或某几点上，再通过点状分布吸引、扩散，然后对整个区域文化产业发展产生影响。在产业经济发展理论中，这一增长点也被称为“增长极”。“增长极”的布局是一个建构过程，需要主导产业、优势企业、文化生态环境、经济基础、技术水平和产业政策等许多其他的因素相呼应；同时，也需要一个高效畅通的区际增长传递机制，以便克服“增长极”在发展过程中所可能出现的净溢出效应负值增大，避免发展不平衡扩大。这就必须使“增长极”布局达到一定的起始规模，有一个空间延展的分阶段布局与之相适应。对于一个地区而言，文化产业空间布局并不是一次性完成的，而是多次性完成的，并且在完成的过程中不断地进行战略性调整，具有明显的阶段性发展规律。因此，在规划时，需要分阶段、分步骤地建构若干个“增长极”，在它们之间建立起合理的、呈网状结构的战略关联，形成科学、完整、合理的区域文化产业布局，由此而形成区域文化产业的核心竞争力和综合竞争力。



**相关链接：**

### 案例一 《北京市文化创意产业功能区建设发展规划（2014—2020年）》节选

构建“一核、一带、两轴、多中心”的空间发展格局：

一核：以首都功能核心区为空间载体的“中心城文化核”，涵盖了集聚文化创意产业高端环节的主要功能区。中心城文化核重点依托北京厚重的历史文化和极具优势的金融、总部资源，通过推动文化金融融合发展，传承北京城市历史文脉和老字号品牌文化，进一步发挥集聚融合、带头引领作用，以点带面，提升对全市文化创意产业功能区的空间带动能力，打造北京文化创意产业和全国文化产业的中枢。以文化创意产业发展带动北京历史文化名城保护与建设，推动北京历史文化遗产和传统街区风貌的传承与复兴，切实做到城市保护与有机更新相衔接，保护好中华文明的这张金名片，着力扩大北京文化、中华文明的影响力和辐射力。

一带：以中关村海淀园和石景山园为核心，向东延伸至朝阳电子城，向南延伸至丰台科技园、大兴国家新媒体产业基地和亦庄经济开发区的

"文化科技融合带"，是北京市高新技术产业最为密集、教育科研资源最为丰富的区域。文化科技融合带将重点推动文化和科技融合，加快动漫网游、新媒体、数字出版、设计服务等重点行业发展。未来将积极向顺义新城、亦庄新城拓展，为形成北京城市总体规划确定的"东部发展带"注入新的文化创意活力。

两轴：按照北京城市总体规划确定的城市空间拓展方向，推进功能区点轴扩散、东进南拓，形成沿长安街延伸的东西轴和沿城市中轴线的南北轴。

东西轴是北京文化创意产业轴，西至动漫网游及数字内容功能区，东至CBD—定福庄国际传媒产业走廊功能区，是北京充分利用创新和创意面向世界创造文化创意产品的主要轴线。未来将紧紧依托通州新城城市副中心定位，促进CBD—定福庄国际传媒产业走廊功能区向通州新城拓展，实现文化创意产业联动，加快通州原创艺术及工艺美术产业化。依托新首钢高端产业综合服务区，扩大北京数字内容等产业规模，全面提升"北京创造"中文化创意产品的数量和质量。

南北轴是北京文化服务产业轴，北至未来文化城功能区，南至创意设计服务功能区，是北京服务市民文化娱乐消费、服务相关产业转型升级的主要轴线。未来将加快响应城南行动计划，紧抓首都第二机场建设机遇，积极推动丰台、大兴（亦庄）的创意设计、新媒体服务等产业发展，带动传统工业转型升级，全面提升"北京服务"中文化创意产业的生产性服务业发展水平。

多中心：以功能区和分片区为中心，辐射带动周边区域文化创意产业整体发展和文化内涵提升的重要节点。如天竺文化保税功能区、音乐产业功能区中的中国乐谷片区、影视产业功能区中的中国（怀柔）影视基地片区，以及文化休闲板块中的主题公园和历史文化景区。

文化创意产业功能区空间格局与上位规划空间结构的对应关系分析：《北京城市总体规划（2004—2020年）》提出北京市城市空间结构是"两轴两带多中心"：

两轴：沿长安街的东西轴和传统中轴线的南北轴。

两带：包括通州、顺义、亦庄、怀柔、密云、平谷的"东部发展带"和包括大兴、房山、昌平、延庆、门头沟的"西部发展带"。

多中心：在市域范围内建设多个服务全国、面向世界的城市职能中心，提高城市的核心功能和综合竞争力。包括中关村示范区核心区、奥林匹克中心区、中央商务区（CBD）、海淀山后地区科技创新中心、顺义现代制造业基地、通州综合服务中心、亦庄高新技术产业发展中心和石景山综合服务中心等。

## 案例二　旅游度假区的空间布局思路

1. 旅游规划空间格局新视角：(1) 国家重大发展战略对旅游格局构建产生重要影响。(2) “资源独大导向的理想空间格局”必须要向“多维共同作用导向的开发运营格局”转变。(3) “互联网时代＋高速铁路时代”双重叠加将对旅游空间格局划分产生重要影响。快旅慢行的旅游发展模式正在形成，空间格局划分一定要突出沿高速铁路的旅游发展带。(4) “自驾车时代＋风景绿道慢行时代”的共同作用让旅游格局划分进入新时代。(5) “统一化管理与差异化对待”的区域旅游空间格局划分理念要逐步彰显。(6) “全域化旅游＋泛旅游产业”理念导向的区域旅游空间开发理念要明确。(7) “轴、带、圈、片”向“葡萄藤”“太阳系”“雷达图”转变的技术导向要明晰。未来更加强调区际合作和区域内部的整合，传统的规划格局用语将不能够适应新的时代变化，不能够表达紧密合作背景下的旅游产业发展。

2. 旅游区的总体布局思路：(1) 环自然风景点或娱乐中心布局：在自然风景魅力突出的旅游区，通过此种布局模式可进一步提高自然风景点的吸引力。布局重点是娱乐，其次是住宿和餐饮等配套。(2) 环旅馆或酒店布局：缺乏明显的核心自然景点的旅游区，通过此种布局使得豪华旅馆成为核心，布局重点是旅馆的建筑风格和综合服务设施体系。(3) 野营地式布局：适用于景点分散、当地条件又不适宜兴建大型酒店的旅游区，兼顾功能互补性，重点对相关旅游服务设施进行布局。(4) 社区—旅游吸引物综合体布局：在旅游区中心布局一个社区服务中心，外围分散形成一批旅游吸引物的综合体。(5) 三区结构布局：核心是受到严密保护的自然区，围绕它的是娱乐区，最外层是服务区。(6) 双核布局：为旅游者需求与自然保护区之间提供了一种商业纽带，通过精心的设计，将服务功能集中在一个辅助性社区内，处于保护区的边缘。

3. 温泉度假区的空间布局思路。(1) 带状布局模式。主要是受环境与用地范围的限制，这种布局模式下各功能区呈带状串联布局。在这种模式下，应注意控制各功能区块的大小，在功能区块之间留有生态廊道（如河流、自然山林等），避免功能区块相连，形成“摊大饼”的发展模式。(2)

核式布局模式。这种布局模式主要针对旅游吸引物较为集中且对其保护要求较高的温泉度假区。在这种布局模式下，将自然吸引物和服务功能组团分开，以其中一者为核心，与外围的功能组团建立联系通道。有单核、双核、多核等多种布局模式。(3) 多组团布局模式。这种布局模式主要适用于用地规模较大且资源丰富的温泉度假区。这种度假区一般为综合性多功能的度假区，各个功能组团相互独立，拥有完整的设施配套，又通过一定的联系通道相互联系，共同构成一个完整的温泉度假区。

[摘编自刘博：《浅析中国温泉度假区的空间布局模式及理念》，《城市建设理论研究（电子版）》，2013 (3)。]

## 第三节　功能分区设计

城市功能分区是按功能要求将城市中各种物质要素如商业、住宅、工厂等进行分区布置，组成一个互相联系、布局合理的有机整体，为城市的各项活动创造良好的环境和条件。根据功能分区的原则确定土地利用和空间布局形式是城市总体规划的一种重要方法。同时，同一种土地利用方式对用地空间和位置的需求往往是相同的，这就导致同一类活动在城市空间上的自发聚集，从而形成各种类型和用途的功能区。

文化产业空间功能分区，是在文化产业总体布局确定的情况下，确定其相关及支撑细分行业及业态的布局，形成具有互补性和协调性的文化产业集群。一个文化产业集群的生命周期、可持续发展的可能性、产业优势的发挥与经济的发展速度都取决于功能分区的合理程度。文化产业功能分区规划从静态上看是文化产业集群中的各部门、要素、企业在空间上的分布和组合，在动态上则表现为文化产业集群中的各种文化资源、业态和各类企业为形成合理的功能分区在空间上的流动、转移或重新组合的过程。

文化产业空间的功能定位与产业布局，与其自身功能的发展变化紧密相关。在对文化产业空间功能分区进行设计前，先要对文化产业空间的基本功能和演化形式进行分析。

### 一、文化产业空间的基本功能

1. 文化标识和保护功能。文化产业空间大部分是在城市产业更新和城市去工业化之后出现的，具有鲜明的文化保护功能，能够塑造城市形象、增加城市文化内涵、提升城市文化品位。作为城市内在布局优化的动力，文化产业空间在一定程度上保护了历史文化遗产，并为城市创造了新的经济发展平台。[①] 如南京的1912街区、北京的798艺术区等文化创意园区，将现代时尚、创意的元素注入废弃的旧厂房、破落的里弄古街、坍塌的旧式建筑等，让这些古旧建筑重新焕发生机的同时，使城市风貌得以传承延续，实现了城市文化资源保护与城市未来发展的有机融合。

2. 生产承载功能。

（1）研发生产功能。生产功能是文化产业空间最基本的功能之一，它通过为文化及相关产业提供研发、生产、经营和展示的场地，促进其规模化生产，形成整体效益，从而带动整个产业系统发展。[②] 一方面，文化产业空间通过对城市的创新改造，加速了文化及相关产业的集聚，有助于文化产业成为城市经济发展的新亮点；同时，产业园、基地、集群等形式的文化产业空间的出现，为当地文化企业以及工作人员创造一个良好的新的公共平台，增加了就业机会、人才培训服务、休闲娱乐场所等，为城市经济的可持续发展开辟了全新模式。比较典型的代表，如澳洲的昆士兰科技大学创意产业园区，通过学院开设的科系形成了较为完整的创意人才培训产业链条，为城市的创意产业发展提供生产服务。

（2）孵化创新功能。文化产业空间通过提供文化及相关产业发展所需的基础设施、资源网络和交流中心等，来帮助空间内的文化企业孵化和发展。文化企业则利用人才、技术的集聚效应，以文化产业空间为依托，构成文化创意、数字网络支持、信息咨询等交织的主产业链，并不断延伸，带动餐饮业、商业、旅游业、娱乐业的发展，形成良性互动，对周边产生辐射效应。如上海的泰康路艺术街集聚了画廊、文化展示中心、视听艺术等多个领域的160多家中外企业，这些企业依托泰康路集聚效应延伸产业链，带动了餐饮、休闲娱乐、旅游、房地产等行业的发展。

（3）产业集聚功能。集聚功能是文化产业空间基本功能之一。通过产业集聚，文化企业之间通过分工与合作而结成稠密的区域网络组织，共同面对快速变化的外部市场环境和技术条件，使集聚体内部的生产效率不断提高，创新活动不断涌现，从而呈现出较强的区域竞争力。

3. 消费服务功能。文化产业空间不仅是文化及相关产业、艺术家和其

① 张忠新、李霄：《文化创意园功能演化浅析》，《经济研究导刊》，2012（24），185—187页。

② 张忠新、李霄：《文化创意园功能演化浅析》，《经济研究导刊》，2012（24），185—187页。

他从业人员的集聚地，也是地区文化展示的窗口，人流量相对较大，所以文化餐饮、休闲娱乐、展示交易、信息发布等消费功能也是一个重要功能。对于文化产业空间内的企业、从业人员来说，工作环境宽松、舒适，不仅能够更好地激发创作灵感，也会带动休闲旅游等相关业态的发展，使文化产业空间成为当地的文化地标建筑和旅游目的地之一。

上述三个基本功能仅作为一般文化产业空间设计的参考。在实际规划过程中，应根据区域文化产业发展的实际情况以及自身优势进行功能定位，打造独有的发展风格，创造有别于一般区域的高效经济循环体系。

## 二、文化产业空间的功能演化模式

文化产业空间的形成主要是自发集聚或者由政府规划引导。自发形成的文化产业集群，功能十分单一，只要满足艺术创作者的基本生活即可。随着集聚规模的形成，其功能比如相应配套服务功能、居住功能等，才逐渐显现出来。当集群发展到更高层次时，休闲旅游、商业交易等功能也会应运而生。而政府引导下的文化产业集群，在形成初期就具备相对完整的功能，但并非完全稳定。在园区发展的动态过程中，集群功能的演化也时刻处在变化之中，政府只是在短期内为其建立一个平台，还需要一定的时间来检验功能的合理性。文化产业空间功能的演化模式主要有两种：

1. 动力演化模式。动力演化模式又称为内外因演化模式。城市的社会、经济、政策、历史、文化等都是影响文化产业空间功能变化的相关因素。文化产业空间的功能随着城市功能的变化而不断更新和发展，同时又对城市发展产生影响。文化产业空间的功能更受到来自内部发展和变化的影响，并随着影响因素的变化发生改变。因此，文化产业空间的功能首先要满足自身发展的需要，然后再与外部因素相呼应，形成完整的功能体系。

2. 时间演化模式。文化产业空间的功能演化是一个随时间推移而逐渐完善的过程，每个阶段的功能串联，才会最终形成文化产业空间功能多元化的特点。文化产业空间的时间演化分为起步、成长、融合与成熟四个阶段：（1）起步阶段是文化产业空间功能形成的初始阶段，多以零散的自发集聚为主，功能性很低。（2）成长阶段是文化产业空间功能的原始积累阶段。经过一段时间的发展，空间集聚和规模化发展初露端倪，生产功能开始占据主导地位，商业价值和配套服务开始出现。（3）融合阶段是文化产业空间向规范式发展转变的阶段，产业集聚规模明显，空间内的生产功能、服务功能也完成了相应的升级，利益相关体相互融合，中介服务、交易交流、法律咨询等功能相继出现。（4）成熟阶段是文化产业空间步入正轨的阶段。文化产业空间成为一个管理规范、功能齐全的有机整体，并发展成一种新的消费时尚，成为吸引游客的公共区域。

## 三、文化产业空间功能分区设计原则

总体而言，文化产业功能分区要充分体现分区明确、联通便捷、差异协同。还要根据实际使用要求，按文化产业人流、物流、信息流等活动的顺序关系安排位置。空间组合划分时要以主要空间为核心，次要空间的安排要有利于主要空间功能的发挥。

产业园区空间分区设计应遵循以下原则：（1）资源禀赋原则：按照可持续发展的要求，对旧厂房进行改造，大幅度提高资源利用效率。（2）地域根植原则：文化产业空间应与地区文化相结合，成为传播地区文化的载体；文化产业空间涉及的产业类型，多数应以体现地方特色文化为先。（3）产业融合原则：文化产业空间的产业应充分与社区发展和地方经济相融合，相互促进。（4）灵活分区原则：文化产业空间往往是依托旧厂房、旧仓库或综合体改建而成，空间相对较大，在产业布局过程中要根据产业的特征，集约利用、灵活使用，进行不同尺度和形式的组合，力求保持空间的灵活性和规整性。（5）创新原则：充分发挥创意创新精神，将创意产业的生机与活力充分展现出来，让更多的人共享创意成果。同时还要注意统筹兼顾，突出重点、兼顾一般、综合发展。①

**相关链接：**

### 案例一 《连云港市文化产业发展规划（2014—2020）》节选

根据我市文化产业及相关产业资源要素分布情况、相对优势，我市文化产业的总体布局是：推动文化产业要素聚集程度最高、文化产业资源在国内甚至国际具备相对优势的市本级和东海县文化产业率先发展，充分发掘各县、区特色文化产业资源，实现三核引领、两翼齐飞、廊道联通、特色鲜明、资源互动的“三核两翼一廊道”文化产业空间格局，构筑苏北文化产业发展带重要增长点，建设国家东中西区域合作示范区的文化产业示

① 李霄：《文化创意园功能定位与产业布局研究》，江苏师范大学硕士学位论文，2012。

范区，最终实现文化产业大发展。

"三核"即以新浦区、海州区、开发区、云台山景区为主体的传统文化产业核心区；以连云区、国家东中西区域合作示范区（徐圩新区）为主体的陆桥文化产业核心区；以东海县为主体的水晶文化产业核心区。突出上述地区在全市文化产业发展中的主轴地位，使之成为发挥引领和带动作用的核心区。其中，水晶文化产业核心区（东海县）将被打造为以水晶为核心兼顾宝石、半宝石的水晶文化产业聚集区。在现有水晶市场、水晶文化创意产业园、水晶博物馆基础上，建设国家级水晶文化产业园区，并以此为基础，申请建设水晶文化保税区等配套设施。

"两翼"即北部海洋生态文化产业翼和南部民俗生态文化产业翼。结合各县（区）区域内主要产业优势，培育战略新兴产业，以文化内涵提升原有产业竞争力。"两翼"成为全市文化产业发展的重要支撑和补充。

文化产业廊道，即南抵G30、S73，北至S310，西至市界，东起连岛，并与海滨大道衔接，是连云港市文化产业T字形廊道。

**案例二 《章丘卓达产业新城文化产业核心区规划》空间布局节选**

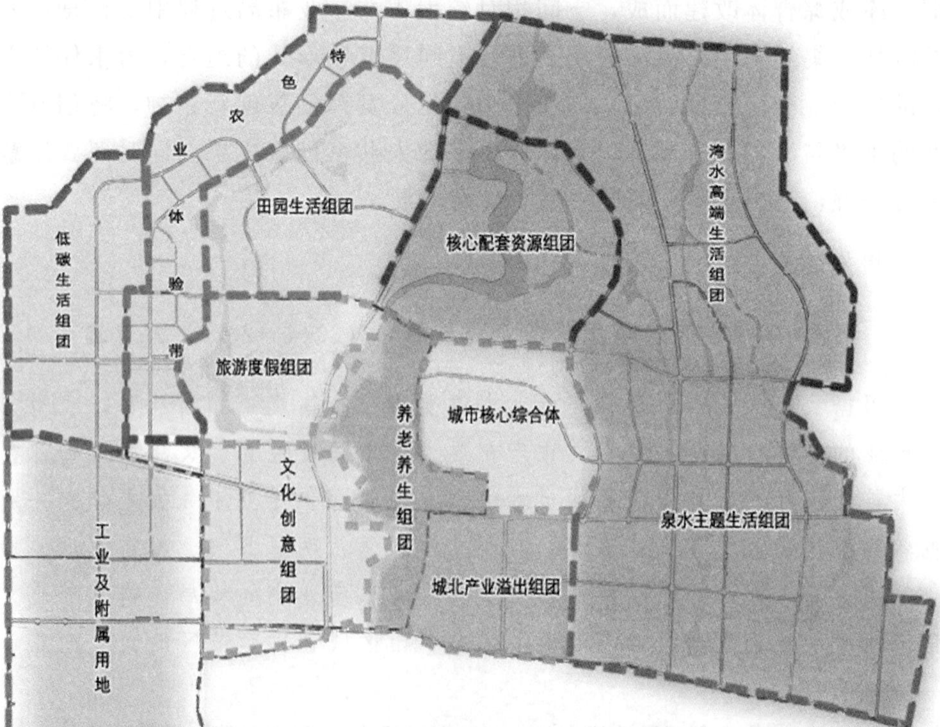

## 第四节　空间生态系统构建

### 一、产业生态学理论

产业生态学是一个仿生概念，即应用生态学的理论原理研究产业系统中的企业和环境之间关系的相关问题。从生态学的角度看，企业与自然界的有机体相类似，是一种人造的生命个体；由企业的集合构成的产业就是一种人造的种群，而由各种产业共同构成的更大集合就是产业群落。[①] 而产业所处的外部环境也与生物群落所处的自然环境类似，外部的技术、资金、人才等环境可以类比成自然环境中的阳光、土壤、水分等支持环境，都为产业内部的群落提供相应的发展空间与各类物质和能量支持。

国内的产业生态学的研究可分为两个方向：一是基于生态理论研究产业系统中的资源消耗、物质能量循环、产出交换及废弃物排放等问题，属于循环经济方向的研究；另一个方向则是基于产业生态理论研究产业生态系统的构成及功能。借助生态学中的种群生态学和群落生态学的理论，重新建构和描述文化产业空间生态系统的结构及其发展规律，对探索文化产业空间布局具有实践意义。

### 二、文化产业空间的生态学特征

文化产业空间在经济系统中所处的位置类似于生态系统中的生物群落，其生态特征具体表现在以下几个方面：

1. 整体性。文化产业空间组织生态系统中所包含的任何种群、个体都不是孤立存在的，而是与环境相适应、与其他群体密切相关的。这些特性不是低层次单元特性的简单叠加，而是由低层次单元以特定方式组建在一起而产生的新特性。[②] 具体表现为资源共享优势、非价格部分优势、信息传播优势和区位品牌优势。

2. 演化性。与自然界的生态系统一样，适者生存的自然规律在文化产业空间组织生态系统里发挥着几乎同样的作用。在演化的过程中，表现为

---

① 黄欣荣：《产业生态论：意义、内容和现状》，《科学·经济·社会》，2009 (2)，50—52 页。

② 吴松强、石岿然、郑垂勇：《从环境外部性视角研究产业集群生态化发展策略》，《科技进步与对策》，2009 (8)，61—65 页。

种群数量的变动、种群的迁移、种群结构的变动等等。

3. 关联性。文化产业空间系统是开放的，其内部各要素之间有着关联性。系统中其他要素成分不变，改变其中一个要素，都会引起空间形态的变化；反之，其他各要素都会对这一要素的变化起到制约作用。

4. 多类性。自然界中每个生物群落都是由一定的生物种类组成的，文化产业空间也不例外，不同的空间系统有着不尽相同的组成要素，这也成为区分文化产业空间属性的首要特征。

5. 结构性。生物群落都具有一定的形成结构和营养结构，文化产业空间中上下游之间的各种群也通过或长或短的产业链直接或间接地形成不同的相互作用结构，从而表现出不同的作用关系。

6. 动态性。由多个文化企业生命体组成的文化产业空间，经历发生、发展、成熟、衰败的动态过程，并且能与周围的环境进行物质交换，自然地表现出动态的特征。

此外，任何一个群落在形成过程中，不仅对环境具有适应性，而且对环境也具有巨大的改造作用。文化产业空间在形成后，也会对周围的环境做出适应，而良好的群落环境也会刺激空间内企业的快速成长，形成区位品牌并产生品牌效应。

## 三、文化产业空间组织生态系统

### （一）文化产业空间组织生态系统的结构组成

文化产业空间组织生态系统结构由内及外分为三部分：

第一部分是内部核心层，即文化产业价值链上下游组织间和水平组织之间的竞争合作关系。

第二部分是紧密层环境，即各种公共服务机构和体系，如技术资本、金融资本、人力资本、社会资本等各种内部供给要素，地方政府、中介机构、大学及研究机构、金融机构等辅助服务机构。

第三部分是松散层环境，包括经济环境、文化环境、信息环境、融资环境、法律环境、政策环境等。文化产业空间组织生态系统中，各主体处于一种持续不断的相互联系与作用之中，从而推进了组织生态系统的演化。在整个演化过程中，这一系统的能力与绩效不仅取决于组织个体利用环境中其他组织个体的程度，而且也取决于企业本身被其他个体利用的程度。通过组织个体之间以及组织个体与环境之间的合作竞争，文化产业空间从中获得持久的生命力。

（二）文化产业空间组织生态环境的构成要素

1. 基础设施。文化产业的发展需要特殊的基础设施，主要包括以下四种形式：第一，依托大学、研发机构。大学和科研院所不仅给文化产业空间提供了技术支撑，也为产业发展输送了人才，促进了文化产业空间内部产、学、研一体化的形成。同时，大学也可以为产业空间提供市场。第二，改造旧厂房和仓库。创意改造城市中已废弃的旧厂房、空仓库，让其重放异彩，成为新的时代地标。第三，开辟新区。伴随城市经济发展的需要，许多城市另辟发展空间，设立开发区，建立发展新区。这些新设立的区域集聚了一批高端业态，为文化产业的集聚发展提供了良好的生态环境。第四，在传统布局基础上建设。在现有产业结构的基础上，对已有的空间资源进行包装、整修，建立相应的文化产业集聚区，也是文化产业基础设施建设的途径之一。

2. 文化氛围。国家的文化政策关系到文化产业市场的发展。过紧的文化政策，会扼杀文化产业的新内容新发展，使文化产业经营者面临过高的交易成本；过宽的文化政策，会造成意识形态失控，导致社会秩序混乱，也会增加社会运作的交易成本。因此，文化产业的发展，需要比较宽容的社会文化环境和氛围，需要培育国际化、具有兼容性的文化和理念。

3. 产权保护。文化产业项目有着较强的外在表现性，如果没有必要的知识产权保护，非常容易被抄袭。知识产权保护对文化产业空间发展的重要性表现在对原创的法律保护。文化产品和服务大多是原创的，很多产品价格比较高，原因在于文化的稀缺性以及消费者对品牌的价值观念的追求。这些文化产品（如音像制品、计算机游戏和软件等）的“沉没成本”非常巨大。一般表现为其他生产者可以在文化产品的基础上轻易地复制，但产品最初生产的成本是非常高的。这种非常特殊的高初次投资与低成本的再生产，具有高度不确定性和风险性等特性，促使成本保护在文化产业空间中具有深刻的意义。文化产业的这种“价值在于开发，而不在于生产”的特征，迫切需要知识产权制度的完善和强有力的执行力度。

4. 风险投资。文化产业的投资具有高风险、高回报、高时效等特征，文化产业有大量的沉没成本，而且文化产业的从业者以中小企业和个人为主，缺少发展资金长期困扰其发展。因此，文化产业特别需要风险资金的注入。

5. 制度环境。政府建立良好的制度，能够吸引文化产业从业人员、建立公共服务平台、培育中小企业发展。首先，政府具有保持宏观经济和政策稳定的责任。政府的财政、货币、汇率等政策将直接或间接地影响到产业集群产品的市场需求和国际竞争力。对于地方而言，地方政府持续和稳定的产业政策将直接促成企业进一步投资的愿望，从而促进集群企业规模的扩大和新企业的诞生。其次，政府担负着改善集群环境的责任。集群环境是一个由人力资源、基础设施和生活娱乐设施等组成的集合。对于集群内单个企业来说，独自从事集群环境的改善经常是无能为力的和不经济的。[①] 再次，政府还要规范产业集群的竞争机制。产业集群是由众多企业组成的共生体，企业向共同的市场提供相同或不同的产品，因此企业之间必然存在着激烈的竞争。在没有政府介入和正确引导的情况下，产业集群往往会陷入恶性竞争的泥塘，从而导致整个产业集群的衰亡。

## 四、文化产业空间生态系统的构建

（一）横向产业生态链整合

对文化产业空间生态系统的横向产业链进行整合，即根据产业之间物质、能量的流动关系，在各企业部门之间构筑网络关系，形成承接第一、第二产业的网络状产业生态链。一方面，适量引进相关企业，形成文化产业生态圈；另一方面，增强相关企业之间的合作，使各种文化资源得到合理优化配置。另外，还要构建完善的信息系统，增强集群内外产业间的联系，实现资源共享，尝试建立实体型与虚拟型相结合的文化产业空间生态系统。

（二）纵向产业生态链整合

文化产业应以创意为核心，在此基础上驱动产品开发，拉动产品的制造与销售，并带动后续产品，形成上下联动、左右衔接、一次投入多次产出的产业生态链。文化产业纵向产业生态链的整合有以下几种方式：

1. 战略性定位产业链上的关键环节。纵向产业生态链的关键赢利点在于内容和渠道，因此，文化产业空间生态系统的构建要体现文化产业“内容为王”“渠道制胜”“体验第一”的产业特质，并注重媒体推动和需求挖掘，既要做到分工协作又要强调价值扩散。

2. 延伸纵向产业生态链。延伸纵向产业生态链是指要突破原有产业的界限，在产业链的上下游方向延伸，在分工协作的基础上做到价值扩散，利用品牌开发多种衍生品、掌握控制终端客户等，发展一条不断增值的产

---

① 张白玉：《创意产业园区组织生态研究》，北京邮电大学博士学位论文，2010。

业链，同时激活产业链的各个环节，实现文化资源整合和良性循环。因此，在创建初期要合理规划，文化产业各圈层企业要比例适当，以加强各圈层企业间的相互合作。

3. 细分产业价值链。随着需求的多样化、个性化，社会分工的进一步细化，以及技术的不断进步，文化产业价值链的增值环节越来越多，这使得大而全、小而全的企业在竞争中都处于劣势。通过业务外包或集聚协作等形式，文化产业的价值链将被进一步细分。

4. 构建虚拟的产业价值链。虚拟产业价值链是指为了实现一定的战略目标，在价值链的不同环节上的企业之间、集群之间形成战略联盟，以此来整合彼此的优势，创造更大的价值。通过这种方式，可以充分利用分散的资源，扩大市场份额，提高演化速度，分担市场风险，实现优势互补。

**相关链接："一带一路"文化产业发展空间**

从国际背景来看，"一带一路"是与经济全球化和区域经济合作发展大趋势相适应的，是中国进一步融入世界经济体系、强化与周边国家经济合作的客观要求。从国内背景来看，"一带一路"的建设，是中国形成全方位开放新格局的一项重大战略。

"一带一路"文化产业发展空间的提出既是一种战略布局，更是一种实践推动。从外延角度看，"一带一路"的发展空间是一个立体化的全方位发展的产业格局，文化产业可以在此战略格局下实现新的突破，并积极实现与其他产业的融合。

古老的丝绸之路给我们留下了沿线丰富的文化资源。通过发展丝绸之路文化产业，可以加快我国丝绸之路沿线地区特别是西部地区、边疆地区、民族地区文化产业的发展；甚至在有的区域把文化产业培育成为本区域经济支柱性产业，通过文化产业扩大就业、促进消费，从而加速经济的发展。

汉唐时期我国与西方联系的主要国际通道就是南、北陆上丝绸之路。而宋元以后我国与地中海区域的联系主要是通过海上丝绸之路，从中国的泉州、福州、广州，通过马六甲海峡进入印度洋，再经红海抵达东非，进入地中海到达北非和欧洲，这成为我国的国际交流联系的主要大通道。

海上丝绸之路是新陆上丝绸之路的延伸，从 3 个辐射起点连通其他地区：摩洛哥海岸向南北美洲辐射；巴基斯坦的瓜达尔港连接西亚、南亚、非洲东部；以台湾为核心的我国东南沿海向东北亚、东南亚和太平洋地区辐射，东南沿海没有陆路连通的国家都可以参与。

“一带一路”文化产业在发展空间上具有独特的优势，这种优势表现在几个方面：首先是文化产业发展的国际性。文化产业的大发展必须走国际化发展道路。在这个过程中，要加强丝绸之路沿线各国文化交流和贸易往来，将我国优秀文化及和谐发展、和平共处的理念传播出去，使不同文化背景、不同宗教信仰的各国、各地区、各民族人民增进交流、理解、沟通、尊重，增强对“一带一路”建设的认同。其次是文化产业发展的多元性。不同的经济发展程度和政治社会背景，使得该文化带具有丰富多彩的经济基础和政治特色。多元性在带来更大变数的同时，也带来更大的发展空间。再次就是文化产业发展的关联性。该文化带不仅具有自身文化的特色，也具有文化带之间纽带的性质。它东连环渤海文化产业圈，向南连接藏羌彝文化走廊和泛亚国际大通道文化产业带，这为该文化产业带的繁荣带来得天独厚的条件。

当然，“一带一路”文化产业的发展，面临着内部省级行政区划的“各自为战”和外部跨国文化交流的现实障碍，尤其是对外的风险系数较高——在这一带状上的文化企业虽然面临着国家层面的利好政策，但企业维系自身长效发展的压力也比较明显和直接。“一带一路”是中国提出的国家战略，国际认同和参与极为重要。在承载不同诉求的国家利益面前，能否牢牢把控住“一带一路”文化产业发展的主导权，是一大难题，但同时更是重大历史性机遇；只要抓住这个机遇不放手、一步一个脚印地播种耕耘，收获必然是长久和可持续的。

（选自范建华《“十三五”中国文化产业带状发展新趋势》，《中国文化报》2015年5月20日。）

# 第六章　文化产业结构规划

## 第一节　产业结构基本理论

在经济学的发展史上，产业结构是一个新的概念。随着社会经济的发展、人们对产业经济研究的逐渐深入，产业结构的概念才逐渐被界定下来。所谓产业结构是指国民经济各产业部门间及部门内的关系结构。具体来说，就是在社会再生产过程中，一个国家或地区的产业组成、产业间的资源配置状态、产业发展水平、各产业所占比重，以及产业间的技术经济联系即产业间相互依存相互作用的方式。基于文化产业规划的实际需要，本书将对产业结构的理论体系和分类方法进行阐述。

### 一、产业结构理论的形成

17世纪，英国古典经济学创始人威廉·配第最先研究了产业结构理论，在他的《政治算术》一书中指出："制造业比农业的收益多，商业又比制造业的收益多，不同产业之间收入的差异会使生产力向更高收益的部门转移。"但是人们普遍认为，产业结构研究的开端是以英国经济学家科林·克拉克的《经济进步的条件》一书的发表为标志的。他用统计分析的方法揭示了从以第一产业为主向以第二产业为主最后向以第三产业为主的转变。他指出："人均收入的变化引起劳动力流动，进而形成产业结构演进的规律。"

20世纪30至40年代，现代产业结构理论逐步形成。日本经济学家赤松要在1932年提出了产业发展的"雁形形态论"，主张产业结构的国际化发展，将后进国家的产业发展概括为工业化、重工业化和高加工度发展过程。之后，美国经济学家西蒙·库兹涅茨对产业结构的演进规律做了进一步探讨，阐述了劳动力与国民收入在产业间分布及变化的一般规律，并且在《各国的经济增长与总产值和生产结构》一书中也阐明了："每个国家的产业结构都在不断变化。"

20 世纪 50 至 60 年代是产业结构理论发展较快的阶段，主要代表人物有刘易斯、赫希曼、罗斯托、筱原三代平等学者。1954 年，刘易斯发表了《劳动无限供给条件下的经济发展》一文，提出了用以解释发展中国家经济问题的理论模型，即刘易斯理论（二元经济结构模型）。该理论建立在三个基本假定①的基础上，指出，国民经济中同时存在以现代化方法进行生产的资本主义工业部门和以传统方式为基础的农业部门，农业剩余劳动力的非农化转移能够促使二元经济结构逐步消减。1957 年，日本经济学家筱原三代平提出规划产业结构的两个基本准则，即收入弹性基准和生产率上升率基准。1958 年，美国经济学家赫希曼在《经济发展战略》一书中从主要稀缺资源应得到充分利用的认识出发，提出了不平衡增长理论。该理论的核心内容包括三大部分，即"引致投资最大化"原理、"联系效应"理论和优先发展"进口替代工业"原则。1998 年，美国经济学家 W·W·罗斯托教授在《主导部门和起飞》一书中，提出了产业扩散效应理论和主导产业的选择基准即"罗斯托基准"。他认为，应该选择具有较强扩散效应（前瞻、回顾、旁侧）的产业作为主导产业，发挥主导产业的优势辐射带动产业结构升级，实现区域经济的快速发展。

## 二、产业结构的分类

产业分类是产业结构的基础，研究产业结构前，首先要对产业分类进行了解。下面将介绍几种常见的分类方法：

（一）两大部类分类法。根据生产活动的性质及产品属性，产业可分为物质资料生产部门和非物质资料生产部门两大部类。其中，农业、工业、建筑业等是从事物质资料生产并创造物质产品的部门，科学、文化、教育、金融等则属于从事非物质资料生产而提供非物质性服务的部门。此种分类方法是研究区域产业结构的理论基础，其他分类法都是在该基础上的拓展和深化。

（二）三次产业分类法。费希尔在 1935 年首先提出，将人类经济活动分为初级生产阶段、工业生产阶段和服务业发展阶段。1940 年，克拉克对

---

① 这三个基本假设为：1. 农业的边际劳动生产率为零或接近零；2. 从农业部门转移出来的劳动力的工资水平由农业的人均产出水平决定；3. 城市工业中的利润储蓄倾向高于农业收入中的储蓄倾向。

这一分类进行了发展，建立起较为完整的分类体系。按照社会生产活动历史发展的顺序，产业被划分为三大类：第一产业，即产品直接取自自然界的部门；第二产业，即对初级产品进行再加工的部门；第三产业，即为生产和消费提供各种服务的部门。这种分类方法是世界上较为通用的产业结构分类方法。以我国为例，第一产业为农业（包括种植业、林业、牧业和渔业）；第二产业为工业（包括采掘业，制造业，电力、煤气、水的生产和供应业）和建筑业；第三产业则是除第一、第二产业以外的其他各业，具体分为流通部门和服务部门两部分。

（三）生产要素密集程度分类法。按照劳动力、资本和技术三种生产要素在各产业中的相对密集程度，把产业划分为劳动密集型、资本密集型和技术密集型产业。劳动密集型包括农业、林业及纺织、服装、玩具、皮革、家具等制造业；资本密集型包括钢铁业、一般电子与通信设备制造业、运输设备制造业、石油化工、重型机械工业、电力工业等；技术密集型包括微电子与信息产品制造业、航空航天工业、原子能工业、现代制药工业、新材料工业等。随着科技进步和新工艺设备的应用，有些原本属于劳动密集型产业的行业，也在不断提高技术、资本密集度，并逐步从劳动密集型产业中分化出去。

（四）国际标准产业分类法。为使不同国家的统计数据具有可比性，联合国颁布了《全部经济活动的国际标准产业分类》（ISIC）。现在通行的是1988年第三次修订本。这套《国际标准产业分类》分为A—Q共17个部门，其中包括99个行业类别。这17个部门为：A. 农业、狩猎业和林业；B. 渔业；C. 采矿及采石；D. 制造业；E. 电、煤气和水的供应；F. 建筑业；G. 批发和零售、修理业；H. 旅馆和餐馆；I. 运输、仓储和通信；J. 金融中介；K. 房地产、租赁业；L. 公共管理和国防；M. 教育；N. 保健和社会工作；O. 社会和个人的服务；P. 家庭雇工；Q. 境外组织和机构。

此外，根据不同的分类标准，还有一些分类法，像农轻重分类法、霍夫曼分类法、功能分类法、立体产业分类法等。产业分类是为了便于研究与实际操作，然而，产业结构是一个动态的范畴，其演进过程就是从低级形态向高级形态转变的升级过程或趋势。随着社会生产力的发展和科学技术的进步，可供人类利用的各类资源不断被开发出来，在数量上和效能上不断提高。同时，在社会经济发展过程中，人们的需求也不断地向多方面发展。因此，新的产业不断涌现，各产业部门之间的对比关系和结合状况也在不断地发生着变化。[①]

## 第二节　文化产业相关门类

### 一、文化产业结构

文化产业结构，是指文化产业内部从一定视角按照一定标准划分的不同的经济体之间的相互联系与比例关系。[②] 从某种程度上看，文化产业结构的内部构成与产业运动，反映了一个国家国民经济和社会发展的现代化程度及该国或地区文化产业发展的现代化程度。所以，文化产业结构是否合理直接关系到一国或地区未来产业结构的调整和升级。因此，全面分析文化产业结构，对文化产业规划的实际操作有现实意义。

（一）文化产业结构的划分

文化产业结构划分有不同的视角和标准。本书结合一些国内学者的划分标准，分别从文化产业的生产经营方式、文化产品性质、发展形式、要素集约度等不同角度，对文化产业结构形式进行适当划分。

1. 根据生产经营方式，可以分为生产性文化产业与服务性文化产业。生产性文化产业以物质形式的文化产品生产为主，向文化市场提供物质文化产品，如图书出版、文化用品制造、工艺美术、艺术品等业态。服务性文化产业以提供文化服务为主，向消费者提供咨询、休闲、娱乐、旅游、运动、表演等可供观赏、体验、参与的文化服务形式。

2. 根据文化产品的性质，可以分为物质类文化产业与内容类文化产业。物质类文化产业是以有形的文化产品为特征的产业部门，工艺美术是典型的物质类文化产业。内容类文化产业则以无形的内容产品、创意产品为主要特征，如影视动漫、创意设计等。在文化产品总量中，若内容产品比重不断增加，则表明文化产业取得了较大发展，产业结构逐渐升级。

3. 根据发展形式，可以分为基础文化产业与特色文化产业。基础文化产业具有普遍意义和基础性作用，如教育培训、旅游、民俗文化等。特色文化产业是指依托各地独特的文化资源，通过创意转化、科技提升和市场运作，提供具有鲜明区域特点和民族特色的文化产品和服务的产业形态。

---

① 姜泽华、白艳：《产业结构升级的内涵与影响因素分析》，《当代经济研究》，2006(10)，53—56页。

② 江奔东：《文化产业经济学》，273页，济南，泰山出版社，2008。

后者是目前文化产业规划中较受推崇的发展类型，更能体现地域文化特色，避免同质化竞争带来的恶性循环。

4. 根据要素集约度，可以分为劳动密集型、资本密集型、技术密集型以及创意密集型。劳动密集型主要依靠劳动力的投入，多为一些传统技艺型的文化业态；资本密集型则主要依靠资金投入来完成，像高科技、高精尖的文化科技业态等；技术密集型对硬件设施和技术条件都有较高要求，比如世界级的影视制作、航空航天表演、举办奥运会等；创意密集型是以知识、智力等为核心，通过策划、包装、设计、宣传等产业行为，获得生存与发展的文化产业。

除此之外，如果根据市场准入制度的高低和审查制度的严宽，可以分为意识形态产业、娱乐产业和艺术产业。这个分类是从内容出发、从内容所构成的国家文化安全程度出发来划定的。也可以通过区域类型来划分、以功能定位来划分等。无论依据哪种标准来划分文化产业结构，最终目的是为了清晰地梳理文化产业结构变化、演化以及升级的过程，反映文化产业生产要素集聚、流动和整合的情况，从而窥见文化产业增长对国民经济发展的贡献度。

（二）文化产业结构的优化

文化产业结构的优化，是指通过调整文化产业各行业实现协调发展，并满足社会不断增长的文化需求的过程。[①] 简单说，就是文化产业结构合理化和高度化。

所谓文化产业结构合理化，是指促进文化产业的各行业之间协调能力和关联水平提高的动态过程，即一个从不协调到协调的转化过程。具体而言，合理化的标准有三个：第一，能够充分有效地利用国家或地区的文化资源，使其在各个行业之间得到合理的分配和使用、转化为市场竞争力和财富增值力。第二，能够适应国民经济和社会发展的总体需求，满足社会文化需求，实现文化产业的供给结构与国民经济和社会发展的需求结构均衡发展。第三，能够推动文化产业结构朝着高度化、现代化的方向发展，提高文化产业关联度，保持文化产业有健康、持续、较高的产业增长。

文化产业结构的高度化，是一个不断从传统文化产业向新兴文化产业演进、从劳动密集型主导的产业逐步向资金密集型和技术知识密集型主导

① 江奔东：《文化产业经济学》，280页，济南，泰山出版社，2008。

的产业演进、从制造初级文化产品的产业向制造中高端文化产品的产业演进。[①] 在整个文化产业的发展过程中，文化产业结构的合理化必然指向文化产业结构的高度化。文化产业结构的高度化应该包括四个方面：第一，实现文化产业的高附加值化。第二，实现文化产业的高技术化。第三，实现文化产业的高集约化。第四，实现文化产业的高度关联化。

当前，美国已经成功实现了文化产业高度化转移，构建了以版权为核心的现代文化产业体系。与之相比，中国的文化产业结构还不尽合理，存在明显的地区差异。在区域文化产业发展中，第一，应该综合考虑经济增长和经济结构的变动、技术进步与革命、国际文化贸易的变化、收入需求结构的变动及文化产业政策的调整等影响文化产业结构变动的因素，对不同地区的文化产业结构进行分析把握。第二，洞悉拉动经济增长率的某些关键部门的重要作用，将其作为地区文化产业发展的主导产业来规划制定本地区的文化产业体系，广泛吸纳新技术、新理念，诱发、扩散及辐射其他产业的快速增长。第三，优化主导产业与其他产业的相互关系与比例分配，从高附加值化、高技术化、高集约化和高关联度化四个方面实现文化产业结构高度化，最终促使文化产业整体竞争力提升。

## 二、文化产业的行业分类

1986 年，联合国教科文组织为了收集各国的文化统计数据，率先制定了文化统计框架，并于 2009 年做了进一步修正，把文化领域分为文化和自然遗产、表演和庆祝活动、视觉艺术和手工艺、书籍和报刊、音像和交互媒体、设计和创意服务、旅游业、体育和娱乐等八大类。这一框架成为规范各国文化统计工作以及各国建立自己的文化产业体系的参考标准。

（一）国外文化产业分类比较

由于文化产业包含的内容和门类非常丰富、文化产业概念界定的多义性、世界各国在发展策略上有所侧重，文化产业的分类标准和体系也各有不同。随着文化产业的全球化发展，各国政府依据本国国情和发展目标制定了不同的文化产业分类体系，为产业规划与产业政策的宏观设计提供了标准与依据。下面将列举几个具有代表性的分类标准。

1. 英国和法国：创意与传统。英国是世界上第一个提出创意产业政策的国家。在英国创意产业特别工作组的《文化产业路径报告》中，创意产

① 胡惠林：《文化产业概论》，253 页，昆明，云南大学出版社，2005。

业总共包括了13个部门，分别是广告、建筑、艺术和古董市场、手工艺、设计、时尚设计、电影、互动休闲、软件、音乐、电视和广播、表演艺术、出版和软件。[①] 法国的文化产业以表现传统文化为主，文化产业范围的界定相对较窄，主要包括为展现传统文化服务的文化基础设施建设、文化设施的管理、图书出版、电影、旅游业等几个方面。

2. 北美三国：注重现代信息技术。以美国为首的北美自由贸易区三国共同制定《北美产业分类系统》，其中，文化产业实际包括“信息文化产业”与“艺术、娱乐和消遣”两大类。前者包括出版业（不包括因特网）、电影和录音业、广播（不包括因特网）、因特网出版和广播、电信业、因特网服务提供、其他信息服务等；后者包括表演艺术、体育比赛和相关的行业、古迹遗产机构、游乐、赌博和娱乐业等。

3. 澳大利亚：文化娱乐产业分类。澳大利亚制定和颁布了《澳大利亚文化和娱乐分类》，包括行业（4种）、产品（26种）和职业（9种）三部分。在行业分类里，澳大利亚的文化和娱乐产业被划分为遗产类（博物馆、古董和收藏品、环境遗产、图书馆和档案馆）、艺术类（文学和印刷媒体，表演艺术，音乐创作和出版，视觉艺术和手工艺，设计，广播、电子传媒和电影等）、体育和健身娱乐类（赛马和赛狗、体育和健身休闲场所、体育和健身服务、体育和健身休闲产品的制造和销售）、其他文化娱乐类（赌博、娱乐行业、户外娱乐等）四大类。[②]

4. 日本、韩国：娱乐观光与内容产业。日本将文化产业称为娱乐观光业，具体包括：文化艺术业（音乐及戏剧演出、电影制作及放映、美术展览）；信息传播业（出版、电视、网络）；体育与健身；个人爱好与创作（历史、文学、摄影、登山及相关的各种讲座等）；娱乐（各种游戏、博彩、竞赛等）；观光旅游业。韩国文化产业被称为“内容产业”，具体行业门类有影视、广播、音像、游戏、动画、卡通形象、演出、文物、美术、广告、出版印刷、创意性设计、传统工艺品、传统服装、传统食品、多媒体影像软件、网络以及与其相关的产业。[③]

综上所述，各国的分类标准和体系都是建立在本国文化产业发展理念

---

① 陈美华、陈东有：《英国文化产业发展的成功经验及对中国的启示》，《南昌大学学报（人文社会科学版）》，2012（5）。

② 苑洁：《文化产业行业界定的比较研究》，《理论建设》，2005（1），63页。

③ 熊澄宇、傅琰：《关于当前我国文化产业分类标准的研究》，《社会科学战线》，2012（1），151页。

的基础之上。尽管各有不同，但从世界范围看，文化产业基本可以划分为三类[①]：一是生产与销售以相对独立的物态形式呈现的文化产品的行业，如生产与销售图书、报刊、影视、音像制品等行业；二是以劳务形式出现的文化服务行业，如戏剧舞蹈演出、体育、娱乐、策划、经纪业等；三是向其他商品和行业提供文化附加值的行业，如装潢、装饰、形象设计、信息咨询、文化旅游等。

（二）我国文化产业分类标准

1985 年，我国国家统计局在《关于建立第三产业统计的报告》中，首次把“文化艺术”纳入第三产业统计项目中，标志着我国迈出制定符合中国国情的文化产业分类标准和体系的第一步。2004 年，国家统计局在《国民经济行业分类》（GB/T4754—2002）的基础上，制定颁布了作为首个文化产业分类指导标准的《文化及相关产业分类》，首次对文化产业的内容进行科学划分和全面统计，有力地推进了我国文化体制改革和文化产业宏观发展决策的制定实施。此次分类为反映文化建设和文化体制改革的情况，主要包括文化产品制作、文化产品销售活动、文化用品生产和销售活动等六大类，并进一步提出文化产业核心层、文化产业外围层和相关文化产业层的划分。详见下图。

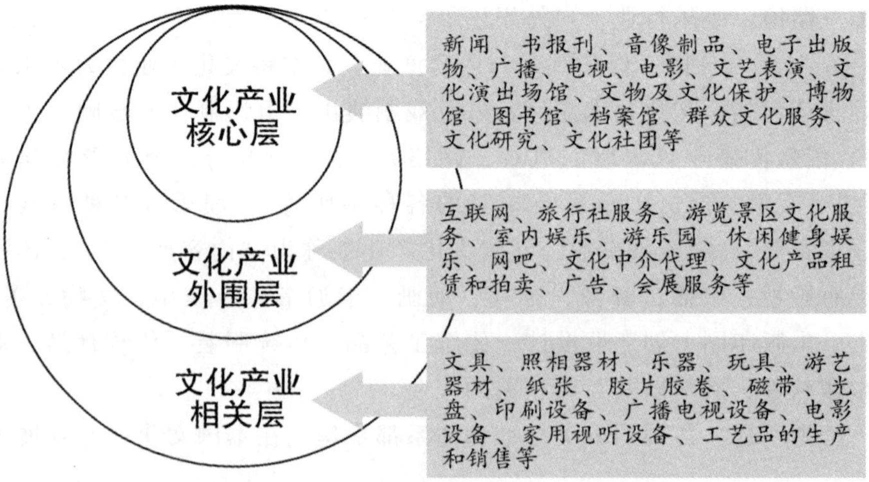


图 6-1　2004 版文化及相关产业分类图

① 常凌翀：《文化产业的概念与分类》，《新闻爱好者》，2013（12），32 页。

党的十七届六中全会进一步强调推动文化产业的跨越式发展，使之成为新的增长点、经济结构战略性调整的重要支点、转变经济发展方式的重要着力点，对文化产业统计工作提出了新的要求。同时，由于我国文化体制改革取得了突破性进展，文化新业态不断涌现，产业融合态势明显，2004 年的分类标准已经不再完全适应我国文化产业发展的新情况和新变化，迫切需要对现行分类进行调整，使其更加契合发展需要。

2012 年 7 月，国家统计局以新的《国民经济行业分类》为基础，参照联合国教科文组织发布的《文化统计框架 2009》，在《文化及相关产业分类（2004）》的基础上进行修订，颁布实施了《文化及相关产业分类（2012）》，按照行业的关联度将文化产业部门分为十大类：（1）新闻出版发行服务；（2）广播电视电影服务；（3）文化艺术服务；（4）文化信息传输服务；（5）文化创意和设计服务；（6）文化休闲娱乐服务；（7）工艺美术品的生产；（8）文化产品生产的辅助生产；（9）文化用品的生产；（10）文化专用设备的生产。该标准是进行文化产业规划时重点行业设计的主要依据。详见下表。



**表 6-1　文化及相关产业分类（2012）摘录**

| | | |
|---|---|---|
| 文化产品的生产 | 新闻出版发行服务 | 新闻、出版、发行 |
| | 广播电视电影服务 | 广播电视、电影和影视录音 |
| | 文化艺术服务 | 文艺创作与表演、图书馆与档案馆、文化遗产保护、群众文化等 |
| | 文化信息传输服务 | 互联网信息、增值电信（文化部分）、广电传输等 |
| | 文化创意和设计服务 | 广告、文化软件、建筑设计、专业设计等 |
| | 文化休闲娱乐服务 | 景区游览、服务娱乐休闲、摄影扩印等 |
| | 工艺美术品的生产 | 工艺美术品的制造，园林、陈设艺术及其他陶瓷制品的制造，工艺美术品的销售等 |
| 文化相关产品的生产 | 文化产品生产的辅助生产 | 印刷复制、文化经纪代理、文化贸易代理与拍卖、文化出租、会展、其他文化辅助生产等 |
| | 文化用品的生产 | 办公用品的制造、视听设备的制造、鞭炮产品的制造、文化用家电的销售、其他文化用品的销售等 |
| | 文化专用设备的生产 | 印刷专用设备的制造、广电专用设备的制造，广播电视电影设备的批发、舞台照明设备的批发等 |

新的分类标准增加了与文化生产活动相关的文化创意、文化新业态、软件设计服务等内容和部分行业小类，减少了少量不符合文化及相关产业

定义的活动类别，新的产业形态衍生，并更加注重新技术手段和传播渠道的嫁接。[①] 这一标准集中体现了适应国民经济与社会发展和全球经济一体化两个新要求，将文化产业划分为文化产品的生产活动、文化产品生产的辅助生产活动、文化用品的生产活动和文化专用设备的生产活动四个方面，其中文化产品的生产活动构成文化及相关产业的主体，其他三个方面是文化及相关产业的补充。[②] 鉴于我国文化产业分布不均衡性和区域文化资源多样性等，在采用全国统一的分类标准和指标体系的方式下，应更加关注区域特色文化产业的发展，结合各个业态发展的优势及与科技、创意融合的程度高低，优化提升传统文化产业、大力发展新兴文化产业。

## 三、产业门类发展解读

以《文化及相关产业分类（2012）》为依据，结合各个业态出现的先后次序及与科技、创意融合的程度高低，本书将分传统业态、新兴业态两个部分来介绍文化产业门类。[③] 在区域文化产业规划中，可以根据这些常见业态，结合实际发展情况进行行业名词的变动和微调。

（一）常见的传统业态

1. 新闻出版业。新闻出版业包括图书、报刊等纸介质传统出版产业，数字出版、网络出版、手机出版等以数字化内容、数字化生产和传输为主要特征的战略性新兴新闻出版业态，动漫、游戏出版产业，印刷复制产业，新闻出版流通、物流产业等五方面内容。[④] 新闻出版发行服务业是我国文化建设的重要组成部分，在文化产业发展中具有举足轻重的地位。新闻出版发行业不仅满足人民群众多层次、多样化、多方面精神文化需求，对建设社会主义核心价值体系、巩固舆论阵地、提升我国文化软实力、扩大内需、拉动消费及推动经济结构调整、培育新的经济增长点都具有重要意义。[⑤]

---

① 范建华：《中国文化产业通论》，41页，昆明，云南人民出版社，2013。

② 《文化及相关产业分类（2012）》，http://www.stats.gov.cn/tjsj/tjbz/201207/t20120731_8672.html。

③ 本书中的传统与新兴不是绝对的，而是依据产业业态在名称上出现的先后、产业内容中是否有传统业态部分以及大众对该产业的普遍认识，该划分是为了更好地体现文化产业相关门类融合发展的趋势。

④ 参见《关于进一步推动新闻出版产业发展的指导意见》，http://www.gov.cn/gongbao/content/2010/content_1671253.htm。

⑤ 周蔚华：《出版产业研究》，北京，中国人民大学出版社，2005。

2. 广播电视业。广播电视电影服务业是文化产业中最具活力和影响力的产业之一，发展迅速、与日常生活息息相关；涉及范围广，如产品生产部门、经营部门、信号传输部门和衍生品的制造部门等。一般来说，广播影视业包括三大方面：第一是广播、电视服务，包括广播电台、电视台；第二是广播、电视传输，包括有线广播电视传输网络服务、有线广播电视接收、无线广播电视发射台和转播台、无线广播电视接收卫星传输服务；第三是电影服务，包括电影制片厂、电影制作、电影院线发行、其他电影发行、电影院和影剧院、其他电影放映。

3. 工艺美术业。工艺美术是人类在长期的生产生活中产生、形成和发展起来的艺术形式，经过一代一代的言传身教，凝结了浓郁的地域文化特色和民族精神内涵，体现了不同民族的智慧结晶和创造力。一般来说，工艺美术业包含工艺美术品的制造和销售、园林、陈设艺术等，是人们通过娴熟的技艺和手法，利用身边的资源创造出具有功能性、娱乐性和装饰性的物品的过程。

工艺美术制品是日常生活中常见的艺术品之一，其或生动有趣、或精妙神秘，有着强烈的装饰效果和实用价值，富有人文魅力、艺术特质和地域特色，因而工艺美术业往往与一个地区的传统文化资源、民间手工技艺有着密切关系。根据市场需求分类，工艺美术品的用途可以分为艺术收藏、民俗用品、商务礼品、家居装饰和企业文化五种类型。从生产的技术性来说，工艺美术品要具有一定的独特性，代表了一个手艺人、艺术家的技艺和水平。从产品的实用性来说，大部分产品是日常生活中的装饰品、日用品，种类繁多且各具特色；一部分民间民族工艺品还蕴藏着传说和文化，用于传统节日、传统宗教和民族装饰等。

（二）常见的新兴业态

新兴文化产业是高新技术和民间资本唱主角的业态，相对于体制内的传统文化产业，优势明显：一是发展后劲十足，与时俱进；二是市场主体多元化，运营更灵活；三是市场前景广阔，市场被广泛看好；四是与国际对接更便捷。党的十七届六中全会确立了建设社会主义文化强国的宏伟目标，与现代信息产业和现代科学技术相关联的新兴文化产业，也迎来一个健康有序快速发展的新契机。

1. 会展服务业。会展有狭义和广义之分，狭义上是会议业和展览业的总称，广义上包括会议、展览、奖励旅游、节事活动等。会展业是指依托当地资源、产业和区位等方面的优势，围绕特定的主题，通过举办大型节庆活动、各种会议和展览展销活动，吸引大批与会参展人员及观众前来进行参观访问、经贸洽谈、文化交流、旅游休闲、购物消费等，从而在获得直接经济效益的同时带动相关产业和社会事业发展的一种经济社会活动。作为一个新兴文化产业业态，会展业关联度高，影响面广，在城市建设、精神文明建设、和谐社会构建中显示出其特殊的地位和作用。[①]

2. 创意设计业。创意设计业包括的范围很广泛，从产品和服务的功能研发、形态设计延伸到市场销售推广的全过程，涉及产品设计、视觉传达设计、环境设计、展示设计、服装设计、装饰设计、现代手工艺设计等相关领域。创意设计除了具备了“初级设计”和“次设计”的因素外，还需要融入与众不同的设计理念——创意。它作为创意文化产业的一个重要组成部分，具有高知识性、高增值性和低能耗、低污染等特征，对国民经济和社会发展起着越来越重要的推动与支撑作用。[②]

3. 数字内容产业。数字内容产业是随着数字化时代进程而产生的一个新兴产业，是一个包含了生产、传输、销售数字内容产品和服务的产业集群。国外数字内容产业发展比较成熟，产生了像华纳、亚马逊这样的世界巨头，美国版权产业超过16000亿美元的产业规模令人咂舌。欧美、日本等占据了数字内容产业大半壁江山，数字内容产业已经成长为其国家支柱性产业。数字内容产业将借助新技术向传统文化产业渗透扩展，数字出版物将逐渐替代纸质图书、音像制品等传统出版物。

此外，像动漫游戏、移动互联网应用、视听新媒体、3D打印和绿色印刷等新兴文化业态也是时下发展的重要内容。未来，这些新兴产业将继续推动文化产业快速发展，并同时不断催生新的业态涌现。

## 第三节　文化及相关产业融合

产业融合成为产业发展及经济增长的新动力，产业间结合催生新产业是一种发展趋势。[③] 产业融合的基础和前提是产业关联。两个产业的关联性越强，彼此间的资源利用率就会越高，越容易形成融合发展。产业融合

---

① 范建华：《中国文化产业通论》，54—55页，昆明，云南人民出版社，2013。

② 参见《国务院关于推进文化创意和设计服务与相关产业融合发展的若干意见》，http://www.gov.cn/zhengce/content/2014-03/14/content_8713.htm。

③ 周振华：《产业融合：产业发展及经济增长的新动力》，《中国工业经济》，2003(4)，46—52页。

使产业边界模糊化，重新调整各产业间的关联关系，改变传统的产业结构转换机制，从而对产业结构体系产生重大影响。

## 一、文化产业融合的理论推演

（一）文化产业关联

产业关联理论又称投入产出理论，主要研究存在于社会经济活动过程中各产业之间的广泛的、复杂的和密切的技术经济联系。[①] 该理论由美国经济学家里昂惕夫首先提出。他在充分吸收了古典经济理论、马克思的再生产理论、“全部均衡论”和国民收入理论的部分思想后，于1941年出版了《美国的经济结构1919—1929》一书，系统阐述了投入产出理论的基本原理及发展，并提出了产业关联基本模型。里昂惕夫指出，产业关联理论以经济事实和统计数字填充了“经济理论的空盒子”，延伸与发展了“全部相互依存”的古典经济理论。

根据产业关联理论，文化产业关联是指，文化产业在文化经济和技术经济上与其他产业及其内部不同行业间的联系。[②] 一般来说，文化产业具有文化的、精神的、知识的和意识形态的属性，所体现出来的产业关联更多地表现文化产业在运动过程中与其他产业形态间也存在相互作用的价值关系。根据产业关联理论，文化产业关联主要有两种形式：

一是前向关联和后向关联。美国发展经济学家赫希曼在《经济发展战略》一书中提出：前向关联是某一产业的产品在其他产业中被利用而形成的产业关联，即一种产业的产品成为其他产业的投入物而产生的关联；后向关联即某一产业在其生产过程中需要从其他产业获得投入品所形成的依赖关系。[③] 对于文化产业而言，前向关联即供给，后向关联即需求。

二是单向循环关联与多向循环关联。单向循环关联是指产业关联链条从某一产业开始，沿单一方向向前延伸，最后又回到这一产业。而多向循环关联是指一个产业的产业关联链条同时指向许多方向，以至于形成一个立体交叉的产业关联网络。文化产业中较为典型的多向循环关联产业就是动漫业。

在现代文化生产和消费的生态环境下，任何一种文化产业的生存和发

① 刘志迎、丰志培：《产业关联理论的历史演变及评述》，《产业与科技论坛》，2006（1），6页。

② 江奔东：《文化产业经济学》，287页，济南，泰山出版社，2008。

③ 胡惠林：《文化产业概论》，260页，昆明，云南大学出版社，2005。

展都只能与其他产业的发展有机结合。基于产业关联的产业融合发展将成为文化产业增值和进步的巨大推动力。

（二）产业融合

所谓产业融合，是指由于技术进步、规制放松、管理创新及需求拉动等原因，不同产业之间相互渗透、彼此交叉，进而演化为产业之间产品、业务与市场的融合，从而导致产业边界的模糊化甚至重新划定的动态发展过程。① 产业融合是一种经济现象，最早源于数字技术的出现导致的信息行业之间的相互交叉。作为当今产业经济理论研究的前沿性课题之一，产业融合理论研究已经从以信息产业为研究对象的基本理论逐步转移到对具体产业领域的应用研究，如文化与相关产业的产业融合与业态创新。

学界普遍认为，产业融合的方式主要有三种②：一是通过高新技术及其相关产业向其他产业渗透、融合，形成新的产业部门。二是通过产业间的互补、延伸，实现产业间的融合。如第三产业中相关的服务业正加速向第二产业的生产前期研究、生产中期设计和生产后期的信息反馈过程展开全方位的渗透。③ 三是在具有紧密联系的产业或同一产业内部不同行业之间，原本各自独立的产品或服务在同一标准或集合下通过重组完全结为一体的过程。

柳旭波认为，不同产业间的融合会带来产业结构、产业组织形态及企业组织结构的变化，对传统的产业结构理论提出了新的挑战。④ 第一，产业融合可以重新调整不同产业间的关联关系。产业融合不仅能够提高生产商品和服务的技术水平，而且可以形成新的部门，这就引起关联产业的一系列积极变化，对原有各产业间关联关系产生直接或间接的重大影响。第二，产业融合能够改变产业结构传统的转换机制。作为一种特殊的创新形式，产业融合通过改变产业增长的减速规律，导致产业结构发生变化：一方面，它缩小了各部门产业增长率的差异，弱化了产业结构演进机制；另一方面，产业融合让各产业部门并行发展成为可能，呈现出多元新兴部门并行发展、互相促进的经济增长新趋势。第三，产业融合对产业结构政策

---

① 毛云聪、宋文君：《浅论文化产业的协同创新与融合》，《商》，2014（18），195页。

② 陈柳钦：《产业融合效应与促进我国产业融合的措施》，《北京市经济管理干部学院学报》，2007（2），13—19页。

③ 朱兰：《国际产业发展的三大趋势》，《企业技术进步》，2005（9），19—20页。

④ 柳旭波：《产业融合对产业结构理论的新发展》，《长白学刊》，2006（2），61—63页。

理念提出新的调整要求。当前的产业融合是以信息技术分别与三次产业融合为主要特征，这就要求产业结构政策目标由原来的促进产业结构向高度化和合理化方向发展转变为促进产业结构的信息化。在产业融合的条件下，促进衰退产业与高新技术产业融合的理念将取代引导衰退产业收缩和转移的传统产业政策。此外，通过对基础研究投入和高新技术人才培养的强化，推动技术创新所带动的产业融合发展，对战略性新兴产业扶植政策理念做出新的调整。

## 二、文化及相关产业融合

作为新经济条件下促进就业与增长的发动机，融合化发展是当前世界产业发展的一个重要趋势。从文化生产及再生产过程看，文化产业主要包括文化内容生产、文化传播渠道和文化生产服务（如印刷复制、软件开发等）；从国民经济体系对文化产业及再生产的支撑来看，文化产业包括文化装备制造业和文化消费终端制造业；而文化产业对国民经济的其他部门有贡献，从这个角度来看，它又包含生产性文化服务。[①] 可见，文化产业是一个关联性、渗透性与综合性的产业，在经济发展中，呈现出较强的产业关联效应。这种天然存在的与相关产业的耦合关系，为文化及相关产业融合提供了理论基础和发展空间。

（一）文化产业融合的战略意义

党的十七届六中全会提出“推动文化产业与旅游、体育、信息、物流、建筑等产业融合发展，增加相关产业文化含量，延伸文化产业链，提高附加值”。从文化产业目前覆盖的行业领域来看，随着我国新型工业化、信息化、城镇化和农业现代化进程的加快，“文化+”贯穿经济社会各领域各行业，多向交互融合化发展已成为大势所趋。国家统计局 2012 年出台的统计标准显示，文化产业与网络信息服务、旅游、体育、工业制造、家居生活等领域关系密切。[②]

在融合发展的大背景下，为了推动文化产业与其他产业融合发展，我国政府也相继出台了一系列政策措施。如在 2014 年 2 月，国务院出台了《关于推进文化创意和设计服务与相关产业融合发展的若干意见》，指出

---

① 高书生：《我国文化产业发展的总体状况和主要特征》，《经济与管理》，2015(3)，5—16 页。

② 《专家：“十三五”时期文化产业融合发展成必然趋势》，http://www.ce.cn/culture/gd/201512/11/t20151211_7497250.shtml。

"推进文化创意和设计服务等新型、高端服务业发展，促进与实体经济深度融合，是培育国民经济新的增长点、提升国家文化软实力和产业竞争力的重大举措"。随后，全国各地纷纷制定贯彻这一文件的实施意见、行动计划。如北京以创新之举构建首都"高精尖"产业结构，提出包括制造业、农业、体育、文化产业等十大板块的融合发展行动；杭州推出"互联网+文化创意"融合发展建议，促进文化创意产业实质性飞跃。

从中央到地方，从宏观到微观，文化产业融合的战略意义已经深入人心。推动文化产业与相关产业融合发展，既是加快发展文化产业、推动文化产业成为国民经济支柱性产业的必然要求，也是转变经济发展方式、实现相关产业升级的迫切需要。

一方面，文化产业融合发展是未来我国文化产业发展的重要引擎。实现文化产业跨越式发展绝非一蹴而就的事情，而是众多领域的交互融合和协调推进，是一项浩大的工程。文化产业与众多业态的天然耦合性，让文化产业融合发展成为可能。文化产业可以借助旅游、科技、金融、制造业等相关产业搭建平台，实现文化的传播与交流，优化文化资源开发的形式，从而带来市场化和规模化发展。

另一方面，文化产业融合发展是产业结构调整与升级的重要路径。随着科技进步与人类社会的发展，人们对精神文化的需求越来越强烈，产品的文化价值成为人们关注的焦点。这对产业发展提出了新的挑战，即单纯依靠技术创新的产业升级路径不能完全满足人们的多样化需求，必须通过"文化+"引领产业发展，开辟出提高产品文化附加值的新路径，使文化产业的文化符号价值、文化理念、创意等不断渗透到相关产业领域，带动产业结构调整与升级。

因此，加快推动文化产业与其他产业融合发展，形成良好的互动关系，既能进一步推动文化产业结构创新、产业链条创新、产业形态创新，实现跨越式发展，同时也能推动经济结构战略性调整、转变经济发展方式、提升其他产业竞争力。

**相关链接：《文化部、国家旅游局关于促进文化与旅游结合发展的指导意见》节选**

（一）打造文化旅游系列活动品牌。举办全国性文化旅游节庆活动。从2010年开始，文化部、国家旅游局每4年推出一个中国文化旅游主题年，每2年举办一届中国国际文化旅游节。引导区域性文化旅游节庆活动。在兼顾时间和地域布局的前提下，文化部和国家旅游局每2年公布8至10个地方文化旅游节庆活动扶持名录，并通过联合举办、政策优惠、资金补贴等多种方式进行支持，期满后根据活动绩效对扶持名录进行调整并予以公布。

（二）打造高品质旅游演艺产品。从促进旅游发展的角度，鼓励对现有演艺资源进行整合利用，鼓励社会资本以投资、参股、控股、并购等方式进入旅游演出市场，允许适度引进境外资本投资国内旅游演出市场。鼓励运用现代高新科学技术，创新演出形式，提升节目创意，突出地域特点和文化特色，打造优秀旅游演出节目。旅游景区（点）要广泛吸纳文艺演出团体和艺术表演人才以多种方式灵活参与景区经营，不断提高景区（点）的文化内涵。有条件的红色旅游景区，要积极开发面向市场、面向群众的演出活动，丰富红色旅游的文化内涵，提高红色旅游的经济效益。

（三）利用非物质文化遗产资源优势，开发文化旅游产品。坚持保护为主、合理利用的原则，既要保留非物质文化遗产的原生态和本真性，又要通过旅游开发向外界宣传推广。对传统技艺类非物质文化遗产，通过生产性保护方式加以合理利用，为旅游业和文化产业发展注入新鲜元素。对传统表演艺术类非物质文化遗产，一方面注重原真形态的展示，另一方面通过编排，使之成为具有地方民族特色和市场效益的文化旅游节目。依托文化生态保护实验区中独具特色的文化生态资源，积极发展文化观光游、文化体验游、文化休闲游等多种形式的旅游活动。

（四）实施品牌引领战略，引导文化旅游产品开展品牌化经营。以旅游热点地区为重点，采取地方申报、文化部和国家旅游局认定的方式，编制双年度《国家文化旅游重点项目名录》，对列入名录的文化旅游项目在行业政策、项目审批、信息服务和市场开拓等方面给予重点扶持。对文化旅游结合发展成效突出的典型项目，文化部和国家旅游局共同进行表彰。给予一批以资本为纽带的文化旅游企业必要的政策扶持，支持其向集团化和品牌化方向发展。引导和支持优秀旅游城市规划建设旅游文化名街、名镇，推进文化旅游示范县建设，打造文化旅游特色产业聚集区。

（五）鼓励主题公园、旅游度假区设立连锁网吧、游戏游艺场所。结合不同主题公园、旅游度假区的特点，鼓励网吧连锁企业在符合一定标准和条件的主题公园和旅游度假区开设直营连锁门店，鼓励游艺娱乐企业在主题公园和旅游度假区开设游艺娱乐场所，丰富文化主题内容，创新文化传播体验方式，提升主题公园和旅游度假区的感染力和吸引力，打造一站式旅游消费和文化娱乐园区。

（六）举办文化旅游项目推介洽谈会，推动文化旅游企业开展合作。各级文化和旅游部门通过举办论坛、投资洽谈会、项目交易会等形式，推进文化企业与旅游企业的沟通与合作。鼓励以资本为纽带的文化、旅游企业间的合作，实现优势互补、市场共享。旅行社企业要积极组织和宣传具有地方特色的文化项目和文化活动，提升旅游产品的文化品位。

（七）深度开发文化旅游工艺品（纪念品）。文化行政部门鼓励创意制作符合地方文化特点的文化旅游工艺品（纪念品），挖掘旅游品牌的形象价值，拓展旅游品牌的产业链条；旅游部门积极创造条件，加强文化旅游工艺品（纪念品）的市场推广，逐步提高工艺品（纪念品）的信誉和影响力。举办全国文化旅游工艺品（纪念品）博览会和全国文化旅游工艺品（纪念品）创意设计大赛。鼓励有创新特色的文化旅游工艺品（纪念品）申请外观设计专利，加强对文化旅游工艺品（纪念品）的知识产权保护。

（八）加强文化旅游产品的市场推广。文化旅游推广与对外文化工作相结合，在中国与其他国家举办的文化年或其他主题文化活动中增设旅游产品和项目展示，整合各方资源，增强宣传效果，扩大国际影响。旅游部门发挥市场推广优势，将反映地方文化特色的文化产品纳入国内外旅游项目推广计划，充实旅游产品的文化内涵。

（九）积极培育文化旅游人才。文化部与国家旅游局联合编制文化旅游人才培训规划，确立一批文化旅游实践基地和文化旅游人才培养院系（专业），加强文化旅游人才培训。根据市场需求和文化旅游产业发展实际，定期组织文化旅游从业人员业务培训，联合开展导游和讲解员培训，努力培育一支高素质、专业化的文化旅游人才队伍。

（十）规范文化旅游市场经营秩序。文化市场执法机构与旅游质监机构要建立规范文化旅游市场经营秩序的联合监管机制，开展联合执法和日常监督检查。要依照法律法规规定，抓住重点问题、关键环节实施监管。坚决打击欺骗、胁迫旅游者参加计划外自付费项目或强制购物的行为；打击导游司机私自收受高额回扣行为；打击假冒伪劣文化旅游工艺品（纪念品）；打击宣扬低俗色情和封建迷信的文化旅游产品和非法经营行为。

（二）文化产业融合的路径

在产业融合的大驱动下，文化产业与其他产业融合的路径主要有两个方面：

1. 基于技术融合层面，文化产业要以文化为要素、以创意为核心、以科技为手段，实现产业融合发展。一方面，文化与创意日趋融合并形成新的产业形态，是推动文化产业成为国民经济支柱性产业的有效途径。2014年，国务院出台了《关于推进文化创意和设计服务与相关产业融合发展的若干意见》，强调了创意在产业融合发展中的核心价值。通过强化文化创意的融合发展，培育有利于新兴产业成长发展的市场体系和制度环境，激发市场主体选择新兴产业的内生动力，最大限度地提高产业自发集聚能力并形成有机联系的产业链和价值链。另一方面，文化与科技融合，是增强文化产业核心竞争力的重要途径。党的十七届六中全会指出“科技创新是文化发展的引擎”，党的十八大报告进一步要求“促进文化和科技融合”。通过科技手段改造提升传统文化产业，有利于增强文化的传播力、表现力、感染力；同时，文化元素和文化服务的植入丰富了科技产业的发展形态和产品结构，有利于培育新兴业态和新的经济增长点。

**相关链接：《联合国教科文组织报告指出：**
**文化创意产业正在成为各国战略性资产》**

近期，联合国教科文组织（简称 UNESCO）相继发布两份文化产业报告——《文化时代：全球文化创意产业总览》和《文化贸易全球化：文化消费的转变——2004—2013 文化产品与服务的国际流动》，对全球文化创意产业及其对经济可持续发展的作用进行评估。报告用翔实的数据和图表阐明，文化创意产业是全球经济的支柱产业，对世界经济和社会就业做出了巨大贡献，无论在发达国家还是在新兴市场经济体都正在成为国家和地区经济的战略性资产。

研究报告显示，2013 年，全球文化创意产业创收总额 2.25 万亿美元，占世界各国 GDP 总量的 3%，超过了通信业（1.57 万亿美元）；为世界各国创造了 2790 万个就业岗位，占世界就业总人口的 1%，高于欧洲、日本和美国汽车制造业就业人口的总和（2500 万）。

研究报告全面展示了文化创意产业的多极世界，呈现出世界文化的多样性。报告分别对亚太、欧洲、北美、拉美、非洲和中东地区的文化创意产业包括广告设计、建筑艺术、图书、电子游戏、音乐、电影、报刊、演出、广播、电视、视觉艺术 11 个领域进行了综合分析研究。数据显示，亚太地区是世界文化创意产业最繁荣的地区（总收入 7430 亿美元），其次是欧洲地区（总收入 7090 亿美元）、北美地区（总收入 6200 亿美元）、拉丁美洲地区（总收入 1240 亿美元）以及非洲和中东地区（总收入 580 亿美元）。

文化创意产业收入最高的3个领域分别是：电视业（4770亿美元）、视觉艺术（3910亿美元）、报纸杂志业（3540亿美元）。从业人数最多的3个领域分别为：视觉艺术（673万）、音乐制作（398万）、图书出版（367万）。

报告指出，数字经济的发展对某些传统行业如平面媒体、实体书店等造成影响，但为更多的相关领域注入了发展活力。2013年文化创意产业为世界数字经济创造了2000亿美元的利润，大大地提高了数码设备的销量和宽带通信服务需求，其中数字广告创作收入851亿美元，数字文化终端设备销售额263亿美元，数字化文艺作品网络销售额660亿美元，文化媒体网站广告收入217亿美元。

报告最后做出如下建议：

保护作者权益。文化创意产业需要一个保障其合法报酬的法律构架，以鼓励文化经济的发展和社会就业的增加。

改进付款方式。进一步调整文化产品销售结构，把部分价值转移到数字经济，创建有利于网上中介的网上付款方式，支持数字文化创意产业的发展。

重视艺术人才的培养。人才是文化创意产业的核心要素，应珍惜艺术人才，并积极发挥文化艺术创作团体的作用，确保艺术创新的可持续发展。

（摘自《中国文化报》2016年3月7日。）

2. 基于产业关联，文化产业与相关产业融合，形成全产业价值链，延伸带动其他产业协同发展，发挥产业关联互动效应。一方面，善于利用文化产业内部各行业之间重叠和交叉的特性，创造有利于产业融合的前提条件，挖掘并整合各行业的文化资源，重组与深化各种创意元素，构建以市场为导向、以品牌为抓手、以产品和服务为载体的全文化产业价值链。如借助当下火爆的IP（知识产权）开发模式，将网络文学、数字出版、影视传媒、动漫游戏等多种文化业态串联沟通，既可以满足消费者多样化、多层次、多方面的文化需求，也推进了产业结构优化与产业发展。另一方面，通过旅游、金融、体育、工业、农业等相关产业的融合，为文化资源开发、文化交流传播提供更广阔的载体和平台，促进文化产业的市场化和规模化；反之，发挥文化产业对第一、二、三产业的知识溢出与外部关联效应，将文化符号价值、文化理念、创意等渗透到其他产业的研发、设计与品牌营销等高端价值链环节，有利于推动产业升级，打破传统企业之间、行业之间以及地域之间的界限。

**相关链接：《国务院关于印发中医药发展战略规划纲要（2016—2030年）的通知》节选**

（六）大力弘扬中医药文化。

21. 繁荣发展中医药文化。大力倡导“大医精诚”理念，强化职业道德建设，形成良好行业风尚。实施中医药健康文化素养提升工程，加强中医药文物设施保护和非物质文化遗产传承，推动更多非药物中医诊疗技术列入联合国教科文组织非物质文化遗产名录和国家级非物质文化遗产目录，使更多古代中医典籍进入世界记忆名录。推动中医药文化国际传播，展示中华文化独特魅力，提升我国文化软实力。

22. 发展中医药文化产业。推动中医药与文化产业融合发展，探索将中医药文化纳入文化产业发展规划。创作一批承载中医药文化的创意产品和文化精品。促进中医药与广播影视、新闻出版、数字出版、动漫游戏、旅游餐饮、体育演艺等有效融合，发展新型文化产品和服务。培育一批知名品牌和企业，提升中医药与文化产业融合发展水平。

## 三、“文化＋”融合发展的具体形式

1. “文化＋农业”：打造乡村旅游与创意农业

农业对人类文明发展至关重要，与文化自古至今不断交融，产生了许多新兴领域。如从传统农业中衍生出的休闲农业，兼具农业和旅游业的双重属性，引入文化内涵，大大提升了农业的文化价值和发展意义。此外，乡村旅游、创意农业等新兴业态的发展潜力巨大，在文化产业规划中可以作为一个融合发展的亮点进行解读。“文化＋农业”模式的规划要点如下：

（1）自然环境的合理利用。自然景观的合理开发和有效利用是提高规划水准的好方法，同时也要考虑自然生态环境保护，降低居民和游客活动对生态的影响，将生态化的绿色发展要求贯穿于创意农业规划之中。

（2）乡村文化的打造和发展。突出传统乡村文化的优势，充分挖掘古村、古镇、古街的文化内涵，包装具有特色的传统手工技艺，提高乡村旅游的文化氛围及底蕴。

（3）突出体现人文风情。富含地域特色的产品最能提供当地的人文风气，通过当地居民在建筑、服饰、饮食、歌舞、非遗表演等方面的民族风貌、风情、习俗等特色优势打造乡村旅游和创意农业。

（4）创新农业和旅游结合方式，打造休闲农业、乡愁中国的创意农业模式。加快农村公共基础设施建设，改善农村交通、用水、用电、通信等生产生活条件，提供乡村旅游配套设施，保障游客对特色民宿、文化餐饮、绿色公厕、便捷停车场、特色农产品购物点等配套设施的需求。这些都是做好“文化＋农业”融合最基本的要求。

（5）规划与管理部门树立“主客共享”的理念，统筹考虑当地居民休闲和外来游客体验的需求，综合运用客流时空管理的各种手段，创造性地解决两种需求中可能存在的矛盾，建设主客共享型乡村旅游景区。

2.“文化＋工业”：工业遗产留住消逝的工业文明

工业遗产保护，应该坚持“保护是前提、利用是趋势、活化是核心”，通过活化并再利用的方式，赋予其新的生命。工业遗产保护与利用，应该从城市价值的角度来思考，将工业遗产与城市发展紧密联结。工业遗产保护与利用的基本思路，就是对成片的工业遗产群进行全方位的工业旅游开发，将区域内的工业遗产按功能区开发成工业博物馆、展览馆、购物中心、公共休憩中心、商业购物中心、娱乐中心等。

工业遗产保护与利用，需要坚持两条理念：一是“应保尽保”理念，对全部工业遗址进行全面梳理，提出一揽子保护名录。二是“积极保护”理念，既要重视工业遗产的不可替代性，又要注重合理利用和可持续发展，在保护前提下合理利用，通过适度利用实现真正的保护，在保护与利用中寻求“文化＋工业”的均衡。

3.“文化＋服务业”：构筑服务业的灵魂与内涵

（1）“文化＋”引领现代中介服务业发展。充分发挥市场的作用，鼓励文化企业加强与其他行业的运营协作，带动相关策划、包装、设计、经纪、传播、广告、运营等中介服务的发展。同时，加强俱乐部服务、项目策划服务、风险投资服务等专业化衍生服务的开发。大力发展艺术品经纪、演出经纪、金融服务等中介机构，着力扩大与国内外知名拍卖、传播、研究机构的合作，逐步提升中介服务业发展水平。按照政府委托、政策支持、社会参与、市场运作的模式，深度挖掘和整合地方性文化节会资源，坚持以文化市场化、产业化的运作理念办好节庆会展，着力提升文化会展业的发展水平。

（2）“文化＋”引领现代商贸服务业发展。在规划商业、房地产、通信等商贸服务项目时，要突出地方文化元素、突出文化创意，增加商贸服务的文化内涵。要做到文化产业项目与商贸服务项目同步规划、同步立项、同步建设，使文化业态与商业业态彼此呼应。

## 第四节 重点行业的设计

随着电信业（Telecommunications）、因特网（Internet）、传媒业（Media）、娱乐业（Entertainment）相互融合形成的“TIME”生态渐成体系，其所产生的经济效益越来越明显。这种产业融合形成的电信业发展趋势也深刻影响了文化产业，不仅孕育了新的经济发展模式，也激发了世界经济的新活力，推动了全球文化经济的发展。在文化产业规划中，要系统化归纳行业的产业关联，从融合发展的视角来部署重点行业的设计，构建以区域特色文化产业为主导，复合科技、创意、传媒、娱乐、休闲等业态的文化产业生态系统。

### 一、重点行业设计思路



在区域文化产业规划中，文化产业业态的规划设计是重要组成部分之一。要做好这一部分规划，首先要对该区域的各类文化业态进行分层次、分阶段的筛选。在行业的遴选与设计中，分层次发展主导业态与辅助业态。所谓主导业态或优势业态，是指在该区域文化产业体系中，发展基础好、规模较大、成长性高、产业链较长、具有推动和引导作用的先导性行业门类。培育业态或新兴业态，则是指该区域那些特色鲜明、发展潜力大、资源盘活率高、具有拉动消费和地区经济的潜能的文化产业业态。培育业态能够发挥对整个地区重点文化产业门类的配合、推动作用，是近期培育中小文化企业、形成中长期文化产业可持续发展的重要基础。[①]

因此在具体操作中，应该坚持关联度强、增加值比重较大、增加值率较高、行业增长速度较快、具有资源竞争优势等标准对某地区的重点行业进行深度调研、慎重筛选、精心布局，逐渐形成发展梯次明显、彰显地域特色、发挥拉动效应的行业结构。

（一）符合市场发展规律

对重点行业的设计，应遵循市场发展规律，符合国民经济与社会发展的总体要求。文化产业的发展需要开放意识和市场观念。在遴选行业的时

① 范建华：《中国文化产业通论》，267页，昆明，云南人民出版社，2013。

候，要敢于吸收和借鉴国内外一切有益的文明成果及一切先进的文化管理经验与科技手段，坚持以市场为导向，对本地特色文化在继承中开发，利用一切可以利用的手段和条件，促使其走出区域，开拓国际市场。按照市场经济的规律运作，使之成为以文化经营为主要内容、以满足大众精神文化生活需求为宗旨、以提高社会和经济效益为目的的一种生产，通过这种特殊的经营手段最终做到两个效益的协调和统一。

（二）立足特色文化资源

丰富的历史文化资源为文化产业的发展创造了条件，同时也为文化产业的振兴预设了成功的可能。在行业设计中，充分尊重各民族在长期的历史发展实践中造就的灿烂文明，坚持文化资源保护与利用的正确导向，承认与接受文化资源分布具有鲜明的历史性、民族性、地域性和不平衡性的特征。发挥区域历史文化资源的禀赋优势，以文化和创意的产品和服务为载体，培育与发展具有差异化竞争力的特色文化业态，提升文化资源国际竞争力。

**相关链接：《乡村旅游发展要铸好文化之魂》**

乡村旅游作为广受游客欢迎的大众产品，在旅游市场上风头正劲。从顶层的精心设计到基层积极操作，都说明乡村旅游在今后较长时间内仍然是市场热门产品。但是，从目前情况来看，产品的同质化倾向比较突出。主要表现在业态上跟风复制，内容上模仿照搬，大多缺乏新鲜创意，少有个性特色，有的已让游客感到乏味。这不仅会影响产品的竞争力和市场活力，还会影响旅游业的发展质量和速度。乡村旅游作为一种业态，既可满足城里人对田园风光生活情调的美好向往，又能提升乡村居民的生活质量和居住环境。优美环境是发展的基础，经济效益是农民的追求，特色文化是品质的支撑。所以，乡村旅游重点是环境，核心是效益，灵魂是文化。

发展乡村旅游，首先要突出特色，主要是本地的文化特色。让游客在享受服务中能感受到乡村特色文化的魅力。各地乡村旅游虽然主体不同，但同属于旅游产品中的一类，游客根据需求进行选择。比如，有的是为了欣赏田园风光，有的是钟情于古民居风情，有的喜欢去享受采摘……这些不同需求对应不同的文化元素。景区应该根据自己的特色，挖掘、整理当地文化并将其物化于景区的视觉和感觉之中。

要“看得见山，望得见水，记得住乡愁”，就要保住绿水青山，保住优美的环境。位于河南省修武县的岸上村，利用靠近云台山的优势，大打山水文化牌，引来了众多游客。紧接着他们瞅准市场，利用当地盛产四大怀药（怀山药、怀地黄、怀菊花、怀牛膝）的优势，研究推出滋补强身的饮食文化、强身健体的太极文化和以竹林七贤为代表的古今名人文化，使这里成为一个山水养眼、美食养体、太极养身、文化养心的旅游观光休闲度假的目的地。岸上村也由过去一个穷得叮当响的偏僻小山村，成为远近闻名的富裕文明村。

（摘自《中国旅游报》2015 年 11 月 13 日。）

（三）“文化＋”引领产业融合

对于文化产业来说，文化资源优势最终还需要转化为文化产业优势。实现文化产业化，关键要靠“文化＋”引领多元产业融合发展。在设计过程中，要遵循文化产业发展规律，配合制定实施全产业链布局计划，推动文化与旅游、科技、金融、体育、农业、工业等产业融合发展，发挥“文化＋”大产业的溢出与扩散效应，把文化产业发展为“大众创业、万众创新”的广阔平台。

（四）发展关联城市建设

坚持行业关联城市建设的原则，最终实现城市人居、生态环保和文化惠民的发展目标，凸显城市精神。通过对区域重点文化业态的梳理，结合区域特色文化资源，进一步推动主导业态、培育业态与相关产业融合发展，促进各行业与城市发展的有序结合。一方面，集聚优秀企业集团，形成以优势行业为支柱的文化产业集群，带动周边地区及其他行业的发展，激活城市的创造力和创新力；另一方面，大力推进产城一体化建设，在政策措施、城市规划等方面为城市风貌与产业发展的融合创新提供相应保障。

（五）顺应上位规划的相关方向

按照“一级政府，一级事权”的政府层级管理体制，上位规划体现了上级政府的发展战略和发展要求，代表了上一级政府对产业资源配置和管理的要求，从区域整体出发，体现了整体利益和长远利益。因此，下位规划不得违背这些原则和要求，并要将上位规划确定的产业目标、重点产业和相关扶持贯彻落实到本层次规划的具体内容中。下位规划应当遵循上位规划确定的重点产业和发展举措，进一步深化和细化产业目标、产业方向和发展措施。

## 二、重点行业设计内容

（一）巧借区位优势，定位产业体系

经济地域系统形成和发展的总动力是生产力，直接原因是地域分工和地域运动，自然物质基础是自然条件与自然资源，核心力量是城市，而基本细胞则是基层经济地域，且全过程受到位置与交通信息条件的制约。[①] 一般来说，在区位利好下，省会城市、区域中心城市、沿海城市、交通枢纽城市在资金、人才、资源等生产要素方面优势更大，往往成为文化产业集中分布的地区。在设计行业时，需要以联系和发展的眼光来通盘考虑，利用城市发展格局对该地域文化产业进行行业设计。

第一，激活区域间各种因素的活力，进一步解放文化生产力，释放文化消费活力。以山东省省会城市群经济圈为例，2013 年山东确立省会城市群经济圈发展战略，范围包括省会济南及周边的淄博、泰安、莱芜、德州、聊城、滨州，共 7 市，52 个县（市、区）。基于经济圈文化产业传统业态所占比重较大、新兴文化创意产业所占比重相对较低的现状，结合省会城市群经济圈的文化资源禀赋、产业发展基础和区域市场优势，转型升级传统文化产业、提升现代文化产业、培育新兴文化产业是文化产业发展的迫切需要。因此，省会城市群经济圈文化产业重点行业包括新闻出版业、文化旅游休闲娱乐业、古玩书画与工艺美术业、广播影视业、文化演艺业、会展业、动漫游戏业、创意设计业、网络文化业。

第二，充分发挥区域地缘优势，依托地缘文化资源，形成特色文化产业体系。以德州市为例，德州市位于山东省西北部，自古就有“九达天衢、神京门户”之称，区位优势明显，齐鲁文化、燕赵文化、运河文化、黄河文化等在此荟萃交融。紧紧围绕市委、市政府“建设区域经济文化高地”要求，结合董子文化、运河文化、黄河文化、礼孝文化、饮食文化、生态文化等地方特色文化，突出扒鸡、黑陶、小枣等重点元素，依托现有艺术品、工艺美术、新闻出版、印刷发行、体育健身等领域的良好基础，以“优、高、新、软”为切入点，以产业融合为发展动力，瞄准文化创意和科技创新两大主攻方向，促进现代传媒、动漫游戏、创意设计、数字传播等一批新兴业态的持续提升，确定“4＋5”文化产业发展体系。一方面继续锐意改革，激活艺术品与工艺美术、新闻出版、文化旅游和体育健身

① 张凤超：《金融地域系统研究》，12 页，北京，人民出版社，2006。

四大传统行业活力，进一步提升产业优势；另一方面积极开拓创新，培育会展、影视、演艺、文化创意与设计服务、互联网文化五大行业，承继现有发展基础，努力形成新的特色优势领域，实现德州市特色文化产业跨越式发展。

第三，提高区域地理格局在文化产业发展中的作用，降低文化物流成本，提高文化产业的开放程度。以潍坊市中心城区为例，潍坊市中心城区处于潍坊市核心位置，处于黄河三角洲高效生态经济区、山东半岛蓝色经济区及环渤海经济圈等三大经济区的叠加地带，为文化创意产业的发展创造了良好的政策环境条件和重大发展机遇。同时，潍坊市中心城区聚集了潍坊市优质的文化资源和文化创意产业核心竞争力，对潍坊市文化创意产业的发展具有龙头带动作用，是潍坊市打造“世界风筝都”“中国画都”“世界工艺与民间艺术之都”的主要抓手。在这一优势下，依托现有产业基础，以“新、优、高、软”为切入点，以产业融合为发展动力，通过科技创新，促进工艺美术、艺术品、出版印刷三大传统行业优化升级，巩固行业基础，提升发展实力；同时，聚焦创新要素，壮大广告会展、影视动漫、文化旅游三大潜力行业规模，激发产业活力，提升文化内涵。



（二）挖掘文化资源，聚焦行业未来

行业的发展离不开创新，但创新并非凭空实现，而是以丰富的文化产业资源为基础和素材。在行业设计中，要竭力探寻新形势下优秀传统文化传承的形式和载体，以科技为手段、创意为支撑，赋予文化资源新的表达和展示，让传统业态重新焕发生机，培育适合当地发展的战略性新兴业态，促进产业结构的调整升级，带动经济发展方式的转变，从而拉动整个地区的经济发展。

首先，以传统文化的保护为前提，合理开发利用特色文化资源，创新优秀传统文化承继与传播的形式。以潍坊市中心城区为例，潍坊市中心城区历史悠久，古杞国遗址、斟寻故国遗址、桑犊故城遗址、乐都故城遗址、德日式建筑群、坊子炭矿遗址、十笏园、城隍庙、乐道院等历史遗存十分丰富，民俗文化突出，全市国家级非物质文化遗产名录项目有 14 项，省级非物质文化遗产名录项目有 55 项，市级 164 项。因此，在保护与创新当地优秀传统文化资源上，可以利用非物质文化遗产资源丰富、传统工艺发展基础好等优势，在推动工艺美术业、艺术品业和出版印刷业等优势行业转型升级的基础上，汲取文化土壤中的养分，着力发展壮大特色文化创意产业。如持续做大潍坊国际风筝节、中国画节、潍坊鲁台经贸洽谈会等品牌会展，推动广告与新媒体的融合；统筹盘活杨家埠、坊茨小镇等现有影视产业资源，在《年画》等精品影视剧基础上继续创作一批潍州文化主题影视动漫精品；创新传承中心城区优秀文化资源的方式，重点发展都市风情、生态休闲、滨海度假、乡村观光、人文历史等类型的文化旅游项目，积极建设文化特色突出的重点旅游区、观光与休闲度假旅游目的地。

其次，以整合提升文化资源为可持续发展动力，将区域特色资源优势转化为产业发展的竞争优势，推动文化与相关产业融合发展。以济宁市任城区为例，任城区是济宁市主城区，历史悠久，文化积淀深厚，深受孔孟儒家文化滋养，是著名的运河之都，也是发现和保存汉代碑刻最多的地区、中国四大汉画像石产地之一。在整合与归纳任城区文化资源上，形成了以运河文化、儒家文化及城市文化三大主题为依托的行业发展路径：以整合挖掘为主要任务，积极推进优秀传统文化与工艺美术结合，加快改良非物质文化遗产的文化产品和服务生产，大力发展具有较大经济效益或社会效益的工艺美术业态；以现有景区改造和转型升级为契机，以提升休闲娱乐的文化创意能力为核心，以文化旅游景区、创意产业园区为依托，在旅游产品开发、集散中心建设、娱乐演艺支撑三个领域重点突破，实现身体放松和心智净化相结合、传承历史与创新未来相结合、文化产业与其他产业相融合；突出任城区“南水北林”特色，以创意农业为核心，以乡村记忆工程和乡村农业旅游作为撬动点，打造若干个特色田园生活综合体，串联安居、李营、长沟、喻屯、唐口等街镇的特色物产、园区及农业，并通过创意把文化艺术活动、农业技术、农副产品、农耕活动与城市居民生态文化需求有机结合，探索“特色农业生产＋原乡度假＋农业观光体验”的文化与农业融合新模式。

## 三、重点行业设计案例

文化产业规划有多种类型，区域性规划是较为常见的，可以分为特殊区划、省市级、地市级、区县级规划。本书从不同类型的规划文本中选择了三个具有一定代表性的重点行业设计案例，供参考。

**相关链接：**

### 案例一　省、直辖市文化产业重点行业设计

2014 年，山东省政府《关于加快发展文化产业的意见》中提出，坚持把重点项目作为引领文化产业发展的着力点，以创意设计、影视制作、出

版发行、印刷复制、演艺娱乐、广告会展、文化旅游、数字内容和动漫等产业门类为重点，加快建设一批具有较强示范效应和拉动作用的重点文化产业项目。省文化厅“十三五”规划工作专题研讨会提出，改造提升演艺、娱乐、文化旅游、文化会展、工艺美术等传统文化产业，加快发展动漫、游戏、创意设计、网络文化、数字内容等新型文化业态，推进文化产业与金融、科技、旅游、制造业、农业等相关产业融合发展。

课题组认为，按照国家统计局《文化及相关产业分类（2012）》，结合山东省文化产业发展实际情况，科学界定山东省文化及相关单位的生产活动，有助于为当前的社会主义文化建设、文化产业宏观管理提供参考。我们将山东省文化产业整合成一个“6＋4＋4＋X”的产业系统，该系统由主导产业、战略新兴产业、跨界融合业态、配套及支撑服务体系构成。

主导产业业态，即传统优势文化业态，包括新闻出版业、广播影视业、文化演艺业、工艺美术与艺术品业、文化旅游业、节庆会展业。这些行业是山东省文化产业发展的支柱，通过转型升级、融合跨界，将形成巨大的发展优势，成为山东省未来文化产业发展的主力军。



战略新兴产业，即新兴培育业态，侧重于现代文化服务方向，包含两个产业层面：一是以文化创意与设计服务业、软件和信息技术服务业为代表的潜在主导性新兴文化产业业态，这类业态具有需求弹性大、产业分工链条长的特点，对相关产业拉动效应明显，在产业结构优化中发挥重要作用。重点发展这一类业态，将大幅提升山东省文化产业体系和经济运行的深度和广度。一是以数字内容产业和版权服务业为核心的战略性新兴文化产业业态，这一类业态强调创意创新，注重融合与跨界。精心培育这一类业态，将显著提高山东省文化产业的综合竞争力和国际影响力。

跨界融合业态，即文化与农业、体育、商贸、制造业等产业融合延伸出的混合业态，包括创意农业、文化体育产业、文化贸易服务业和文化制造业。这些行业体现了文化产业跨界融合的发展趋势，对产业结构调整、国民经济发展、人民收入增长将发挥出更加重要的作用。

（选自《“十三五”时期山东文化产业发展研究报告》）

## 案例二　区域性经济带文化产业重点行业设计

（山东省）西部地区文化产业，传统业态所占比重较大，新兴业态所占比重相对较低。转型升级传统文化产业，培育新兴文化产业，成为今后发展的迫切需要。重点行业主要有出版印刷业、艺术品与工艺美术业、影视业、文化演艺业、文化旅游业、会展业、动漫游戏业、创意设计业、网络文化业。

七、动漫游戏业

发展目标：加强对大学生创业的孵化，培育一批小微企业，支持一批动漫游戏企业发展成为龙头企业，建设一批服务外包基地。产业增加值以年均10％速度增长，到2020年，西部地区动漫游戏业具备一定影响力和辐射力。

发展重点：

推出富含地方文化元素的原创作品。支持动漫原创作品研发，以葫芦、石榴、运河等地方文化元素为基础，以墨子、鲁班、奚仲等文化名人为原型，讲述地方文化故事，展示弘扬中国传统优秀文化。聘请国内外知名动漫人才做指导、顾问，不断提升作品质量和竞争力。

鼓励发展应用动漫。支持临沂鹭桦文化传媒发展有限公司、山东金江实业有限公司、山东美猴动漫文化艺术传媒有限公司、济宁豆神动漫有限公司等企业加强与当地企事业单位的合作，制作应用动漫作品，服务地方经济，实现经济效益和社会效益双赢。充分利用西部地区的地缘优势，不断增强对中原经济区、苏北地区的辐射作用。

支持服务外包企业（园区）发展。支持聊城金正动画有限公司、山东美猴动漫文化艺术传媒有限公司等发挥带动作用，建设大学生创业孵化基地、园区、服务外包基地，不断扩大产业规模。

八、创意设计业

发展目标：大力发展创意设计业，推动西部地区从传统工艺制造高地向创造高地转型，重点发展一批创意产业园区、企业，实现产业增加值以年均10％速度增长，到2020年，西部地区创意设计业初步形成规模。

发展重点：

加强对文化人才的引进和利用。发挥曲阜师范大学、聊城大学、临沂大学、济宁学院、菏泽学院、枣庄学院、德州学院等驻地高校对当地文化创意发展的作用，提供人才、智力支持。通过与省内高校、科研院所合作办学、开设培训班等方式，培养、培训创意设计人才。加强与北京、上海等地高校、企业合作，采取聘用创意设计顾问等形式，吸引高级人才加盟。推动校企合作，实现合作共赢。

增加传统产业创意元素。积极鼓励黑陶、木艺、草柳编、葫芦工艺、刻瓷、石雕等传统工艺美术与科学技术、现代文化元素相结合，推动传统工艺适应现代文化消费市场需求。支持鱼台华利雅工艺品有限公司、曹县云龙木雕工艺公司等企业不断提高外贸工艺品创意设计含量，从“卖资源”向“卖文化”“卖创意”转变，打造国际品牌。

培育壮大市场主体。利用广告创意设计小微企业众多的基础，发展广告创意设计孵化基地、广告产业园区，推动行业发展。扶持山东鸿儒文化集团等重点企业发展，打造一批创意设计龙头企业。积极鼓励山东临沂新华印刷物流集团、郓城烟郓金属彩印有限公司等出版印刷企业扩大创意设计业务服务规模，打通上下游产业链条，提高市场竞争力。

九、网络文化业

发展目标：大力发展网络内容、制造、软件运营服务市场，提高网络服务能力，到2020年，基本形成网络文化服务体系。

发展重点：

推动网络文化产品研发。积极利用网络平台，推动演艺动漫、书刊报纸、艺术品、工艺品、文化旅游等通过网络平台进行宣传销售，支持山东天成书业有限公司等教辅图书企业发展网络出版。支持发展网络文学、网络音乐、网络广播、网络电视等。

加强网络交易服务平台利用。积极推动信息服务型、广告型、管理型、交易型、综合型等大型网络交易服务平台在本地市、县（市、区）的落地，提高当地网络服务水平，与网络时代接轨。鼓励聊城鲁西书城等进一步发展壮大，支持企业入驻专业电商平台，与线下营销相结合，实现两条腿走路。支持山东金榜苑文化传媒有限责任公司等搭建网络课堂平台。

积极推广新型网络技术和手段。加强对西部地区文化企业的培训，支持餐饮、娱乐、影院、演艺、文化旅游等企业探索采用O2O（Online To Offline：线上到线下）等商业模式。积极推动产品与二维码等新技术结合。

（选自山东省《西部经济隆起带文化产业发展规划(2014—2020年)》）

## 案例三　某市老城区文化产业重点行业设计

主导产业业态，即发展基础好的优势产业，包括动漫、广告、影视三大产业。这是芝罘区文化创意产业发展的支柱，通过转型升级、融合跨界，将形成巨大的发展优势，成为芝罘区文化产业未来发展的主力军。

一、动漫产业

1. 加快数字动漫发展。将先进技术与芝罘区文化资源相结合，强化文化对数字内容产业的内容支撑、创意和设计提升，创作和生产一批拥有自主知识产权和丰富文化内涵的数字动漫精品。加强数字内容共性关键技术的设计研发，重点推进数字内容版权保护、内容集成、存储、分发及传输等技术攻关，推动数字动漫技术应用和产业化，提升以网络动漫和手机动漫为代表的新媒体动漫领域的技术装备。推动动漫内容制作全面CG（计算机动画）数字化，深化集成渲染、互联网、大数据、3D打印等技术手段在动漫项目策划上的应用，以读、用、玩、晒四大类“图应用”丰富数字动漫产品形式。加强数字动漫技术在设计、制造等产业领域中的集成应用，建设数字动漫视听技术与虚拟现实系统开发平台，促进虚拟会展、在线体验等新业态发展。鼓励和引导社会力量投入数字动漫产业，加大知识产权保护力度，规范数字动漫市场，保护企业主体与消费主体的合法权益。

2. 构建“动漫＋”模式。支持骨干企业跨区域、跨业态整合重组，从策划、传播、宣传、销售等多个环节提高动漫品牌的商业运营能力，突破创新“动漫＋玩具”“动漫＋互联网”“动漫＋科技”“全触点IP”等多种运营模式。推动电子商务、视频网站、众筹等互联网商业模式与动漫产业的嫁接，支持动漫企业综合利用官方网站、社交网站、手机APP应用和微店等工具发布预告片、影片花絮、首映式等影片宣传材料，开展动漫衍生商品的电子商务。借助动漫产品形态和服务类型，通过高新技术催生新兴融合业态，推动多领域IP的跨界改编和一体化协同发展，在文学、漫画、游戏、影视、玩具、服装等领域开展多元化、交叉式经营，实现从单纯的动漫产业链运营、让其他行业为动漫品牌服务，向所有相关产业联动、让动漫品牌为其他行业服务的跨越。

（选自《芝罘区“十三五”动漫、广告创意产业发展研究》）

# 第七章　文化产业载体建设

## 第一节　文化设施

文化设施又称文化展演设施，是指文化活动所发生的场域（空间）与必要的设备。广义上，文化设施是指具有特定文化功能的建筑实体和具有特定文化资源价值的社会固定资本；狭义上，通过对文化设施的投资主体与事业性质进行区分，文化设施分为公益文化设施（文化馆、图书馆、群艺馆、博物馆、纪念馆、美术馆等具有特定文化功能的项目）和效益文化设施（电影院、娱乐场所等参与市场化经营的场所）两大类。

### 一、城市公共文化设施的类型①

关于城市公共文化设施的分类，基于不同视角有多种分类方法。目前，为了便于政府管理，以公益程度来划分的标准认可度较高。此外，根据其功能进行分类，也具有较强的可操作性。

（一）按照公益程度划分

1. 纯公益性文化设施。人人平等参与文化设施的使用，无竞争性与排他性，且不缴纳任何费用。如文化广场，免费开放的公共博物馆、美术馆、展览馆，等等。

2. 准公益性文化设施。具有一定的排他性或竞争性的文化设施，实际使用中需要支付象征性的费用。例如收取低廉参观票价的美术馆、艺术馆，办理读者证的图书馆，等等。

3. 经营性文化设施。文化设施具有排他性和竞争性，需要向经营一方支付其所提出的费用才能获得使用权。例如电影院、剧院、音乐厅等。

---

① 孙艺：《我国城市公共文化设施配置研究》，哈尔滨工业大学硕士学位论文，2013。

(二) 按照使用功能划分

1. 信息获取类。(1) 图书阅览类。分为传统的图书馆建筑和新兴的自助图书馆两类。这类设施能够提供有助于学习和研究工作的各项服务,包括报刊服务、图书借阅服务、多媒体电子阅览、专题文献阅读服务、信息咨询和网络服务、特藏服务、盲文阅览、学术报告等。(2) 档案查阅类。用于提供档案的安全保管服务、档案利用服务、政府信息查阅服务、电子资料查阅服务,同时兼有爱国主义教育基地的功能。这类设施出于保密性和安全性的需求,档案的收集和管理一般采用集中储藏的方式,镇级以下的行政单位都不单独设立档案馆。

2. 博览类。(1) 收藏展示类。包括传统博物馆建筑和依托于交通工具的移动博物馆。随着科技的发展,许多博物馆还增加了三维模拟观看虚拟展览的服务。(2) 临时展出类。为应对临时展出陈列品服务,在具有集展览、会议、商务、餐饮、娱乐等多种服务于一体的公共文化设施举办各种专题性的展览和会议。

3. 观演类。(1) 专业剧场服务类。如音乐厅、歌剧院、舞剧院、地方戏剧场、话剧剧场、适合上演“黑匣子”剧的实验剧场等。(2) 多功能剧场服务类。会堂、礼堂、影剧院等公共设施,会将各类剧种功能(如歌剧、舞剧、话剧、戏剧、歌舞剧、音乐剧、交响乐)集中化,甚至具有会议、电影等功能。(3) 公共电影院。

4. 活动体验类。(1) 室内群众文化活动中心。像文化馆、群艺馆、儿童活动中心、老年活动中心、青少年宫、工人文化宫等设施,通常设有办公区域、舞蹈排练室、艺术展览厅、影剧院、音乐厅、演出服装间、培训室、艺术档案室、文化活动场所等,是组织群众文化活动、辅导和培训业余文艺人才、指导业余艺术创作、挖掘和搜集整理民间文化遗产的重要场所。(2) 室外文化体验活动场地。在城市中,为了方便市民进行休闲娱乐活动,营造浓厚的文化氛围,专门开辟的公共空间与文化活动的场所和舞台。室外文化体验场所在广场建筑、雕塑以及配套设施方面都带有很强的文艺氛围,经常举行艺术性表演、展示、舞蹈等公共活动。

## 二、城市公共文化设施布局原则及影响因素

(一) 布局原则①

1. 交通便利及经济性原则。城市公共文化设施的配置应以百姓在文化

① 孙艺:《我国城市公共文化设施配置研究》,哈尔滨工业大学硕士学位论文,2013。

生活使用上的方便快捷为前提，结合公共交通系统布局，考虑设置小型公共文化设施，减小服务半径。

2. 公平性及均等化原则。研究城市公共文化设施合理配置的意义在于使每个居民能够享受到优质的文化设施资源和文化设施服务。实际的设施配置，应尽量考虑人群的聚集和分布情况，做到服务人群和范围的均衡化，让文化设施网络化覆盖。

3. 效率及效果最大化原则。城市公共文化设施的建设应以最大效率地提供公共文化服务为主，不宜铺张浪费、贪图外观的奢华，而是要保证设施的高质量和充足的数量。此外效率最大化还要求设施合理布局，减少服务半径的重叠，提高设施的使用效率。

（二）影响文化设施布局的因素

1. 城市空间布局结构。城市文化设施规划属于城市总体规划中的专项规划，是城市空间布局的一个重要组成部分。要充分考虑其与总体规划中的空间布局、道路布局、开敞空间、公共设施布局的相互契合程度。其空间布局结构应该符合城市空间形态的发展方向，发挥其对城市可持续发展的重要促进作用。

2. 城市道路交通条件。文化设施与其附近城市道路有着天然的共生关系，像轨道交通、公共交通等设施的布局对城市文化发展也有着重要影响。城市文化设施位于交通便利、可达性好的区域，会大大提高其利用效率。科技的进步以及出行方式的多元，增加了民众出行的选择，缩短了出行时间，大大增加文化设施的辐射范围，让城市文化设施的选址与布局有了更大的选择余地。

3. 城市其他公共设施布局。文化设施开展活动、集聚人气，有效带动本区域及周边其他服务配套设施的发展。同时，各种公共设施共同吸引，相互促进，有利于形成区域服务设施集群。当下，以城市综合体为标志的城市建筑由于设施种类丰富，吸纳人流量和辐射多种业态的能力较强，成为公共设施与商业配套结合的最佳配置，在促进城市规划布局结构的形成方面作用明显。

4. 其他因素。此外，城市的经济、人口分布、发展历史、文化类型等因素都对文化设施布局产生较大影响。在文化设施规划时应充分考虑这些因素，体现文化设施的公益性特点，尽量实现设施的均衡化布局。例如，在人口分布密集区，需要减小文化设施的服务半径，增加设施布置密度与之相适应；城市特色空间的营造也需要融入文化设施，与其他现有景观资源相互作用，传承城市风貌；城市区域经济的不平衡会在很大程度上影响设施空间格局，但是很多城市在发展历史进程中忽略了设施的均衡发展，使得部分区域文化设施设置过于集中。

## 三、城市公共文化设施的选址要求①

1. 信息获取类。

（1）图书馆。图书馆与居住建筑、商业建筑相比属于稀缺公共资源，且在文化设施中占有绝对重要的地位，因此它需要布局在有较高识别度的区域中。图书馆的公共性要求其资源能够为大众所共享，因此一般将图书馆布置在公共交通通达便捷的区域。此外，在布局上还可以与高校等教育机构相邻，共同构建良好的文化与阅读氛围。图书馆的布局不应只考虑眼前的使用，还应该考虑预留一定的扩展空间和足够的馆外集散地。

（2）公共档案馆。档案馆选址应该注意三点：一是档案储存需要高安全性与保密性，靠近城市中心区和主管机关，并且应建立在交通方便、城市公共设施比较完备的地区；二是档案馆处于离较大的商店、娱乐场所、火车站和交通主干道较远的地方，便于利用和查阅；三是收藏物品都是珍贵的资料，应该远离易燃易爆物，选择场地较为干燥、排水通畅的地段。

2. 博览类。

（1）博物馆。在选址时首先要考虑藏品的珍贵性与位置的固定性，宜选择在交通便利、城市公用设施比较完备、具有适当发展余地、可永久使用的地方，以供市民参观休憩。同时，为了更好地保护各类藏品，避免将博物馆建筑设置在有害气体和烟尘影响较大的区域，与噪声源及贮存易燃、易爆物场所的距离应符合有关部门的规定。

（2）展览馆。展览馆对场地面积和环境的要求比较高，既要为群众活动广场、停车场、室外陈列场地留有足够的面积，也要考虑靠近城市商业中心或处于城市干道旁边的地段，以便发挥其商业贸易功能。

（3）会展中心。大型的会展中心除了具有特有的展示功能，便于聚集人气，也应完善酒店、宾馆、银行、办公建筑、商业建筑、娱乐建筑、体育建筑等公共配套设施，构建功能突出的商务中心区，满足会展参加者工作与生活上各方面的需要。

① 孙艺：《我国城市公共文化设施配置研究》，哈尔滨工业大学硕士学位论文，2013。

3. 观演类。

(1) 剧场。剧场的建设具有强大的联动效应，带动整个地区的夜消费经济，使整个地区受益。剧场是人流集散中心之一，选址时要充分考虑观众的疏散问题，最好与便捷的公共交通系统配合建设。同时，剧场是地标性很强的公共建筑，通过与诸如城市门户区、中心区、交通站点等特殊公共位置的结合布局能够进一步强化这种识别性。

(2) 公共电影院。公共电影院的布局应尽可能方便观众的光临，可以将设施设置在年轻人聚集的繁华闹市区。在城市综合体中配建院线是当前较为流行的方式，可以与餐饮、商业、交通相结合，吸纳观众人流，带动周边消费，强化城市综合体的集聚效应。

4. 活动体验类。

大型群众文化活动中心为了吸引广大人群的使用，可以选择设在繁华地段或者空旷的广场；社区型的文化活动中心则要以方便住户使用为主要目的，通常布局在社区的中心地段。这样的层进式布局，更贴近大众日常生活，并从可达性上鼓励民众广泛使用，从而发挥调节剂的作用。



## 四、城市公共文化设施管理利用

公共文化设施是发展文化事业、构建我国完善的文化公共服务体系的重要物质基础。除了规划建设与布局外，公共文化设施的充分利用和管理运营对文化产业的发展也具有重要作用。

文化产业与公共文化设施关系密切，文化艺术的进驻是城市综合体在未来的发展趋势。博物馆作为文化艺术产业中的价值观和潮流的引导者，在此发展趋势中占据重要的位置。博物馆或者博物馆的展示功能纷纷进驻城市综合体，类似的商业和文化产业的合作模式将成为未来区域商业运营发展的主要趋势。对于政府来说，博物馆参与商业项目的开发，可以为市民提供多样化的城市生活，完善区域文化设施，促进公共文化事业的发展，而且博物馆作为价值引导能够让商业项目提供一定的公益性服务。[①] 可见，在文化产业规划中，可以将提高城市公共文化设施的管理运用水平和综合利用率作为解决当下用地紧缺矛盾、节约资源的重要手段。

一是强化设施管理运营的专业意识，提升管理服务水平，把加强培训

---

① 何小欣：《当代博物馆与城市综合体的复合初探》，《华中建筑》，2011 (10)，12—15页。

作为提升基层文化队伍素质的重要抓手，定期开展学习培训与交流活动，以文化人才集聚人气、活跃城乡文化阵地。二是探索建立群众表达文化需求意愿的公共平台，推动公共文化服务供给侧改革，大力推广“菜单式”服务，激发群众参与公共文化活动的热情与激情，以文化活动带动设施利用率的提高。三是大胆引入市场机制，鼓励社会资金、民间兴办、公司化模式等参与公共文化设施的管理运营，拓宽多元资金投入渠道，探索公共文化设施建设运营管理新模式。

**相关链接：美国的公共图书馆**

美国大约拥有 9082 家公共图书馆，遍布美国 50 个州的城乡，几乎每一个社区及乡村都有它的身影。美国的公共图书馆不仅是储存、传播信息，供人们借阅书籍、报刊、影像材料的场所，还像博物馆、画廊、电影院、音乐厅一样，成为人们业余生活中一个不可缺少的组成部分。公共图书馆承担着多种角色：它是人们安静无扰的阅读室和做作业的地方；是免费听音乐、看电影的俱乐部；是帮助人们充实知识和发展业余兴趣的方便理想之所；是社区居民聚会的会议室或搞讲座、办班的教室；是老百姓的业余学校，更是青少年的课外天堂。尽管它们的规模不同，但百分百布置优雅，环境温馨，窗明几净。

以罗城图书馆为例。它坐落在市中心一坐两层楼的现代化建筑里，楼下 1/2 的地方是儿童部，这里的藏书主要分两部分：一部分是文学读物，一部分是知识读物。花花绿绿的儿童读物针对各种年龄：从咿呀学语的启蒙图画书，到幼儿园图文并茂的简易读物；从学龄前的“容易读的书”，到小学生、中学生的章回小说读物，真是应有尽有。知识读物部分囊括了历史、地理、天文、自然、军事、宗教、语言、艺术、人物传记、生活常识等，可以说，你想了解的任何资讯都能到这里来寻求。除了图书、杂志，这里还拥有与之相呼应的影视、音乐、电脑游戏等。这里也是影视、音乐资料的汇集地，除了能享受到好莱坞的大片外，还能欣赏来自世界各国的电影，像我看的中国电影碟，许多都是在这里借到的。在音乐排架上，列有从古典到现代的各种音乐作品，马友友的大提琴曲、郎朗的钢琴曲等中国音乐作品陈列其中，我曾多次借赏过。

公共图书馆之所以这样吸引人，是因为在这里学习、搞活动有着诸多的便利。除了特殊的节日会闭馆外，早晨 9 时开门，晚上 9 时关门。周六、日照样开馆。像罗城图书馆，装有几十台供公众免费使用的电脑，那些家里没有电脑或正在出差的人，总是聚在这里上网查询信息或收发电子邮件。二楼还配有各种规模的学习室，总可以看见各种各样的人在那些单间的房子里聚精会神地学习。图书馆开展许多有针对性的服务，像为那些做作业有困难、英文不畅的人们提供各种辅导班；为视力减退的老年人提供大字号书籍；为长途开车的人们准备了可以收听的“书”等。图书馆的青年部会定期为年轻人举办各种讲座及读书、写作学习班，如邀请一些知名作家、电影工作者来指导他们学写各种题材的故事、小说、电影剧本等。一些爱好读书的人会自发地成立或参加各种读书俱乐部，定期共同读一本书，然后集体讨论。图书馆的儿童部会为孩子们准备特别的节目，每周有两晚是“讲故事时间”，一个是“睡觉前的讲故事”，它针对那些刚刚接触语言的婴幼儿。儿童部还为孩子们开辟了有奖读书节目，15 岁以下的孩子只要读一定数量、一定时间的书，就可以领到一些有趣味的奖品。

[选自黎焱《公共图书馆，宝库为你开》，《人民日报》（海外版），2016 年 3 月 26 日。]



## 第二节　产业园区

在政府整体规划和引导下，按照兴办经济开发区的成功模式，以区域文化资源为载体，以优惠的产业政策吸引多种文化生产要素聚集的园区被称为文化产业园。作为产业园区，其形成与发展离不开资金、人才、技术、基础设施等基础要素的支持。但与一般产业园不同，文化产业园区的建设还包含社会网络、研发平台、知识产权保护、信息技术支撑、产业链等构成条件。此外，一个成功的文化产业园区，还要注意对规划空间、周边环境以及宽容的社会和文化氛围等其他因素的兼容并蓄。

### 一、文化产业园区的建设

（一）构成条件

1. 社会网络。文化产业园区中，硬件设施与软件设施共同构成了创意环境，如机构、设施、支持性配套服务等为园区的发展提供了物质条件。其中，由联合的结构和社会网络组成的软环境，在加强和鼓励个体和机构之间思想流动与人际交互中发挥重要作用，成为文化产业园区的创意环境得以正常运转的连接组织。文化产业园区不仅是一个文化生产的地点或集体工作空间，更是一个人们交互作用的特殊空间和社会网络的节点。

因此，以社会网络为核心的软环境是文化产业园区建设中应当重点考虑的。

2. 公共研发平台。文化产业是信息科学与社会科学交叉应用的新兴增长性产业，有许多未知的领域诸如网上教育、互动电视、多平台娱乐、电脑游戏、网页设计、虚拟旅游和文物等需要探索。在文化产业园区中，公共研发平台的设立对产业发展具有巨大的推动作用。一方面，有利于新兴业态的开发。公共研发平台能将文化产业列在信息科学与创意艺术的交叉口上进行研究，有效激发跨学科的研究活动，大大缩短革新周期，在全球市场中获得更大的竞争力。另一方面，有利于创意企业的孵化。公共研发平台是集群孵化的重要支撑，能够减低企业单个研发成本，加速小微文创企业的成长，增强区域或园区的招商引资能力，发挥促进集群快速形成的催化作用。

3. 产权保护体系。温家宝总理曾指出“世界未来的竞争就是知识产权的竞争”。文化产业是以版权产业为核心的提供精神产品生产和服务的产业，随着文化产业的迅猛发展，文化产业中的知识产权在国际竞争中的重要程度与日俱增。知识产权保护体系的建立对文化产业园区的建设至关重要，它涉及文化产业园区创新性活动是否能得到保护；而创新活动产生的创意是文化产业发展的本源，直接关系到文化产业园区的生存和发展。

4. 技术支撑系统。当代科学技术对文化产业的影响日益深刻，文化产业与信息产业两者的发展日益融合。信息技术为传统文化产业注入了新的元素和功能，激发 VR（虚拟现实）、数字视听、3D 打印等新业态的诞生，加速了传统文化产业的升级。同时，信息技术还推动了文化产业内部交互融合、传统文化产业与新兴文化产业相互转化、文化产业与其他产业渗透融合。信息技术不仅影响文化产业的形态，而且影响文化产品的制作方式和传播渠道、文化产业的经营管理等。所以，以文化产业为主要发展内容的文化产业园区，需要以信息技术为代表的现代技术系统的强力支撑，实现园区内各企业间的紧密联系。

5. 产业链条和商业系统。文化产业园区中的创意成果有着巨大的经济效益和社会效益潜能，而这些效益的实现必须以创意成果转化为经营资源为前提，通过产业链的整合与延伸、深度开发得以实现。因此，成功的文化产业园区都有较为完整的产业链条。在建设文化产业园区时，一定要为其搭配相关的产业链条，通过产权交易等市场化运作，将创意转化为一种业态，并带动相关行业经济的快速发展。

（二）规划原则

文化产业园区具有一些与其他园区不同的特点，如产业种类多、小微企业多、具有群体集聚需求、多为利用老旧建筑改建而成是其显著特征。以创意园区为例，为了更好地激发创意灵感，这类园区的建筑形态和空间较为灵活、便于分割，能够独立门户，便于适应不同的作息时间和个性化的工作需求。同时，各种不同或相同行业的创意企业汇集在一起，形成产业链的组合或同类产业的聚集，易于形成如“设计一条街”“影视动漫园”等地标性、集市性的场所。此外，各类公共空间的打造也尤为重要，如餐厅、休闲咖啡厅、产品展示与发布空间、会议与信息交流空间、公共停车等物业服务空间等设施，可以为入驻企业提供更全面的公共服务。

因此，文化产业园的设计至少有三种设计需求：众多灵活分割的独立办公空间，反映企业集群性质的场所，公共形象设计、公共服务空间设计。[①] 具体设计原则包括四点：

1. 突出园区整体形象原则。文化产业园区规划过程中，要注重园区整体形象的设计，包括统一的标识、建筑立面和外部环境等；树立文化产业园区的品牌意识，提升整个园区的对外形象，增强园区聚集力、吸引力。

2. 保护历史文化遗产原则。在特有的历史地段及建筑物基础上建设的文化产业园区，要将历史文化遗产的保护摆在第一位，让这些承载着城市形成与发展的不可再生的历史遗迹得以充分展示并重获生机，为园区带来无法用金钱衡量的社会与经济效益。

3. 与生态环境相协调原则。文化产业这种高附加值、低碳环保的业态与维护生态环境的可持续发展有着相吻合的发展理念。而且创意工作需要在一种相对轻松、舒适、自由、和谐的氛围中进行，便于激发创造灵感。因此，文化产业园区对生态环境的要求较高，绿化覆盖率通常都远远高于一般的产业园区。

4. 保持空间延展与交流原则。文化产业是一个产业关联度极高的业态，在规划园区时应该以完整产业链系统的打造为前提，注重基础设施、配套服务、休闲娱乐空间等多功能的复合使用空间的延展，增加空间的使用率，满足园区不同层次的需求。此外，文化产业园区的灵魂在于创意，而创意产业的最大特点在于思想的交流碰撞。因此，应尽可能多地在设计

① 仲昱雯：《创意产业园设计研究——以“媒体走廊”项目设计为例》，《南京艺术学院学报（美术与设计版）》，2011（1），168—170页。

中做出非正式交流空间的规划，增加休闲场所、绿地、公园等各种规模的公共广场或开敞空间，并以此创造园区文化的多样性。

## 二、文化产业园区规划案例与经验

（一）德国鲁尔区的文化再生策略[①]

德国鲁尔区曾是欧洲最大的工业密集区，占德国国土面积的1.3%，由53座紧密相连、互相依托的大小不同的城市群组成，因坐落于鲁尔河两岸而得名。曾经的鲁尔区以采煤、钢铁、化学、机械制造等重工业为支柱产业，经济总量曾占到德国国内生产总值的三分之一。自20世纪70年代以后，随着煤炭、钢铁等传统工业逐步衰退，工业结构单一、环境污染严重、大量人口外流、社会负债增加等问题日益严重。德国政府及时采取措施，转变城市定位，调整产业结构，通过传承、创新地区文化实现了城市风貌的华丽转身。

第一，实施统筹规划，形成多方合力。政府主导对土地利用、城镇布局、产业结构、环境保护等领域实施充分论证和整体规划；联邦、州和市三级政府共同参与鲁尔区的改造工作，并成立鲁尔煤管区开发协会，作为鲁尔区最高规划机构，统一指挥、形成合力。

第二，改造传统产业，改善基础设施。通过集约化手段推动传统产业转型升级，重视挖掘对产业遗产的改造和再利用；努力改善当地的自然环境及生态状况，为区域风貌塑造提供适宜的物质空间环境；大力完善交通、文教、科研等基础设施和服务，为文化氛围的营造和新兴产业的发展奠定基础。

第三，拓展文化内涵，促进文化再生。赋予工业化产物以新的文化功能，把老工业区改造成服务业中心和旅游目的地，利用老工业基地发展工业文化旅游，工业考古、遗产观光等新兴业态成为鲁尔区城市发展的新引擎。

鲁尔区成立专门机构策划并管理“工业文化之路”的旅游线路，该线路串联着25个工业文化景点（6个技术和历史博物馆、12个工业聚落、9个工业设施改造的瞭望塔），成为反映鲁尔区工业发展的“教科书”。此外

① 卢永毅、杨燕：《化腐朽为神奇——德国鲁尔区产业遗产的保护和利用》，《时代建筑》，2006（2），36—39页。

还开辟了覆盖整个鲁尔区的500个景点、25条专线的地区游线。① 目前，鲁尔区已经发展成为一个生机勃勃的人文生态群落，博特罗普华纳电影主题公园、Tetraede金字塔、波鸿天文馆、矿业博物馆等现代人文景观和中世纪教堂、路德教堂、俾斯麦塔等传统文化景观交相辉映，文化展览、创意设计、音乐会、杂技舞蹈、溜冰等各类文化活动异彩纷呈，诸多的历史遗迹、工业遗产、博物馆、艺术活动构成了有机和谐、有序传承的特色城市风貌。

鲁尔区把发展工业文化旅游作为区域文化传承与特色风貌塑造的核心举措，为后工业时代的城市文化传承和风貌塑造提供了样本，值得借鉴和学习。

（二）日本古城的文化街区保护机制②

日本在历史文化城镇、街区的保护中取得了显著的成就。二战后，日本在经济复苏中开始了大规模的城市化运动，诸多古城、文化街区面临着被破坏的危险。然而，在对现有城市结构进行大规模改造后，许多历史文化古城都得到保护，古城中的历史文化街区和人文景观等也得以保留。

第一，历史文化保护被纳入法制化轨道。自有关古都历史风貌保护的特别措施法《古都保存法》出台，日本历史文化保护相关法律、条例体系逐步完善，《金泽市传统环境保存条例》《仓敷市传统美景保存条例》等区域性条例纷纷出台，历史街区景观保护已成为地方政府的重要职能。

第二，全民积极参与历史环境保护。面对城市扩张对传统文化和历史环境的威胁，为保护地域特有的自然、历史、文化和生活，日本民众通过抗议等方式积极投入平城京、京都、奈良、镰仓等古城的保护浪潮中，并成立诸多保护历史街区的全国性居民团体组织，“保护历史地域”的概念更加明确。

第三，文化保护与都市宜居协同实现。日本基于历史文化街区保护和新街区创新发展而提出的“宜居构想”理念认为，对城市历史环境的保护和生活环境的完善应站在提高其开发价值的认识上展开。该理念对日本传统文化都市保护计划和传统产业都市建设计划起到了广泛的指导作用。

在对古城、历史文化街区保护的基础上，日本通过设立“都市景观

① 李蕾蕾：《逆工业化与工业遗产旅游开发：德国鲁尔区的实践过程与开发模式》，《世界地理研究》，2002（11），57—65页。

② 陈建明、曹婷：《日本历史文化街区保护运动的发展及启示》，《人民论坛》，2013（2），246—247页。

日”“都市景观大奖”、出台“街区环境修复计划”“历史街区修复综合援助计划”等措施大幅提升了日本城市风貌水平，逐步形成了成熟、完善的历史文化街区保护机制，历史环境保护观念深入人心。日本在城市文化传承和特色风貌塑造过程中的传统文化保护意识、创新发展动力及政策法规保障体系对我国新型城镇化建设具有重要的借鉴意义。

（三）文化产业园区与城市化

通过前文的梳理和国外案例的举证，我们可以发现：文化产业园 1.0 时期主要着眼于园区自身的创意产业链，而文化产业园 2.0 阶段则正在突破这个狭隘的局限，以城市及区域的需求为基础，强调区域与产业的协同发展，补足区域缺乏的功能业态，实现园区功能的升级，走出自身为城市服务的特色。具体操作中，可以借助旧厂房、古城等改造提升的方式，赋予文化产业园区与城市更为密切的关系。要注意两点要求：

一是注重“感性”。由于大多数老厂房、仓储建筑的历史跨度比较大，不同年代的建筑与设施混杂在一起，具有价值的历史原貌可能被掩盖或毁灭了。这就要求设计者在掌握大量场所信息的基础上，尽力还原、提炼与升华场所的历史文脉价值。建筑师所做改造设计的第一步就是甄别与还原原有的建筑与空间特质。原建筑的“功能生命”已不复存在，但“文化生命”在建筑师的感性设计中，原建筑的气质通过剔除、复原等手段被保留下来并得到延续和升华。二是注重“灵动”。在为注入新功能而增加的建筑设施中，建筑师应处理好建筑“新”与“旧”的关系：保留好老建筑的可识别性、历史韵味，又要在为新功能而实施的改造中加入时代因素，让使用者体验出时代的穿梭，激发出场所的情感精神。

**相关链接：国内文化产业园区设计案例**

3.1 中华青海骢文化产业园

3.1.1 项目定位

门源县“十三五”文旅融合重点实施项目。浩门马文化主题的集科普展示、互动体验等多种功能于一体的综合性园区、中国西部地区马文化产业园第一品牌。

3.1.2 项目内容

项目位于门源县花海赛马基地，计划投资 2592 万元。建设中华青海骢马文化博物馆、马文化体验区、游客服务中心。其中马文化体验区由赛马场、马术表演区、育马区、培训区、骑乘区、马术俱乐部会所等组成，游客服务中心由民俗体验、演艺娱乐和餐饮住宿、休闲购物等服务场馆组成。园区重点发展育马、培训、赛马（马术）比赛、旅游会展等业态。

3.1.3 效益预测

园区的建设将对青海骢—浩门马文化的宣传推介和品牌打造、门源文化旅游的发展起到巨大推动作用，该项目运营中将产生赛马和马术表演收益、观光和骑乘体验收益、文化旅游衍生品等收益。预计正常经营年度内，该项目将会直接解决近 300 个就业岗位，5 年后实现主营业务和衍生产品年收入近 500 万元，年上缴税收超 800 万元。

3.2 百里花海生态文化体验基地

3.2.1 项目定位

门源县“十三五”文旅融合重点提升项目、高原“花海”核心观景走廊。

3.2.2 项目内容

项目位于门源县浩门镇、青石嘴镇，总投资 40000 万元。景区增设非遗综合展馆，在油菜花期内组织非遗定点展演、互动活动，展示门源非遗项目保护成果。建设百里油菜花海滑翔机、热气球场地、蜂农生产生活体验区项目，建设花海滑翔机跑道 120 米、停机坪 600 平方米，建设热气球活动场地 2000 平方米。新建放蜂基地一处面积 2000 平方米、游客服务站一处、放蜂设施 20 套等设施。开发走马实景表演、走马体验、“走马观花”游览观光、艺术摄影等项目。

3.2.3 效益预测

项目续建完成后，年接待游客可达 60 万人次，通过门票、购物、娱乐等消费，年收入可达 400 多万元。

［选自《门源县文旅融合发展“十三五”
实施规划（2016—2020 年）》］

## 第三节　文化企业

文化企业是提供文化服务与文化产品的营利性组织，是文化产业资源配置的主体，文化产业资源的绝大部分要在文化企业中完成配置。[①] 与一

① 杨春丽、史萌：《浅谈文化企业的特性和发展对策》，《山东经济》，2009（3），140—144 页。

般企业一样，文化企业也要经历“投入—产出—获利”的过程。但与其他类型的企业相比，文化企业对物质资源的依赖程度较低，主要通过对文化资源的转换来实现企业发展目标。

现代企业为什么生产？罗纳德·科斯在《企业的性质》一文中最早提出这一问题。他认为，企业是市场资源配置的主体，企业配置资源是对企业外部的资源配置市场价格机制的取代。① 简言之，现代企业的诞生是基于市场经济的发展。因此，作为现代企业的一员，在资源配置市场机制背景下，文化企业应运而生。

## 一、文化企业的类型及目标导向

（一）文化企业的类型

根据文化企业生产服务形式来划分，文化企业可以分为提供文化产品的生产型文化企业与提供文化服务的服务型文化企业两种。生产型文化企业主要生产与提供物质形态的文化产品，如从事工艺品、文化用品、广告产品、影视作品等创意与制作的企业。服务型文化企业主要提供文化服务，即消费者在消费中直接感受和体验的具有互动性的服务，多是从事旅游、娱乐、教育、咨询等服务活动的企业。根据经营业态来划分，文化企业可以分为影视企业、网络企业、传媒企业、出版企业、教育培训企业、会展企业、旅游企业、休闲娱乐企业、广告企业、艺术类企业、体育文化企业、咨询策划企业等类型。②

当下，在“互联网＋”“文化＋”等趋势的影响下，文化金融、文化科技等产业融合日益明显，传统文化企业也在借助互联网、云计算、大数据等高科技，推动产品的设计、生产、销售升级转型，形成线上线下互动的企业经营模式。与此同时，一些新兴的融合型、跨界型文化业态不断涌现，文化企业的类型也在不断增加和细化。

（二）文化企业的目标导向

根据目标导向理论，一个企业若想达到既定发展目标需要依据目标导向行为来完成。从文化产品、企业规模和社会责任三个方面来看，文化企业的目标导向主要有经济效益最大化与社会效益最大化。

---

① 田中禾、唐浩：《企业组织、信息与资源配置》，《兰州大学学报（社会科学版）》，2000（6），30—36页。

② 詹碧英：《发展壮大文化产业的对策和措施》，《长春理工大学学报（社会科学版）》，2009（5），753—755页。

文化企业如何实现经济效益的最大化？第一，不断提高文化产品质量。一般而言，质量和效益成正相关关系。一个文化企业，能够生产优质的文化产品才能取得良好的经济效益。一流的文化企业还会根据相关法规标准，结合顾客需求制定自己的产品标准。第二，不断提高劳动生产率，加大先进的生产组织形式和技术在工艺上的应用。第三，促进经济贸易活动快速增长。第四，不断加强企业科学管理和高度激发创新精神。

在社会效益最大化方面，文化企业应该做到两点：第一，最大限度实现公司资产的保值增值，为投资者带来具有吸引力的投资回报，与投资者之间达成良好的互动，增强投资者对文化企业的信任。第二，承担起必要的社会责任：首先重视员工权益保障，实现员工安全、就业机会均等，与员工共享收益，发挥所有人的才干；同时，为了赢得顾客的信任和忠诚，企业应跳出单纯从经济利益出发看问题的经营思维，向消费者提供文化价值高且质量过关的文化产品。

然而，由于文化产品具有不确定性，难以通过标准化的运营模式来管理文化企业。相对传统企业，文化企业的组织结构层级较少且组织结构垂直扁平，传达信息更为准确。但文化企业的员工多为具有专业知识的创意型人才，流动性大，难免制约一部分小微企业的长足发展。不少企业会采取应变性奖励，将任务导向变革为积极向上的关系导向来解决这一问题。①

（三）文化企业与一般企业的差异

将文化作为商品进行交换自古有之。由于兼具双重属性，以文化为生的企业便具有两种功能②：一是创造财富的经济功能。作为企业，文化企业最直接的目的就是赚钱、营利。无论是国家还是个人，兴办文化企业，都希望通过文化产品的生产与销售来赚取利润、创造财富。二是文化生产的精神功能。在生产销售文化产品与提供文化服务的过程中，文化成为生产者与消费者之间的桥梁，实现了传播、审美、教化等功能。这些属性与功能让文化企业与一般企业相比，具有很多独特性。王晨在《文化企业管理》一书中，指出了文化企业与一般企业的五点区别：③

1. 价值生产方式发生了转变。产品的特殊性决定了企业经营活动和运

---

① 费嘉：《文化企业领导者行为与创意型员工离职关系研究》，《四川劳动保障》，2013（11），20页。

② 李大方：《关于文化经济问题的理性思考》，《哈尔滨商业大学学报（社会科学版）》，2002（2），22—25页。

③ 王晨：《文化企业管理》，长沙，湖南文艺出版社，2006。

营模式的特殊性。文化产品的生产是对无形的精神内容的创造、加工、组合和传播，有一个看不见的软性的流水线和隐形的价值链条在生生不息地流动着，流动在其中的是精神内容资源，而让其流动起来的是一群创意人才和虚拟的、网络化的生产组织模式。由于文化产品和普通物质产品不同，文化企业生产和提供的最终产品是文化产品中所蕴含的精神内容，文化企业价值创造过程是通过对无形的精神内容要素的生产、整合和提供来实现的。

2. 消费需求方面存在差异。企业生存和发展的基本法则是通过产品和服务的提供获取相应的利润。任何企业的利润实现，都必须依赖于现实的或者潜在的市场需求。文化企业提供的是精神产品，人们对精神产品与物质产品的需求特性不尽相同。精神需求可以是文化背景、个人成长经历和环境、个人所受教育、个人的经济条件、性别等众多因素引起的，因而具有个性；而精神需求下的消费满足成为不同品牌、不同身份的符号象征，其发展会进一步加剧社会分层，呈现出明显的层次性和等级化，甚至一个人的语言、行为模式也会受到精神消费的影响而带有阶层特征。个性化与层次性的发展导致精神需求比一般的物质需求更为复杂。普通物质产品的价值主要体现在能够满足生理需求，这种需求与精神需求相比，可预见性高，差异性小（个性化特征不强），显性度高，容易被表现、统计和预测。精神需求的复杂性，使得生产和提供精神产品的文化企业比其他企业面临更大的市场不确定性和风险，这就迫使文化企业要以更加灵活的组织、协调和控制系统来应对市场的变化。

3. 投入的生产要素有明显差异。从本质上讲，精神产品是一种以精神内容为主导的产品，物质只是其表现技术、创意和文化的形式与载体。因而生产精神产品，除了必要的资金之外，还必须投入相应的技术、文化、创意、版权、人力资本等一系列的要素资源。其中一种资源的缺失，都会导致精神产品生产环节无法进行。因此，与一般企业相比，文化企业的规模扩张和资本运作，无疑是两个方面的战略部署：一是对稀缺的文化资源的争夺战。文化资源是活的资源，需要有效地整合才能成为文化资本，这一过程需要金融资本发挥作用，通过商业交易和资本运作的方式将不可复制的文化资源转化为可复制的文化产业资源，最终变成文化企业的核心竞争力。二是对文化市场的战略性投资战。文化消费是一种“体验经济”，消费需求难以测度和预见、变化快速、难以把握，让文化市场呈现出高度不确定性和所投入的多种文化资源的整合困难性。这要求文化产品的生产投入要考虑到消费者的心理和体验，需要消费者的参与互动。

4. 从业人员特质存在明显差异。文化企业与一般企业不同的一个重要之处是所投入的无形文化资源总是需要与特定的人力资本相结合，有的时候甚至难以分割；另一个不同之处还在于文化资源是通过知识产权的方式引入，需要在生产中与文化创意人才相结合。此外，文化产品生产和项目运行中存在团队性。现代文化产业越来越需要多种知识和技能之间的合作，文化创意人才也要通过合作、沟通和交流，进一步激发创意的灵感。在文化企业中，从业人员多是知识型员工、创意型人才。这类从业人员组成的人力资本结构成为文化企业重要的核心资源。他们的智慧也需要在团队中、在交流中才能激发出火花，释放出光彩。因此，创意人才是更加看重团队中的信任、关怀、知识获取、经验交流的，不能仅仅用金钱来激励他们。比如音乐制作的作词、作曲、歌手和音乐经纪人之间的合作，设计公司与咨询公司中的团队工作模式。文化的生产过程是一个再创造过程，在这个过程中，积聚在文化创意人才身上的智慧被释放出来，并且被投入到生产过程中，与各种投入要素相结合。

5. 产品本身的差异性。文化企业生产的产品属于精神产品。普通产品和精神产品的差别主要表现在：

第一，普通物质产品具有排他性，即一个消费者付费购买后，这个物质产品的产权也就随之转移，他人无法同时享有该产品的所有权。而精神内容具有可复制性，某些精神内容甚至可以被无限复制而不受到损失，像音像光碟制品、网络视频和音频文件、电子图书、网络游戏、应用软件等信息产品。无线广播电视节目是一个最典型的例子，任何人拥有电视机就可以收看电视，营运商只能通过出售电视节目时段，从广告上来获得收入。

第二，物质产品在消费过程中逐步损耗，而精神产品在其使用、保管和运输过程中会被注入新的精神内容，使得产品的价值增加。例如古董，其物质构成成分不断损耗，而在漫长的历史进程中，精神内容不断积累，而且其保存、运输的成本也增加了其价值。

第三，精神产品兼具可移植性和可再生性，可以进行多次开发，并且作为投入要素与其他精神内容相结合，产生出新的产品，产生巨大的经济效益和社会效应。例如一部小说可以通过创意衍生品开发，被改编成连环画、戏曲、电影、电视连续剧、网络游戏、动画，以及用于卡通玩具生产等。正是精神内容的可复制性、可移植性和可再生性，使得文化企业可以有不同于普通物质产品的盈利模式。

因此，经营文化企业有利可图，但其所承担的社会责任远远大于其经济追求。文化企业必须正确地发挥双重功能，将二者有机结合，在取得经济效益的同时，更好地将社会效益归之于社会，实现双效统一。

## 二、文化企业的规划思路

（一）现代文化企业的发展趋势

1. 分散经营转向抱团集聚。文化企业多为中小微企业，分散突击式的经营方式长期存在。分散经营存在一定风险，所带来的利润和机会也不一定充足，反而可能因为业务范围承载量的增加而损耗企业资源，最终影响企业的成长壮大。而文化集聚可以通过生产要素的空间集聚，提高资源的利用率，产生规模效应从而降低成本，提高经济效益。文化产业园区不仅可以让同一产业链条中具有相同或相近业态的企业集聚发展，也会吸引不同产业链的文化企业协同发展。对分散发展的小微文化企业而言，集聚发展高效利用了土地、资本、人才等各类资源，鼓励企业针对产业特色进行管理经营，最大限度地增加业务机会和品牌效应，有利于文化市场的良性竞争，对提升企业竞争力和品牌影响力有促进作用。

2. 超细分领域的差异化服务。文化消费需求的多元化、个性化发展对文化市场细分领域的要求更高。个性定制、差异化服务的呼声越来越高。面对日益理性的文化消费者，传统的文化产品单一模糊的功能难以满足市场需求的不断更迭。这对文化企业提出了新的挑战，但也带来了巨大的发展机遇。文化企业针对用户需求特点，进一步细分市场，引导文化消费时尚，注重提升产品的个性和品位；通过理念创新，提供差异化营销思路，使企业品牌营销更具指导意义。

3. 大型文化企业集团引领发展。在金融资本的推动和融合下，文化企业的兼并重组将进一步加剧，集约化程度会进一步提高，未来可能形成一批大型文化企业集团。这些大型文化企业既是战略投资者，也能引领产业发展方向、推动产业创新、增强产业集聚效应，同时还要具备应对全球化背景下国际文化激烈竞争、加快民族文化产业振兴的能力。只有进一步深化文化体制改革，着力培育和发展一批实力雄厚、具有较强竞争力和影响力的大型文化企业和企业集团，才能从更高的国际视野中引领文化产业发展、增强我国文化产业整体实力。[①]

（二）文化企业的创新成长过程

邬子珩把文化创意企业创新成长的过程分为三个阶段[②]：发展核心优势、完善产业链、国际化道路。这为文化产业规划提供了企业生命周期的时序参考。

1. 第一阶段：发展核心优势。

（1）企业在起步阶段往往是比较艰难的，由于企业在成长初期需要大量的资金用来研发、生产及维持日常的运作且无法在较短的时间内实现资金回笼，融资问题是企业初期发展困难的主要原因。（2）当企业融资成功后便进入了产品的设计、研发和生产阶段。文化企业首先要利用本土的核心文化资源进行产品设计，因为该阶段的目标是生产出差异化十足的明星产品，从降低风险和差异化双重角度出发，利用本土的文化资源是文化创意企业的首选。（3）将文化资源变成产品需要大量的创新，其中技术创新是最为重要的。一般来说，地域文化资源是具有历史底蕴和文化内涵的，必须通过人才的想象构思，凭借高新技术将历史文化用现代的手法表现出来。（4）完成产品的设计与生产之后，企业要通过营销将产品推向市场。营销方式的选择非常重要，在该阶段企业会选择体验式营销，让消费者在短时间内从视觉、听觉和触觉全方位感触到该产品的创意并迅速喜欢上它。

2. 第二阶段：完善产业链。

处于这一阶段的文化企业，融资能力得到进一步加强，依赖两大核心资源来成长。一是企业生存的根基——地域文化资源，它贯穿于企业成长的整个过程；二是企业融资与赢利的保证——拳头产品，它是企业创新创意延续的基础。培养企业的集群优势是这一时期的主要目标，因此，在拳头产品的基础上，文化企业延伸发展多个事业部，从事研发与生产与拳头产品相关或近似相关的产品或服务来实现拳头产品的价值最大化，从而建立完整的产业链条，推动企业走向集团化发展的道路。

从最初只有几十人的小公司发展成为具有多个事业部的集团化公司，与规模同样增加的是管理的难度，所以这个阶段企业最重要的创新应该是管理创新，即淘汰原先的管理模式，通过创新建立新的适合集团化企业发

① 李轩：《李长春：推动社会主义文艺事业大发展大繁荣》，《共产党员》，2010(3)，8页。

② 邬子珩：《文化创意企业的创新成长过程研究》，西北大学硕士学位论文，2011。

展的管理机制。企业发展成集团化公司，其产业链将会长而复杂，产品的种类也会变得繁多。由于文化产品属于知识产品，所以企业这个时期的营销方式应该选择知识营销。知识营销不仅能够令消费者了解产品的文化内涵，更能培养消费者对产品及公司品牌的认知。对任何文化企业来说，进入这一阶段的终极目标，不再是旗下一系列的文化产品，而应该是通过知识营销与醒目的标志两种方式，把企业的实践提升到理论高度，完成企业品牌的建设。

3. 第三阶段：国际化道路。

经济全球化的发展对企业发展提出了新的要求。只有把全球市场作为进行产品竞争和优化资源配置的场所，企业才能获得更广阔的发展空间和持久发展的动力。文化企业在实现了集团化、品牌化的目标后，国际化成为其在第三阶段的重要发展方向，也是企业发生从大到强的质变的过程。

进入全球化市场是文化企业不可改变的发展趋势，这个时期具有战略眼光的企业家将成为帮助企业走出国门的核心要素。当企业进入到第三阶段，企业的规模已经趋于稳定，集团内外及下属事业部的管理也已经非常成熟，企业拥有一大批拳头产品，此时的品牌形象成为企业迈向国际化道路的核心优势。除了品牌这一国际化发展的基本保障，创新也是文化企业真正的优势所在，这一创新主要指的是制度创新。制度创新的影响是广泛而深远的，不仅促进企业创新发展，也能激发社会和国家层面的创新热情。从外部环境来看，这一时期，政府出台的一系列有利于文化企业对外发展的措施和政策无疑是巨大的利好；从文化企业的特点和发展角度出发，加强建设知识产权保护制度、建立高效的公司治理机制显得尤为重要。

当文化企业进入国际市场后，企业的营销观念与方式也会随之而变。企业不再重视营销自己的产品，而转向营销一个区域甚至整个国家，最终达到企业赢利、国家创新发展的双重目标。比如日本的动漫产业发展路径就是一个典型：当地政府通过整合资源培养大型动漫企业集团，实现大集团带动大产业，从而实现大产业带动全国经济的大发展。

（三）文化企业的规划思路

文化企业是构成文化产业的最基本要素，在整个文化市场发展中发挥着决定性的作用。文化产业能否发展成为国民经济支柱性产业，作为文化市场主体的文化企业起着至关重要的作用。技术进步与文化产业的发展息息相关，在科学技术突飞猛进的今天，文化企业要想快速发展、创新突破，就要高度重视基于互联网和“工业 4.0”的科技创新。在文化产业规划中，对文化企业的规划思路应该大致分为两个方向：技术创新和投融资创新。

1. 文化企业的技术创新。

历史上数次重大的经济革命都与通信技术的变革、发展有密切的关系。如今在第二、三产业跨界融合的背景下，互联网思维在人类经济、社会发展过程中发挥着举足轻重的作用。文化企业也要运用互联网思维，关注商业运行的思路、方法、规范与途径。比如用户思维、流量思维、迭代思维，是操作层级的思考或工作方式；平台思维与跨界思维，是较高一级的商业战略或策略层级的谋略性考虑。① 比如，从战略层面上，如何以用户至上为核心做出符合企业发展的顶层设计，借助平台和数据谋求企业生存的持续竞争力；从业务层面上，如何将生产、经营由规模化转变为柔性化，由批量生产走向个性定制；从组织层面上，如何正确应对企业与员工之间的组织关系由自上而下单一领导型关系逐渐朝着多层立体合作型关系发展的趋势。



“工业 4.0”模式是由传统的工厂集中式控制方式向分布式智能型控制方式转变，目标是建立一个可以灵活配置的产品与服务的生产模式，具有个性化和数字化特征。大部分学者和文化企业专家认为，“工业 4.0”概念建立在以智慧创意、智能制造为特征的第四次工业革命基础上。在这一工业模式引领下，消费者运用网络空间技术、云计算、数字技术等先进手段与计算机信息技术，驱动制造业向智能化方向转型。在“工业 4.0”时代与文化产业融合发展时期，融合和开放已经成为驱动移动互联网时代及物联网时代的两大力量。从价值创造来理解，对于文化企业，“工业 4.0”主要体现为成本、质量和效率的不断改善，从而帮助企业在市场竞争中获得主导地位。一方面，结合竞争战略选择，对部门及分公司进行调整，以突出主业、增强核心竞争优势、促使企业最终实现核心战略；另一方面，结合管理体系及目标，利用信息化技术改进研发、生产、经营及销售等核心工程，提升主体运营效率，降低企业成本。

2. 文化企业的投融资创新。

作为一种资本、智力、技术和信息融合的产业，文化产业与互联网有

---

① 金元浦：《互联网思维：科技革命时代的范式变革》，《福建论坛（人文社会科学版）》，2014（10），42—48 页。

着天然的联系，集聚了人才智力的竞争，其产业链条的每一个环节都与资本密切相关。因此文化产业的投资很难划分出早、中、晚这样明确的时间阶段。长期以来，银行贷款、股权融资（如天使投资、VC、PE 等）、债券融资、融资租赁、海外融资等是我国文化企业融资的主要渠道，其中以银行贷款为主。但从目前来看，占据文化企业大半江山的是广大小微企业，它们的内源融资能力相对较弱，银行等金融机构的担保、贷款服务难以惠及。由于文化产业重创意、轻资产、高风险的特点，文化企业很难获得金融支持，已经成为毋庸置疑的共识。因此，投融资体系的构建及模式创新，成为文化企业规划的重要思路。

随着我国金融体制改革不断推进，在多层次的资本市场体系日益完善的基础上，建立健全文化产业投融资体系，将更好地为小微文化企业破解融资难瓶颈。首先要强化文化金融深度融合，通过创新文化金融交易模式与文化金融交易产品，为广大的文化企业提供融资工具；其次，充分利用多层次资本市场体系，最大限度地吸纳金融资本、社会资本以及海外资本，将其与文化资源相结合，形成企业中长期发展的巨大推力。此外，大胆创新文化企业的投融资模式，也是破解文化企业融资难的重要路径之一。2014 年，文化部、中国人民银行、财政部等联合发布《关于深入推进文化金融合作的意见》，明确指出要加快推进文化企业直接融资，鼓励企业量体裁衣，根据自身实际和发展周期采取债务融资、上市融资、再融资以及股权融资等多元融资形式。在文化金融融合发展的大趋势下，民间资本、外资等社会资本不断涌入文化产业领域，投资主体多元化、投资方式多元化、融资渠道社会化、项目建设市场化的新格局已经形成，众筹、知识产权抵质押贷款、产业链融资、并购重组、PPP 模式、新三板上市等新型投融资模式将为文化企业的发展输入新鲜血液。

## 第四节　重点项目

项目是指在一定的约束条件下（主要是限定时间、限定资源），具有明确目标的一次性任务，包括一系列独特的、复杂的并相互关联的活动，这些活动有着一个明确的目标或目的，必须在特定的时间、预算、资源限度内，依据规范完成。[①] 项目参数包括项目范围、质量、成本、时间、资源。

① 卢有杰：《关于项目管理知识若干问题的探讨》，《工程经济》，2003（3），3—8 页。

文化产业项目就是将一个单一的文化项目组建成一个发展链条，从而产生链条式生产、加工、制造、宣传等系列综合体；当一个单一文化项目体形成产业化发展，则称之为文化产业项目，如文化产业园区、招商企业、文化基础设施、节庆活动、影视剧剧目等。

重点项目一直是文化产业规划的微观层面的重要支撑。一般来说，规划中涉及的重点项目主要有两个方向：一是通过选择——对规划区域内的文化产业项目进行适当筛选，选择发展潜力大、带动效应明显、规模效益最大化的项目作为重点项目，突出项目载体在产业发展中的示范作用。二是通过策划——对规划区域内的文化产业发展情况进行分析后，策划一批适合当地发展、突出地域特色的新项目作为重点项目，这类项目应该具有新颖、融合、高附加值等特点，更要符合当地文化传统与地域风貌的特点。

## 一、文化产业重点项目的选择

依据规划区域提供的现有的文化产业项目库数据，在空间布局的基础上，根据各个分区的功能和主题，结合产业发展的最新趋势与当地的文化资源特色，对所有列举项目进行可行性与发展性评估，选择在经济、技术、社会等各方面最为合适的文化产业项目（在建、已建或意向皆可），最终形成区域文化产业重点项目库。

### （一）重点项目的选择原则

高质量的文化产业项目可以分为三个层次：第一层，具有广泛的市场运作空间和利润增值空间；第二层，能够带动其他相关产业共同发展，形成产业链或产业集群；第三层，寓教于乐，启迪心智，具有广泛的社会影响。①

因此，文化产业项目的建设，既要依托城市区域资源，统一规划，发挥辐射效应，带动一系列相关产业群的发展，也要致力于为当地提供专业化和多元化的服务。目前，我国文化产业园区建设尚处在孕育阶段，这一时期，园区的定位非常关键——为企业、个人创业提供支持和服务是园区的功能所在。项目建设和扩张重数量更要重质量。

① 王文杰：《文化产业项目管理中的风险分析》，《现代传播（中国传媒大学学报）》，2011（10），159—160页。

文化产业重点建设项目选择的原则如下表所示①。

表 7-1 文化产业重点项目的选择原则

| 选择原则 | 具体说明 |
|---|---|
| 合理性原则 | 项目本身符合区域具体情况，遵守国家有关法规、技术政策和标准，着重发展政策鼓励、支持的项目，回避限制和压产的项目。 |
| 优势性原则 | 充分发掘当地特有的文化资源，利用资源优势和业主自身的优势选择和开发，较易获得成功。 |
| 效益性原则 | 优先选择具较高投入产出比和良好发展前景的项目。通过项目的选择运作，促使文化产业链形成，带动相关经济的发展。 |
| 市场性原则 | 充分考虑产品的市场容量和吸引力、资金的时间价值、自身接受能力等因素，以满足市场需求为前提，重点发展群众需求量大的项目。 |
| 细节性原则 | 树立危机意识，充分考虑和把握更多细节，更好地选择项目。 |

此外，文化产业投资具有高风险性，在一定程度上增加了文化产业项目选择的复杂性，在选择上需要十分谨慎，还可以从以下几个方面进行选择：第一，该项目是否具有运作方式上的新颖性，是否充分挖掘并创新开发了当地的特色文化资源；第二，项目是否充分考虑当地消费者的性格特征和人文精神，将消费人群的互动和参与作为一个关键因素进行考量；第三，项目是否融入了当地优势和特色性的文化资源，是否结合市场需求，通过新技术手段将文化资源的技术性和艺术性展示出来。

（二）可行性与发展性评估

可行性与发展性评估主要是以预测为前提、以投资效果为目的，从技术、经济、管理层面，对选择项目进行全面综合分析和诊断研判。进行这一步骤的主要意义在于，从技术经济角度对已建、新建或改建项目进行全面的分析诊断，并对其投产后的经济效果进行预测，在既定的范围内进行方案论证和选择，以便最合理地利用资源，达到预定的社会效益和经济效益，从而降低项目选择失误带来的巨大风险和损失。因此，在文化产业规划中，对规划区域相关部门提供的项目数据进行可行性与发展性分析，论证该项目是否可以作为重点项目代表当地产业发展的未来，是十分必要的。

具体而言，评估的内容应该包含以下十点：第一，项目的技术可行性；第二，项目的经济合理性；第三，项目经营上的赢利性；第四，投入资金与产出比；第五，项目建设的质量标准；第六，资金的筹措方式及渠

① 陈福喜：《科学发展视阈下现代文化产业项目选择的规范研究》，《绍兴文理学院学报》，2010（2），113—116 页。

道；第七，项目建设周期；第八，配套设施的建设标准；第九，社会接纳度（生态环境指标、效益的社会分配、合法性与合规性）；第十，项目运营的拉动效应（就业、社会效益等）。

## 二、文化产业重点项目策划原则

在文化产业规划的实际操作中，有很多地区需要重新策划一批新项目，带动当地文化产业发展。这就需要结合当地的实际情况与现有项目的存量，科学统筹、合理规划新的重点项目。具体把握五个方面①：

1. 注重文化资源的独特性。许多文化资源具有不可重复性、不可再生性和不可替代性，雷同的设计和开发只会让文化项目无法吸引消费者的兴趣，也不能在市场中立足。文化产业项目作为地区文化产业发展的重要载体，不能千篇一律，要尊重市场发展规律，顺应市场需求，更要结合当地发展实际，不搞假大空的发展模式，做到对当地文化资源的有效整合与利用。因此，策划的项目应该具有浓郁地域文化特色、兼具原创性与知识性，并且能够为当地经济的可持续发展做出贡献。

2. 项目发起必须高屋建瓴、宏观部署。策划一个新项目，不仅要关注建设过程中的资金、成本、进度和风险的管理与把控，更要关注后期运营中的各种困难与风险。既要进行高瞻远瞩的思考，将目标受众的需求、赞助商的需求容纳其中，还要思考项目与国家、地方政府大政方针的契合，对项目未来的发展趋势做出综合预测。特别是当前，文化需求与日俱增，国际形势瞬息万变，如果缺乏市场运作经验和统计数据的分析，贸然尝试会增加项目发起的难度，甚至关联到后期招商引资的问题。因此，在项目规划中，要熟悉市场化动向，密切关注文化消费的趋势与投资热点的走向。

3. 策划项目兼具艺术性与技术性。根据国外一些策划项目的案例，不难发现，艺术类项目的发起人往往是艺术总监这一角色。他们负责项目的具体策划，以及活动推广和宣传部署。与其他行业项目的技术性多半包含在设计中不同，文化产业项目的技术性就体现在策划中。这就要求文化产业项目的策划者需要懂得与策划内容相关的技术支持和艺术审美，比如文字能力、艺术鉴赏能力、建筑知识、设计知识、活动公关能力、市场分析能力以及其他一些与策划相关的修养等。

---

① 刘彤：《文化产业项目管理的特点与关键环节》，《北京印刷学院学报》，2008(5)，61—64页。

4. 项目实施结果具有不可修改性和风险性。与其他一些行业的技术性、实验性项目不同，文化产业项目的实施运营无法多次模拟检验，一旦确定，进入实施阶段，就意味着其无法修改。虽然在策划中谈及实施结果还为时尚早，但策划者要将其不可逆的风险性纳入设计范畴。一个疏忽可能就会造成不可弥补的损失。同时，文化项目往往投资大、风险高，存在较多的不确定因素。因此，对策划的新项目要严格控制每个环节的设计，这要求项目成员既要具备较强的创新能力，还需要具有较好的市场预测和风险控制能力。

5. 项目政府审批程序的严格性。文化产业要将社会效益放在首位，因此，文化产业项目都有严格的审批程序，不但其立项、活动名称、场所、渠道等需要审批，甚至具体的内容都要进行有关的审批或备案。在项目策划中，更要考虑到这一要求，加大对策划内容的把控与监督，将其社会效益最大化，兼顾经济效益。有些项目载体还需要交通、消防、公安、环卫等部门的协助审批，这些审批程序的流程及时效性也要纳入考虑范围内，才能对后期项目落地有更为科学的评估。

## 三、文化产业重点项目策划流程

金青梅在《文化产业项目管理》一书中指出，文化产业项目的规划设计流程包括以下内容[①]：

1. 研究市场需求，包括市场信息和客户信息。具体包括五点：(1) 捕捉收集国内外同行信息。(2) 收集相关的传媒、娱乐、历史、艺术、考古、体育等方面专家或明星的信息。(3) 收集外地游客及个人文化经营者的信息资料。(4) 跟踪收集政府有关文化产业的政策及相关的文化信息。(5) 关注国内外文化项目市场动态，并收集有关文化产业经营的信息资料。

2. 寻找并提出项目建议。具体包括三种：(1) 分析信息和文化市场需求，提出有意义的文化项目策划案。(2) 承接政府、主管部门以及相关政府机构、集团、中心的提议和委托的相关项目。(3) 承接合作单位或意向合作单位的文化项目提议。

3. 部门内部形成策划小组。文化产业项目必须倚重集体智慧，为此需要形成项目策划小组，进行组织架构、工作团队的搭建。

4. 讨论完善项目策划的思路。一个好的文化项目应该包括三个特点：

---

① 金青梅：《文化产业项目管理》，西安，西安交通大学出版社，2011。

第一，实现地理概念的突破，以项目所在地为核心，对外扩展链接经济实力、区位优势等。第二，实现业态的突破。如果是文化园，除历史、休闲之外，更多的演艺、教育培训等业态要融入其中。第三，实现商业的创新，注重打造文化综合体。

5. 项目的整合思维：文化、创意和商业逻辑。注重中国精神与当地文化习惯结合。文化是文化产业的逻辑起点，要注重文化精神的典型提炼，又能体现具有人类某种共性的文化诉求。注重传统文化与现代潮流的创新，适应现代人的生活方式。因为文化产业主要靠创新，而不是只靠文化底蕴或文化传承。传统产业的升级换代，除了加大科技含量外，更多的是通过注入创意元素的办法，使其更加时尚、更具有艺术价值。注重商业传播和盈利模式，学会战略建构和模式创新。

6. 项目的关键点：关注文化产业的新业态。新业态在运用最新科技成果发展文化和推动文化创新方面，具有天然的敏感和优势。注重植入民族和地域文化基因，提高物质产品的文化含量和附加值。同时发挥“文化+科技”的优势，推动文化和科学技术协作。



**相关链接：**

### 案例一　重点项目的遴选

重点项目作为海北州文旅融合发展的重要载体，各在建、新建项目将按时序分近期（2016—2017 年）、中远期（2018—2020 年）实施。在四县文旅融合发展实施规划中，对重点项目规划（包括项目建设地点、定位、内容、效益预测等）以及更细致的功能分区建设（包括支撑项目、目标定位、功能分区、建设详情等）将进行全面详尽陈述。

一、州级项目

**海北州重点文化旅游融合支撑项目**

| 项 目 名 称 | 项目属地 | 项目性质 | 总投资（万元） | 开发时序 |
| --- | --- | --- | --- | --- |
| 青海民族文化音乐城 | 海晏县 | 在建项目 | 79300 | 近期 |
| “中国原子城”红色文化旅游基地 | 海晏县 | 新建项目 | 26000 | 近期 |
| 达玉民俗文化村 | 海晏县 | 在建项目 | 15822 | 近期 |
| 藏文化产业创意园 | 刚察县 | 新建项目 | 34100 | 近期 |
| 岗什卡登山滑雪体验基地 | 门源县 | 新建项目 | 16908 | 近期 |

续表

| 项 目 名 称 | 项目属地 | 项目性质 | 总投资（万元） | 开发时序 |
|---|---|---|---|---|
| “梦幻海北”全景秀数字旅游体验中心 | 海晏县 | 新建项目 | 5000 | 中远期 |
| 青海湖人文生态博物馆 | 海晏县 | 在建项目 | 12000 | 近期 |
| 海北州影视拍摄基地 | 海晏县 | 新建项目 | 15000 | 近期 |
| 《藏爱》演艺剧目 | 海晏县 | 新建项目 | 1500 | 中远期 |
| 海北文化创意产业园 | 海晏县 | 新建项目 | 1000 | 近期 |
| 海北工业遗产博物馆 | 海晏县 | 新建项目 | 2000 | 中远期 |
| 阿咪东索山文化旅游景区 | 祁连县 | 新建项目 | 35000 | 近期 |

（选自《海北藏族自治州文化与旅游融合发展“十三五”规划（2016—2020年）》）

### 案例二　重点项目的策划

3.1 措温波藏城核心区

3.1.1 项目定位

海北州十三五文化发展规划重点实施项目，藏式风格旅游小城镇，藏文化保育核心载体，环湖体育圈、旅游圈、文化圈和生态圈的重要连接点。

3.1.2 项目内容

项目位于刚察县沙柳河镇，预计总投资5亿元。将建成藏城圣坛、拉色波商业街、高原海滨藏寨、生态林卡等四个片区。建设8000$m^2$的藏文化博物馆一座、2700$m^2$游人接待中心一座、3300$m^2$演艺中心一座、1000$m^2$湟鱼博物馆一座、3000$m^2$千户府一座、7000$m^2$藏城大酒店一座、60000$m^2$拉色波商业步行街。经过3年多的规划建设，该项目现已基本成型，民族民俗文化展示馆已全面完成主体施工，外墙装饰工程接近尾声。三条长1.08公里、累计投资6100万元的商业街，已全部建成并完成招商。藏城核心区公用建筑千户府、游客服务中心、演艺中心等项目也已完工，目前已完成投资4.1亿元。2015年6月底全面完工投入运行。

3.1.3 运营及发展建议

加快建设六道如意广场、游客之家、自驾车野营基地，推进主次干道路基、管网敷设及供热等基础配套设施建设，加快民族民俗文化展示馆（坛城）、千户府、演艺中心等项目室内外装修，建设藏城3D体验馆，完成室内配套及展示布展工作，加大项目推介及市场预热力度；整合现有藏文化承载项目，推进其与沙柳河景区的一体化提升，在设施建设、宣传推介、线路规划等方面提高内容关联度，构建“释藏林卡—民族祥和塔—坛城”藏文化展示体验轴；按照青海省“一条街、一个屋、一台演出、一面墙、一本书”五进景区要求，积极开发藏地修行等文化互动体验项目。

3.1.4 效益预测

该项目紧紧围绕青海省“一线三圈”旅游构架、青海湖环湖旅游、海北州315国道旅游经济带规划，结合刚察县旅游资源打造措温波藏城旅游服务小城镇，预计年收入2000万元，投资回收期5—8年。

（选自《刚察县文旅融合发展“十三五”实施规划（2016—2020年）》）

WENHUA CHANYE

# 第八章 文化产业保障体系

2012年，《文化部“十二五”时期文化产业倍增计划》对文化产业发展的保障措施提出了明确的规划。2015年，文化部“十三五”规划工作座谈会提出了文化改革发展的六项任务，其中涉及了法治保障、建立健全现代文化市场体系。保障措施完善与否，关系到文化产业规划的落地及实施效果，是文化产业规划编写的重要组成部分。

编制文化产业保障措施，首先需要理清其内涵。虽然我国政府的政策文件中屡次提到“文化产业保障措施”，但均未对其做出详细的定义。文化产业保障措施是文化产业可持续发展的保障手段，诸如对文化产业规划实施的组织保障、政策和法律保障、人才和资金保障等。我国经济发展转型升级迫在眉睫，如何加快产业结构调整、推进文化产业跨越式发展和可持续发展，文化产业保障措施起着重要的推动作用。因此，加快完善文化产业保障措施的建设是文化产业规划设计时的重要问题之一。

## 第一节 保障措施的重要性及构成要素

波特教授提出“钻石模型”理论来分析影响产业国际竞争力的六大因素。借用其理论来分析我国文化产业竞争力的构成要素：文化产业的“生产要素”应包括诸如文化资源、资本、基础设施等初级生产要素，创意、人才、技术、知识等高级生产要素；“需求条件”主要指国内对文化产品和服务的需求；“相关及辅助产业”的范围广泛；“发展机遇”主要是国际环境和新技术革命等。当然，波特的钻石模型理论主要是对产业竞争力进行研究时适用的方法，在研究文化产业保障措施时，并不能完全适用。需求、相关及辅助产业与保障措施的相关程度小，本章不单独列出。机遇作为一种不可控力，也不在本书的讨论范围之内。

文化产业的关键要素界定了文化产业保障措施的内涵，也构成了文化产业保障措施的基本要素。文化、人才、资金、技术构成了文化产业的基本生产要素，因此，文化产业保障措施的构成要围绕这些基本要素展开。相对于发达国家较为成熟的产业环境而言，我国的社会环境、政策环境和市场环境等因素具有鲜明的中国特色，对我国的文化产业发展有着至关重要的作用。因此在编制文化产业保障措施时，应将其补充进来。参照波特教授的钻石模型理论，本章勾勒出文化产业保障措施的框架。

## 一、保障措施的重要性

文化产业保障措施可以完善文化产业规划体系，促进文化产业规划的有效实施，推动文化产业有序发展，提供优质文化产品和服务，有利于社会经济文化发展。

（一）保障文化产业规划的顺利实施

保障措施的制定，其主要目的是促进文化产业规划的有效实施。这是因为文化产业规划的本质是具有规划性、前瞻性的文化产业发展方案；其从制定到落地，需要许多部门的协调沟通，需要相关法律政策的保驾护航，更需要资源、资金和人才等生产要素的广泛参与。一个成熟的文化产业规划，对规划区域未来5—10年或者更长一段时间的文化产业发展具有指导意义。而这种指导性和前瞻性要发挥其作用，离不开保障措施的合理制定。保障措施从组织领导、资金体系、资源配置、人才支撑、技术服务、市场环境、产业融合、文化贸易等诸多方面为文化产业规划开路，为文化产业规划的具体实施指明了所需的政策依据、监管部门、机制体制及发展方向。此外，保障措施最大限度地将文化产业规划对协调文化产业相关部门与其他部门通力协作、推动区域产业结构优化的重要作用发挥出来。一方面大幅提高包括文化资源在内的各种资源的利用率，另一方面为相关产业的发展争取较好的政策支持。正因为保障措施的制定和实施，文化产业规划由文本蓝图到落地实现才成为可能。

（二）促进文化产业系统方案的形成

文化产业是一个投入高、收效慢、周期长的产业，单凭市场的力量很难发展起来，因此需要政府的行政行为来推动其跨越式发展，英国、韩国及日本文化产业的发展历程证明了这一点。保障措施作为行政干预的重要方式之一，对文化产业系统方案的形成有着举足轻重的意义。这是由于文化产业规划是文化产业系统方案的主体，保障措施的制定与实施会对文化消费、知识产权保护、对外文化贸易等做出指导性规划，从而引导文化产业规划朝着文化产业系统方案的目标迈进。如在保障措施中往往会涉及如何扩大文化消费、提供良好文化消费环境的规划设计。文化产业发展所仰赖的创意创新、高新技术等需要知识产权保护，这些会在保障措施的优化营商环境部分有所涉及。对外文化贸易是文化产品和服务的一个重要营销渠道，将为文化产业提供广阔的市场；在保障措施中，规划者往往会根据当地文化产品和服务特点及对外文化贸易发展基础规划设计保障对外文化贸易发展的措施，这将有效助推规划地区对外文化贸易的发展。

## 二、保障措施构成要素

文化产业规划是一个系统工程，要结合规划地区的具体情况来制定。保障措施是保障该区域文化产业规划得以顺利实施的基本保证，因此，在编制过程中既要因地制宜，与当地经济、社会、文化发展的实际相结合，也要包含组织、政策、资金、人才、法规等五大基本构成要素。

（一）组织保障

良好的组织保障是文化产业规划顺利实施的前提条件。政府部门对文化产业的组织管理职能主要表现为：设置、调整文化机构及其职能运用；选拔、培训、调配和考核文化行政人员；市场引导、秩序维护、行业服务及协调；采用行政、法律及经济手段进行管理、指导及监督。

在我国，文化产业组织保障能够提高各级领导及主管部门对文化产业的观念认识及重视程度，使其充分认识到发展文化产业的紧迫性，认识到文化产业是推动经济发展方式转变的重要抓手。组织保障从组织体系的合理架构出发，推动文化产业的发展上升到战略高度，服务于当地经济建设与文化建设，并成为地区发展水平与各相关部门工作实绩的考评依据之一。其次，组织保障能够推动文化产业行政机构及专门领导小组的建立，从而有效推动文化产业规划内容的主体实施部门的落实。再次，组织保障能够提出各个职能部门的协作机制，从而使得各个行政职能部门形成发展合力，避免相互掣肘的局面发生。最后，组织保障还能在优化营商环境、加强宣传推介等方面做出规划。

（二）政策保障

采用和制定倾斜性政策是扶持产业发展经常用到的手段，能够直接有效地解决阻碍产业发展的困难和问题，能够补充市场调节的不足、帮助文化产业发展壮大。政策作为一种手段，存在并作用于文化产业保障措施的各个环节。文化产业保障措施中任何环节要素的运行都离不开政策体系的支持。例如，利用产业政策，制定符合文化产业发展的相关政策措施和法律法规，包括财税金融政策、进出口贸易政策、园区发展政策、土地利用政策、文化企业扶持政策、区域合作政策，以及人才的培育、引进及激励政策等。明确文化产业的发展目标和产业定位后，需要利用政策手段，制定文化产业发展总体政策规划，保障其可持续发展。此外，政策导向对开拓市场需求方面也有着积极的作用，积极的政策性补贴、贷款优惠等可以促进文化企业的快速成长。因此，文化产业保障措施的建设，离不开政策保障。

（三）资金保障

资金对文化产业的发展具有不容忽视的重要作用。资金保障包括财政投入、投融资保障等内容。目前，我国文化产业普遍存在财政投入不足、投融资渠道不畅、社会资本投入少等问题。文化产业发展需要的公共服务平台及配套设施建设需要政府公共财政投入来完成，但由于各地对文化产业的重视程度不足及经济基础薄弱等，文化产业专项资金、基金难以落实到位，有名无实、短斤少两等情况时有发生。文化产业是一种知识、创意密集型产业，需求的不确定性让其生产投入的风险相对较高，单凭文化企业自身的力量往往难以筹集到足够的资金；而且文化企业除了本身的创意外往往缺乏能够抵押的不动产，从金融机构抵押贷款的途径狭窄。当一个具有潜力的创意在头脑中形成后，将创意落地实施、转化为文化产品和服务，乃至建设文化产业园区及公共服务平台等，都需要资金支持；在市场化运作过程中，市场推广、产品或服务的展示等等，更是需要大量资金的支撑。因此，文化产业保障措施中的资金要素，是文化产业顺利发展的物质保障。

（四）人才保障

人才保障，即通过各种途径和方法为文化产业发展提供优秀人力资源。人才保障能够为文化产业规划的实施提供创意人才支撑，提供与时俱进的科技人才，满足文化产业发展对市场经营人才的需求。创意是文化产业的核心竞争力，而人才尤其是复合型文化创意人才是创意来源的主体。区域文化产业发展的水平往往取决于该地区文化产业领军人物、专业人才的数量和竞争力。因此，人才保障是文化产业发展规划不可或缺的重要组成部分。就我国的文化产业人才数量和质量而言，北京、上海、深圳等一线城市比二、三线城市的优势和竞争力更明显，而二、三线城市比县级城市具有更多优势；东部地区人才的整体实力比西部地区强，西部地区的文化产业人才多集中在省会城市；文化人才集聚区域往往是文化产业发展相对较好的地区。可见，文化产业竞争力的核心是人才。正是人才将智力市场化，赋予其高度的经济价值和文化附加值；正是人才使得创意落地生根，衍生出了文化产品和服务，并且凸显地区特色和品牌特色。

（五）法规保障

文化产业的发展涉及众多利益层面的关系，这些关系的协调既需要市场、行政和文化等机制的调控，也有赖于法律规范的制约。法律规范具有指引人们行为的作用，同时，作为评价标准，法律规范也是文化产业规划在实施中的法律效力之源。作为文化产业规划的支持系统，法规保障主要通过文化产业相关法律法规的效力来推动文化产业规划在规划区域内的落地。

在文化产业规划中，法律法规的约束与效力体现在以下几个方面：第一，构建现代文化市场体系。文化市场环境对文化产业有效运行发挥重要作用，但文化市场的健康发展离不开法律法规的约束。制定相应的文化市场法规，加强文化市场监督管理，完善文化市场准入和退出机制，不仅可以形成良好的公平竞争环境，还会促进文化企业树立正确的市场竞争意识，杜绝恶性竞争对市场环境的破坏。第二，确定文化行政监督管理内容。文化行政监管是保证文化产业健康发展的重要举措，也是文化产业规划得以实施的重要保障之一。在保障措施的制定中，要明确文化行政监管的行政效力和法律效力，对不符合法律规定的各种名目的行政管理事项加以清理和废止，控制及约束不符合法律法规的执法行为、监管行为，从而维护良好的文化产业规划实施环境。第三，开展知识产权保护。文化产业是知识密集型产业，法规保障要强调知识产权保护的观念和力度。一方面积极落实打击侵犯知识产权违法行为的法律法规和规章，一方面要在企业、群众中加强知识产权保护的普法宣传。第四，为其他政策措施保驾护航。任何保障措施的制定都需要建立在合法的前提下，因此，法规保障在一定程度上为其他构成要素提供法律效力和法律依据。

**相关链接：省域文化艺术产业“十三五”规划中的保障措施部分**

（一）优化组织领导机制

建立部门联动协调机制。加强部门组织协同，各级发展改革、经信、国有资产管理、科技、财政、国土资源、住房城乡建设、商务、税务、工商、人事、统计、旅游、金融、海关等部门要按照职能分工加强协作配合，共同促进文化艺术产业发展。文化、新闻出版广电、发展改革、财政、税务、国土资源、金融等部门，要立足本部门职责，运用多种形式加强文化艺术产业政策的培训和解读，大力促进信息公开、政策透明，提高文化企业对政策的知晓率、利用率。提高行政效能和市场监管水平，加强文化艺术行业协会的组织建设。积极引导、组织文化艺术产业相关行业协会参与文化艺术产业相关政策、行业标准、联盟标准的编制，提出规划意见和建议。

建立科学发展考评体系。全省各市、县（区、市）要切实把加快推进文化艺术产业发展作为重要任务，纳入当地经济社会发展总体规划和科学发展考评体系，把文化艺术产业发展情况作为评价地区发展水平、衡量发展质量和领导干部工作实绩的重要内容。健全文化艺术产业统计调查、监测和评价体系，加强政府综合统计与部门统计的协调互动，实现文化产业统计全行业覆盖。从文化内容生产和受众反馈两个角度建立文化艺术产业社会效益测评体系，综合测评文化内涵、创新水平、意识形态、认可程度、舆论导向等指标，对社会效益较好的文化产品和服务给予奖励和支持，对社会效益差且造成不良社会影响的文化艺术产业和服务要给予查处和惩戒。

（二）创新资金扶持体系

设立文化艺术产业发展基金。设立山东省动漫精品建设专项资金，对优秀原创动漫产品创作生产、动漫公共服务技术平台建设、动漫产业园区和基地建设、重大动漫产业项目建设、动漫创意人才建设、动漫产品走出去等进行扶持。设立全省非物质文化遗产生产性保护引导资金，用于对全省非遗生产性保护项目的挖掘、整理和数字化保护，及对全省非遗生产性保护企业或业户的扶持等。设立演艺产业发展引导资金，用于演艺产业技术服务平台建设、演艺综合体建设、演艺业科技提升、演出补贴、人才培养、项目支持，对全省演出团体演出进行分级补贴，对每年演出不低于100场的大型演出场馆给予一定补贴，为大型文化旅游演出项目提供项目打造和推广的专项资金支持，等等。

建立文化艺术产业资金激励机制。加大金融产品创新力度，增强产品开发针对性和适应性，积极对接中小微企业有效需求。构建以债券市场、小贷公司、融资担保机构等融资形式以及P2P和股权众筹等新型融资模式为主的投资体系。鼓励各级财政安排相应资金，加大奖励扶持力度，出台扶持和奖励政策，建立社会资本等多种形式资金的筹措机制，构建多渠道、多元化的奖励基金体系，通过政府采购、项目补贴、定向资助、以奖代补等方式鼓励转制文化企业、文艺院团参与公共文化服务。设立艺术品产业发展专项奖励资金，在扶持艺术品产业园区基地和重大项目建设基础上，对参加国内外各种艺术品展销博览会、企业开设境外艺术品销售网点实施补助，重点奖励优秀艺术家、工艺美术大师等。

（三）完善政策支撑体系

深入落实财税优惠政策。针对山东省演艺、动漫、艺术品、非物质文化遗产生产性保护等文化艺术领域发展实际，落实《关于在全国开展交通运输业和部分现代服务业营业税改征增值税试点税收政策的通知》的有关规定。如：国有文艺院团转制后原有的正常事业费继续拨付，可按现行税收政策规定享受有关优惠政策；经国务院有关部门认定的动漫企业自主开发、生产动漫产品，可申请享受国家现行鼓励软件产业发展的有关增值税、所得税优惠政策；需要进口的商品可享受免征进口关税及进口环节增值税的政策；对经认定的国家级、省级文化产业示范园区基地及其重点项目，执行3年内按规定减免行政规费；对园区基地内新创办文化企业，根据企业税收缴纳和同级财力情况，给予重点扶持。建立与山东省经济发展相适应的金融风险防范机制和绩效激励政策机制，切实为金融持续有力支持文化企业的发展提供体制机制的保障。

认真贯彻产业发展专项政策。各级政府要把文化艺术产业发展用地纳入土地利用总体规划和城市规划，为文化艺术产业加快发展预留用地空间；每年新增建设用地指标酌情向文化艺术产业倾斜，优先安排文化企业和项目用地指标。推进经营性文化事业单位转制涉及的原划拨土地，转制后用途符合《划拨用地目录》的，可继续以划拨方式使用；不符合《划拨用地目录》的，应当依法实行有偿使用。经省级以上人民政府批准，经营性文化事业单位转制为国有企业的，原生产经营性划拨用地，可采用国家出资（入股）方式配置。

（五）强化人才智力保障

加强文艺人才建设。将文艺队伍建设摆在更加突出的重要位置，努力造就一批有影响的各领域文艺领军人物。充分发挥省内高等院校和艺术职业学校的作用，加强后备艺术人才培养。鼓励高等院校开设文化艺术产业相关专业，推动文化艺术产业学科建设，重点培养文化艺术产业创意策划、经营管理、资本运营、创新研发、经纪代理等方面的人才；完善文化艺术职业技能培训，支持、鼓励高等院校、培训机构与文化企业联合创建人才培养、研发、实训基地，开展产学研合作，培养实用型、复合型技术人才。定期举办各艺术专业培训班，选送优秀艺术人才到高等院校进修学习，提高艺术人才综合素质。同时，文化艺术工作者应该根植于人民生活，提高艺德修养，创作富有山东本土特色的文化艺术品牌，营造良好的社会文化氛围，推动文化艺术产业不断发展。

完善人才使用、引进和激励机制。结合文化体制改革和机制创新，构建科学的人才使用、引进和激励机制。充分发挥现有在职艺术人才骨干作用，通过艺术资源合理配置，调动艺术人员积极性，形成人尽其才、才尽其用的良好机制，建立专业结构合理、素质优良、充满活力的艺术人才队伍；将文化艺术产业创意研发、高级管理、经纪、技术人才引进纳入各地高新技术人才引进计划，在落户、住房、子女教育、医疗、出入境等方面提供便利服务，营造引进优秀艺术人才的良好环境；建立文化艺术领域经营管理人才库，完善人才选拔、聘用、激励机制，对对促进文化艺术产业发展做出突出贡献的集体和个人按照规定给予表彰和奖励。

（摘自《山东省文化艺术产业“十三五”规划》）



## 第二节　文化产业保障措施的编制

文化产业保障措施具有整合和调控要素资源的作用，能够推动文化产业资源配置和产业经济的快速增长。保障措施不仅可以提升文化产业的战略地位，而且可以促进文化产业规划的快速发展。

### 一、编制原则

文化产业保障措施的编制需要参照规划具体内容的要求，按照一定的原则进行，才能使文化产业保障措施趋于科学、合理和完善。

（一）系统性原则

文化产业保障措施必须系统、连贯。如果产业保障措施构成杂乱无章，不仅影响产业规划的实施效果，而且会导致产业规划实施陷入混乱无序的状态。首先，保障措施编制要考虑时空上的系统性。既要有宏观战略的眼光，针对当地文化产业发展中遇到的各种问题提出保障意见，又要充分考虑当地政府政策和经济社会发展基础。其次，保障措施要按照一定的逻辑顺序编制。应该统筹全局，从总目标层出发，进行文化产业发展的要素分解，建立起完善的文化产业保障措施。

（二）科学性原则

要以科学思想为指导，以事实为依据，使文化产业保障措施的编制具有实践基础。这要求科学地选取产业评价指标，形成文化产业保障措施的框架，再综合使用文献综述法和数量分析法对文化产业规划的各相关内容进行合理分析，尽量减少主观因素干扰，从而保证文化产业保障措施的科学性和权威性，做到每个部分都有合理的理论依据和现实针对性。

（三）协调性原则

文化产业保障措施的编制，要以政府的宏观政策和产业政策为基础，在注重对文化产业规划的实施保驾护航的同时，也要注意措施的合法性及与其他政策措施的衔接。既不能做出明显不能实现的保障承诺，也不能因保障措施太无力导致规划不能顺利实施，当然更不能滥用优惠政策。如果滥用权力，产业保障措施逾越政策、法律界限，将导致不合规不合法的项目、地方保护、贸易壁垒等问题，妨碍正常贸易、限制市场上的公平竞争。

## 二、保障措施的编制

一般而言，文化产业保障措施内容主要包括组织保障、政策保障、资金保障、人才保障四个方面。这四块内容包含着组织、政策、资金、人才和法规五个基本构成要素，同时也应根据规划区域的不同发展目标和定位进行相应调整。

（一）组织保障

我国行政机构长期以来的条块分割局面，在文化产业的组织架构上体现得更为明显。文化产业行政机构分别隶属于宣传部门和文化部门的局面更加深了“混乱”的程度，导致文化产业在组织架构上形成多头管理、职能分散、争功推责的局面。针对这种现状，要使文化产业规划顺利实施，就需要从多方入手提供组织保障。

首先是行政结构调整，从分散到集中。适应国家行政结构从条块分割到“大部制”的改革趋势，文化产业管理部门逐步合并，对文化产业管理权力进行集中，利于对相关文化资源进行统筹利用，利于提高管理效率。鉴于行政合并比较困难，也是一个比较大的课题，一般侧重于规划成立多部门联合的领导小组、部门联席会议等推动规划实施。

其次是纳入区域总体发展规划。将文化产业规划纳入区域经济社会发展总体规划，纳入相关政府部门工作议程。为了保证文化产业规划的有效实施，将规划任务进行分解并落实到各个职能部门，将工作成效纳入相关部门领导及行政人员年度工作考核。这就有效防止了职责不清、相互扯皮情况的发生。纳入工作考核的前提是要制定地方考核指标，这需要地方政府部门及时出台配套措施。

再次是加强公共服务组织建设。政府部门作为官方代表来管理文化产业，文化企业作为文化市场主体具体从事文化产品生产及服务工作，在二者之间需要联系的纽带和桥梁。这就需要健全完善行业协会、中介机构等社会组织，增进企业间的合作交流并提供公共服务。

根据各地情况的不同，有的组织保障中还会涉及公共服务平台搭建、宣传推介等内容，兹不赘述。

（二）政策保障

在文化产业发展中，如何转变政府角色，充分发挥政府政策的宏观调控职能，促进我国文化产业经济持续增长，一直是学界关心的问题。

首先，政府监督、促进现有政策落地。全国性规划要与国际性政策法规对接，省市县级规划则首先要认真贯彻落实国家和省市文化改革发展政策，确保财政、税收、工商、土地、贸易、科技等各项优惠政策按规定落实到位。通过省、市、区三级政策服务平台的搭建，促进政策发布与实施各环节的有机衔接。同时，要加强政策的统筹管理工作，建立健全科学、合理的政策评价指标体系，从而确保政策落地的有效性。重点推动文化产业用地保障政策，落实文化产业优先用地、优惠奖励与节约集约用地水平相挂钩政策。

其次，出台地方扶持政策。一是制定出台财政扶持文化产业发展的政策意见。注重政策的可操作性和可兑现性，建立文化产业发展专项基金，在财政贴息、行政审批、税收优惠、人才引进等方面给予实实在在的支持。二是要培育市场，发展完善市场主体体系，丰富文化产品和服务，激活文化消费潜力，提升区域文化消费需求。三是搭建投融资渠道和平台，发挥政府投入的先导效应，有效提振民营资本进入文化产业领域的信心。例如，上海徐汇区整合国有文化资产，成立国有文化投资公司，发挥政府的引领作用。

再次，健全知识产权保护体系。对文化产业来说，知识产权保护是其快速发展的关键，因此，相关法律法规的制定以及政府的政策支持和有效管理都是十分必要的。加强知识产权保护力度，不仅要制定和完善知识产权的法律、法规与政策，更要鼓励和推动企业与个人提高知识产权保护意识，努力提高企业与个人的文化创新能力。一般来说，与文化产业相关的知识产权制度主要包括著作权制度、商号权制度、商标权制度及外观设计保护制度。要推动我国文化产业快速、健康发展，除了构建完善的著作权立法、培养公众版权意识、强化行政监管等举措，还要建立贯穿文化产业创作、生产、流通与消费全过程的综合版权服务体系和高效的版权法律保护体系。

（三）资金保障

文化产业的发展离不开资金的支持。资金保障措施，主要是在产业政策的支持下积极支持财政投入、投融资、产业基金、民间资本吸纳和引进境外资本。

1. 政府资金保障。

国际上，许多国家的文化产业快速发展都离不开政府的资金支持。一般来说，政策性融资体系、税收减免优惠机制等组成了政府资金保障的主要内容。例如，韩国政府设立了很多文化产业专项基金，如文艺振兴基金、信息化促进基金、广播发展基金、电影振兴基金等。[①] 就我国而言，要整合现有各类文化产业发展专项资金，重点支持文化产业发展平台建设和新兴业态及骨干文化企业发展。各级政府在加大财政支持力度、强化公共财政专项资金及基金等的市场引导作用的同时，还可采取政府采购等方式支持文化产业的快速发展。例如，对剧场及其运营管理加强扶持，根据演出场次对中小剧场进行补贴，用于支持其开展低票价惠民演出。

2. 多元化的投融资保障。

首先，通过上市融资的方式，深化、拓宽融资渠道，广泛吸纳民间资本，加快资金的流动。上市融资是目前文化产业发展中较为成熟和可取的方式之一，也是衡量文化产业发展与现代企业制度接轨的重要指标之一。文化企业采用股份制的经营管理形式，不仅更容易激发企业潜力、增强创新活力，也会促进整个文化市场体系的不断完善。其次，通过搭建文化产业投融资平台，健全银企联席会议制度，加快文化企业直接融资渠道的拓展。一方面，鼓励银行机构以专利权、著作权、商标权以及艺术品、应收账款、仓单质押贷款方式，创新文化创意产业、服务业信贷产品，积极发展专业性担保机构；另一方面，鼓励中小文化企业到股权市场挂牌交易和发行债券，探索开展文化产业项目资产证券化试点。

---

① 韩晓时等：《发展创意产业的政府策略》，《理论界》，2007（12），72—73页。

（四）人才保障

人才的优秀程度影响未来文化产业主体素质的高低。人才保障措施主要包括人才的培养、人才的引进和人才的激励机制。

1. 人才培养。

教育培训是提高从业人员素质、工作能力的重要手段，是人才保障不可或缺的内容。教育培训可分为短期培训、在职培训、正规学历教育和考察学习等类型。培训内容一般分为专项培训、专业技能、监督监管以及传统文化知识等。专项培训涵盖内容广泛，例如园区管理与运营、重点行业培训、专项政策解读、传统文化资源保护与利用等。

首先，应立足高校资源，根据市场需要开设文化产业类专业，改革教学理念和教学方法，围绕文化产业新视角，培养造就文化产业人才。其次，充分利用社会力量办学。社会力量培养方式灵活，市场化程度高，有利于实用型和复合型人才的培养。具体来讲，就是要拓宽人才培训渠道，吸纳民营企业的资金、人才优势，使其逐步进入文化产业教育领域，在政策、教学、信息等方面给予必要的支持和帮助，逐步形成文化产业短期培训、学历教育、高级人才培训、产学研一体化的立体化培训体系。① 最后，应该加强人才培养的国际化合作。在经济全球化、国际化趋势下，必须推动文化产业人才全球化、国际化。通过学习国外文化产业先进技术和管理模式，来提升我国文化产业人才的学习能力、创新能力和研究能力。②

2. 人才引进。

文化产业的发展需要人才智力资本的集聚，特别是顶尖、高端人才的技能水准、名人效应、人脉优势能够有效拉动地区文化产业发展。对于文化产业发展较快的地区，要在住房保障、资金补助、创业扶持等方面研究制定更加优惠的政策措施，吸引国内外一流人才集聚，形成人才高地。特别要加强与国外专家的合作，积极引进一批掌握现代高新技术和理念、善于运用科技手段推动文化创意产业发展的创新型人才和一批熟悉贸易规则、善于开拓国内外文化产业市场的外向型人才。对于文化产业发展相对滞后的地区，根据实际情况，制定相应的人才引进计划，主动吸引国内一线城市文化产业优秀人才入驻、回乡创业等，逐渐形成可持续的人才梯

---

① 王齐国、张凌云：《文化产业园区理论与实践》，385页，济南，山东大学出版社，2011。

② 王淑娟：《论我国文化产业人才培养体系的建构与创新》，《人力资源管理》，2010(6)，254页。

队，带动本地文化产业的快速发展。

3. 人才激励机制。

人才激励机制，即人才的发展空间、薪资待遇、奖励政策等机制。目前，我国文化产业最缺的就是人才和氛围。建立良好的人才奖励机制，是为了创造良好的发展氛围，留住更多优秀的文化产业人才。创立一套激励全民创意的机制及评判标准，构建完善的人才激励机制，将企业人力资源管理的重心，从传统的低层次的人力资源事务工作转移到专业方面的交流与研究中。① 例如，采用高薪和奖励等有形激励措施，吸引国内外文化产业人才加入到地区文化产业发展中；政府和企业分别设立专项资金，用于支持优秀的文化产业从业人员定期出国考察、学习交流，拓展国际视野和业务素质。

随着信息化、全球化的发展，文化产业表现出的一些新的发展趋势，也可以根据规划区域的需求渗透在上述四大板块中。比如对外文化贸易、信息技术服务、文化产业与其他相关产业融合等内容，都可以在保障措施部分有所体现。

文化产业规划各个部分之间既相对独立，又相互衔接，前后呼应。保障措施的编制，既要能够自成体系，又要与前面章节的规划设计内容相呼应，为文化产业规划的实施提供有效保障。针对我国文化产业发展中存在的普遍问题及规划区域的特殊问题，要提出有建设性的保障设计。由于我国文化产业发展时间短，相关政府部门管理和指导文化产业的经验不足，关于文化产业的学术研究也跟不上产业发展的步伐。这就需要多借鉴文化产业发达国家和地区的经验，编制出前瞻性和可操作性兼备的高水平保障措施。

**相关链接：北京市文化创意产业功能区建设综合保障措施**

针对文化创意产业的发展特性和不同功能区的产业定位与发展目标，规划构建“1＋7＋N”的功能区综合保障措施，即“一揽子基础认定政策，七项综合保障措施，若干个性发展策略”，协同应用法规、经济、行政三种调节手段，从政策扶持、措施保障和个性发展等方面，系统把握功能区建设所需的要素体系，引导和规范不同功能区的长期、健康、可持续发展。

---

① 梁强、李津、王欣：《创意产业人才短缺及其激励机制设计》，《职教论坛》，2009(3)，25—28页。

（一）制定一揽子基础认定政策

研究确定文化创意产业功能区内文化创意企业、人才、产品等一揽子认定政策，包括：不同类型的文化创意企业认定标准，作为落实相关税收政策和行政事业性收费减免、租金补贴等财政支持措施的基础性依据；不同行业规模以上企业和中、小、微等不同类型企业的划定标准，为出台针对性的产业促进措施奠定基础；文化创意产业人才认定标准，为提供相应的资金支持、创业补助、职称评定和户籍管理等社会保障与公共服务提供基础；文化创意产品、版权和项目的认定政策，为提供有效的知识产权保护和无形资产评估服务提供基础。

（二）完善七项综合保障措施

1. 体制机制保障

深化文化体制改革，创新产业发展思路，转变文化发展方式。在市文化改革和发展领导小组全面统筹下，探索建立市级部门、区县政府、产业联盟、龙头企业等各类主体深度参与的文化创意产业功能区管理运营新模式，充分发挥政府引导、服务职能和市场在文化资源配置中的积极作用，培育和激发全社会的创意创新能力。推动形成以公有制为主体、多种所有制共同发展的文化创意产业格局。

进一步强化政府提供文化公共服务、建设文化服务设施、加强知识产权保护的职能，落实国家和北京市支持文化创意产业发展的各项规划、法规和优惠政策，研究制定文化创意产业和功能区发展相关条例，完善功能区内投资核准、银行贷款、土地使用、税收优惠、上市融资、发行债券、对外贸易和申请专项资金等各项扶持政策。……

加快培育、发展和规范功能区内相关行业协（商、学）会、中介组织和产业联盟，充分发挥行业组织在研究行业发展、制定共性标准、整合行业资源、协调行业利益、加强行业自律等方面的作用。进一步发挥龙头骨干企业的示范和带动作用，加快产业要素聚集，提高产业运转效率，促进产业健康快速发展。

2. 人才队伍保障

深入实施中央“千人计划”“万人计划”和“北京海外人才聚集工程”，借鉴中关村高新技术人才扶持政策，研究建立符合文化创意产业功能区发展、有利于培养和引进世界顶级创意创新人才的工作机制，同时制定完善相关政策措施，在户籍管理、子女入学入托等方面为文化创意产业高级人才提供保障。重点培养和引进一批文化创意领军人才、高层次文化经营管理人才、文化金融融合的资本型人才、文化科技融合的创新型人才，以及熟悉国际文化产业和贸易规则的外向型人才。推广人才“打包”引进模式，以领军人才带动吸引海内外优秀人才入驻功能区。……

建立健全功能区文化创意人才的认定机制、评价体系和激励机制，推进职业技能鉴定和职称评定工作，建立功能区文化创意人才信息资源库和综合保障服务平台。……

3. 财政税收保障

引导市级统筹的文化创新发展专项（产业类）资金支持重点功能区建设，鼓励各功能区和所在区县结合自身产业发展基础及实际情况设立文化创意产业发展资金。加强市、区两级文化创新发展资金的统筹管理，切实提高财政资金使用效率，推动文化创意企业和重大项目按照各功能区产业定位布局落地。鼓励政府采购功能区文化创意产品和服务，引领和拓展文化创意产业细分市场。

参照中关村国家自主创新示范区做法，积极争取出台功能区税收优惠试点政策。……

4. 金融支持保障

充分发挥首都金融机构总部优势，建立完善文化投融资体制机制，促进功能区文化金融融合发展。积极建立健全文化创意产业的无形资产评估体系和信用评级制度，鼓励银行、信贷和担保机构建立专门服务文化创意产业的专营机构、特色支行和文化金融专业服务团队，不断创新金融产品和服务。鼓励增加版权质押、股权融资、信用担保、融资租赁贷款、应收账款质押融资、产业链融资等多种促进功能区文化创意企业发展的融资品种，重点拓展贷款抵（质）押物的范围，完善无形资产和收益权抵（质）押权登记公示制度，探索开展无形资产和收益权抵（质）押贷款等业务，进一步缓解文化企业、文化项目融资难题。在加强监管的前提下，支持具备条件的民间资本在功能区内依法发起设立中小型银行，为文化创意产业发展提供专业化的金融服务。……

加强国有文化创意产业投资基金对社会资本的引导作用，积极培育文化创意产业的战略投资者，引导私募股权投资基金、创业投资基金及各类投资机构加大对文化创意产业核心领域、文化创意新兴业态和功能区的投资力度。加快建设北京市文化产权交易中心，充分利用中国（北京）国际服务贸易交易会、中国北京国际文化创意产业博览会等相关专业性展会、交易会等平台，促进功能区文化创意产品和服务交易。

加大功能区内金融支持文化消费的力度。探索开展艺术品、工艺品资产托管，鼓励发展文化消费信贷。鼓励文化类电子商务平台与互联网金融相结合，促进文化领域的信息消费。加强功能区内金融机构和支付结算系统建设，完善第三方支付机构网点建设和运营环境建设，完善银行卡刷卡消费环境，提升文化消费便利性。

5. 建设用地保障

在北京城市总体规划和土地利用总体规划的指导下，基于土地节约集约利用的原则，重点保障功能区内文化创意产业用地，优先安排文化创意产业重大项目用地计划指标。鼓励文化创意企业参与旧城、旧工业区和城郊地区的产业升级改造，积极盘活存量土地资源，探索利用工业用地和集体建设用地发展文化创意产业的新模式。支持以划拨方式取得土地的单位利用存量房产、原有土地兴办文化创意和设计服务，在符合城乡规划前提下土地用途和使用权人可暂不变更，连续经营一年以上、符合划拨用地目录的可按划拨用地办理用地手续，不符合划拨用地目录的可采取协议出让方式办理用地手续。……

明确工业用地变更为文化创意产业用地的途径和政策措施，探索在北京城市建设用地分类中增加文化创意产业用地分类，并在修改城市总体规划时，将文化创意产业建设用地纳入城市空间专项规划。

6. 对外合作保障

……推进北京国际交往中心建设和北京市文化创意产业的国际化步伐。鼓励功能区和相关行业协会积极与国内外文化产业园区、相关机构开展合作，搭建产品服务贸易中介平台，举办投资贸易推介活动，承办国际文化节事活动，参加国内外相关文化节会。鼓励功能区企业出口产品和服务，落实“对国家重点鼓励的文化产品出口实行增值税零税率。对国家重点鼓励的文化服务出口实行营业税免税。结合营业税改征增值税改革试点，逐步将文化服务行业纳入‘营改增’试点范围，对纳入增值税征收范围的文化服务出口实行增值税零税率或免税”的相关规定，对出口文化产品和服务成绩突出的企业进行奖励。鼓励功能区文化创意企业为承担国家鼓励类文化产业项目进口国内不能生产的自用设备及配套件、备件，在政策规定范围和期限内，免征进口关税。积极支持功能区企业海外并购、境外投资，推进文化贸易投资的外汇管理和结算便利化。……

7. 公共服务保障

加强文化创意产业公共服务平台建设，重点建设文化科技融合主线、传媒影视板块、出版发行板块、设计服务板块的公共技术服务平台，为功能区文化创意企业提供公共设备使用、技术认证和指导等服务。加强文化艺术、文化交易、会展活动、文化休闲等板块的相关功能区中介服务平台与文化设施建设力度，提升其对文化创意产业和城市功能空间的带动能力。

完善道路、市政等各项基础设施，加快生活设施配套建设。……

（三）探索若干个性发展策略

针对各功能区发展阶段的差异和产业定位的不同，结合各自发展基础与资源禀赋，分别利用财税、金融、人才、土地、对外交流等支持手段，研究制定若干有针对性的产业专项引导措施。鼓励各功能区总结自身发展经验，探索制定各具特色的功能区个性发展策略，通过顶层设计和“摸着石头过河”，共同推动各功能区产业集聚化、特色化和差异化发展。

（四）加强政策措施统筹协调

……

（选自《北京市文化创意产业功能区建设发展规划（2014—2020年）》）

## 第三节　文化产业保障措施的实施

长期以来，规划被认为是“规划规划，墙上挂挂，评审一完，就是废话”，文化产业规划也不例外。这种思维和观念，多少存在贬多褒少的意思。这充分说明，规划的客观评判标准缺失，规划的制定过程仅停留在协议签订和评审完结的层面。规划委托方的规划动机，在很大程度上，是将规划作为“招揽投资，向上级汇报，打造形象工程”的谈资，对保障措施的实施敷衍了事，忽略规划的落地与实施后效。长此以往，类似观念将导致文化产业项目开发建设后的社会效益与经济效益、文化效益与生态效益难以实现。

为了更好地推动规划文本的执行与落地，各级各部门应该重视保障措施的实施细则，强化保障措施对文化产业规划后效的追踪与监控，将各项措施落到实处。结合地方规划实践可以得知，保障措施实施主要表现为以下两个方面。

### 一、强化文化产业规划后效

文化产业规划后效是指文化产业规划制定完毕后，在操作层面中所产生的一系列社会、经济、文化和环境影响。而文化产业规划后效能否实现如制定之初的预期，关键在于保障措施的推动。因此，保障措施的实施，实际上是对文化产业后效的强化与监控。

（一）社会后效

一般来说，规划区域的产业发展对当地社会产生正反两种影响。如文化产业规划落地后，是否能够促进当地社会跨越式发展，带动当地社会生活的质变；文化项目的开发，是否能够大幅改善当地社会基础设施建设的现状，形成良好的城乡协调发展格局、区域协同发展格局等；按照文化产业规划的既定目标，是否在保护当地文化遗产、弘扬当地优秀传统文化的同时，又促进了当地社会文化的多元发展。文化产业发展对当地产生积极作用的同时也会产生一些负面后效，如何将负面后效控制在最小的范围内，是保障措施的重要内容。比如从文化内容和受众两方面来建立社会效益测评体系，通过对传统文化含量、创意创新程度、思想观念的积极性、技术手段的专业性等相应指标的定性分析来评估文化内容生产水平，通过对文化产品和服务的到达率、认知度和接受度测评社会效益。

（二）经济后效

文化产业具有产业链长的优势，不仅带动相关产业的长足发展，也会引爆新兴产业的不断涌现，其带来的经济效益对规划区域的贡献是不可估量的。文化产业规划所强调的正是最大限度地发挥文化产业在规划区域的经济效益，形成地区龙头产业和优势产业，带动相关产业联动、区域联动，并最终朝着支柱性产业发展。正是这种巨大张力和拉动效应，使得文化产业成为投资者时下关注的焦点，成为地区招商引资的法宝。但这并不代表文化产业规划中的发展目标能够轻而易举地实现，恰恰相反，文化产业发展极易出现超过预期或偏差的风险。这就需要保障措施的积极干预和调控，将负面的经济后效降低到最小波段。一方面，高风险高回报的文化产业，需要保障性政策措施及实施细则及时出台，避免文化项目建设中的闲置浪费和资源破坏；另一方面，投资吸引的巨大魔力会带来通货膨胀和盲目发展的恶性循环，需要组织领导和体制创新的相应干预，加强考核评定与纠错纠偏机制的监控预警。

（三）文化后效

文化是文化产业的内涵与本质。对规划区域而言，文化产业的主要业态和未来发展趋势很大程度上取决于当地文化资源禀赋。固有文化资源的开发利用程度会影响文化产业各行业间的关联度，还决定了文化产品和服务的研发设计水平。因此，对当地文化资源开发利用的倾斜，应该在保障措施的编制阶段就有所体现。例如，山东省济宁市是孔孟文化的发源地，源远流长的优秀传统文化是其丰富的文化财富，也是其文化产业规划中的重要内容；曲阜市以传承弘扬优秀传统文化为重点的教育培训业的蓬勃发展也充分证明了这一点。在保障措施的具体实施中也应对文化资源开发利用给予倾斜，出台专项扶持政策、给予财政支持、为其“走出去”提供平台等。

（四）环境后效

所有产业的发展都会对人类生存的环境产生一定影响。文化产业是低碳高效环保的行业形态，但在尽量维持与环境和谐相处的同时，对环境也会存在一定的负面影响。这是因为文化产业规划的落地不是停留在书面蓝图，而是以文化企业、文化园区、文化项目为建设载体推动产业发展。文化企业的发展、文化园区的运营以及文化项目的建设，都需要对文化资源、生态环境进行不同程度的改造。为了避免对生态环境的破坏，在保障措施中，相关部门都会强调各类政策法规的有效衔接，确保土地利用政策和文化资源开发政策的合理性，避免重复建设、资源浪费、盲目开发等带来的危害。从某种程度上说，文化产业保障措施的实施，是人类在规划蓝图落地过程中对文化产业生态系统的重新构建，这要以保护和适度开发为前提。

## 二、追踪监控规划实施过程

保障措施的执行部门多而杂，如果相关部门没有了解自身所承担的职责及执行效果，就难以进行协调合作，不利于文化产业规划的最终落地。一个文化产业规划文本能否成功运行很大程度上取决于是否能够保障各级各部门之间及其内部的协调合作关系融洽得当。由于文化产业规划具有动态性、前瞻性、引领性等特点，因此，在实际操作中，应该将规划的实施视作一个持续的动态过程，在保障措施中建立反馈、监控和弹性机制，以适应外部环境的不断变化。

（一）保障措施实施系统的构成

文化产业保障措施是一个大系统，包含着组织、政策、资金、人才、环境五个分系统，各分系统分别对应文化产业规划实施的要素系统，由不同的部门进行分管。因此，保障措施的实施，是各部门配合完成规划落地的流程，是追踪监控整个规划从制定到实施的全过程。根据实施的指标体系和主要对策，保障措施的实施系统内部构成如下：

1. 组织保障实施系统。

产业规划实施主体分为两部分，一是行政管理部门，二是行业中介组织。对于行政管理部门，既要强调统一领导，也要突出部门协调配合。两方面互相依存，相互影响。只有在确立了统一领导的前提下，才能推动各相关部门的积极配合与团结协作，保证在实施中分工明确、权责明晰。与此同时，加强目标考核的监督监管，特别是对各级政府机关相关部门的工作实绩、文化产业发展情况和社会效益进行综合考评，形成良好的舆论导向。除了部门联动、地区协同等组织实施措施，也要充分发挥各级各类行业协会、中介组织、研究机构等在行业研究、标准制定、交流合作等方面的作用，从而形成更大的合力，推动保障措施的有效实施。

2. 政策保障实施系统。

政策保障系统的实施主要落脚在财税金融政策、土地利用政策、文化资源开发政策、文化交流贸易政策、其他专项政策。在财税金融政策上，要加大财政专项投入力度，积极落实、完善相关税收政策，建立健全投融资体系，完善文化产业发展专项资金管理办法，确保投资发挥效益。在土地利用政策上，在确保产业配套用地需求的同时，利用现有工业厂房、仓储用房、废旧建筑等兴办文化产业，提高存量建设用地利用效率。在文化资源开发政策上，对文化资源的产业价值进行分层次、分行业界定，对各类文化资源的产业价值进行系统调研、科学定位，通过产品开发和市场创新，提升文化资源的利用率。在文化交流贸易政策上，以建立“政府主导、企业主体、市场运作、社会参与”的对外文化交流机制为目标，制定完善鼓励文化产品和服务出口的政策措施。此外，要认真贯彻产业发展的各类专项政策，鼓励与推动文化产业与其他产业融合发展，深化“文化＋”“互联网＋”等新理念的实际应用。

3. 资金保障实施系统。

资金保障系统主要由文化产业专项基金、投融资渠道、文化金融服务、融资担保等内容构成，其主要目的在于广泛吸引社会资本投资文化产业，减轻政府财政负担，活跃金融市场，让更多文化企业受益。一方面，确保国家、省市县各级文化产业发展基金的设立，形成良好的专项基金扶持体系；另一方面，积极吸引非公有资本渗透到文化产业领域，拓展投融资渠道，创新文化金融产品和服务，建立健全融资担保体系，为广大中小文化企业破解发展瓶颈。此外，还可以通过设立相应的资金激励机制、发展投资基金等，激活文化企业创新创意的热情，带动重点文化项目试水互联网、PPP 等新的金融模式。

4. 人才保障实施系统。

人才保障系统分为人才培育、人才使用、人才引进和人才激励。在人才培育上，一方面通过实训基地、校企联合等形式，积极培养后备人才，不断充实人才队伍；另一方面通过对外交流、合作培养等形式，培养高端创新人才，注重高端人才的集聚效应。在人才使用上，通过各类资源合理配置，调动文化人才的积极性，形成人尽其才、才尽其用的良好机制，建立专业结构合理、素质优良、充满活力的人才梯队。在人才引进方面，健全人员双向流动机制，吸引聚拢创意创新人才，在落户、住房、子女教育、医疗、出入境等方面提供便利服务，营造引进优秀人才的良好环境。在激励措施上，完善人才选拔、聘用、激励机制，建立高端人才储备库，尝试股权激励、岗位分红、项目分红等新的奖励措施的实际运用。

5. 环境保障实施系统。

这里的环境并不是一般意义上的生存环境、生态环境，而是文化产业保障措施实施的具体环境，包括市场环境、宣传环境、法律环境、营商环境等。建立健全现代文化市场体系是保障措施的重点之一，也是构建良好市场环境的重要组成部分。宣传环境保障即充分利用好各种媒体平台，通过互联网、电视台、广播电台以及手机短信、微信等途径宣传文化产业相关政策、法规，努力营造舆论环境。文化产业运行的法律环境主要涉及知识产权保护及相关的企业行为、执法行为等，具体从普法宣传、法规制定、执法监督等层面来监控规划实施。营商环境的构建十分重要，主要体现在深化行政审批改革，规范保障文化产业规划顺利实施的行政行为，弱化非市场化行为，加强文化市场培育与管理，形成良好的竞争秩序。

此外，在文化产业规划的具体编制中，限于篇幅，关于保障措施一般只有努力方向、发展方式等比较概括性的描述；其背后需要大量的潜在的支持工作，例如，出台相关具体支持政策、落实上级政策、组织联席会议、重点责任分解及考核办法拟定等。

（二）保障措施追踪监控的运行模式

根据控制论的理论模型，结合文化产业规划全过程，可以将追踪监控系统按照以下程序进行分解：

第一，制定控制跨度。文化产业规划的实施有一个时间跨度，这包含阶段性规划目标和最终发展目标，也包括文化产业项目的建设标准和时效性追溯。因此，保障措施监控需要建立在对规划实施全过程的时间、数量和质量的标准量度上，形成对全过程监督的跨度控制。

第二，完成书面报告。在保障措施实施的过程中，要获取规划目标实际执行情况的书面报告。对照预期设立的衡量标准，对实施情况和目标完成情况进行比对，确认规划内容中各个部分有无偏差及其偏差幅度，从而建立一个评价考核指标体系，推动文化产业规划后效监控的顺利进行。

第三，建立纠偏机制。尽管规划的编制工作会结合当地发展实际进行一定的数据测算，但由于规划具有前瞻性和预测性，给出的发展目标与实际发展中遇到的困难之间往往存在矛盾。在实际操作中，保障措施起到纠正偏差的作用。保障措施的实施过程，也是对文化产业规划实施活动的矫正过程，以防止投资失误和渣子工程带来的风险。因此，在保障措施中建立纠偏机制，防患于未然，是对文化产业规划后效的有效监督和追踪预警的题中之义。

从规划编制的经验来看，为了让文化产业规划在市场经济运行环境中有较强的适应性和可操作性，规划人员会在保障措施部分融入实时性的新提法，使得保障措施追踪监控过程更富有弹性，为决策层实施保障措施提供高水平的决策依据。如果说保证文化产业规划编制水平与质量是规划成功的第一步，那么决策层相关部门实施保障措施的水平和质量则是规划最终落地的关键。

**相关链接：宝应县文化产业发展工作考核重点任务责任分解**

一、发展目标分解：

1. 考核内容：文化产业增加值增速（10 分）。

考核指标：增速不低于 30%。

牵头部门：统计局。

责任部门：各相关镇区和部门。

具体要求：安宜、鲁垛、小官庄和曹甸等镇软件信息、乱针绣、圣诞玻璃和体育教育产业增速不低于 30%，西安丰镇水晶产业增速力争达 30%。

2. 考核内容：新开工文化产业项目（20 分）。

(1) 考核指标：有项目列入当年市级及以上文化产业重点项目名录。

牵头部门：发改委。

责任部门：文体广新局、科技局、开发区、安宜镇、小官庄镇。

具体要求：乱针绣艺术馆（0.5亿元）、艺术中心（1亿元）、科技创新服务中心（1亿元）、安宜镇软件信息园（12亿元）、小官庄镇圣诞文化创意产业园（0.5亿元）、宝应天马工业设计中心（150万元）、天地软件园（1亿元）等项目，力争有4个以上项目列入市级及以上文化产业重点项目名录。

（2）考核指标：结合文化产业观摩现场会项目的体量和进度评分。单体投入5000万元为起评点，得6分，每增加一个单体投入超5000万元项目加3分。如单体投入超5亿元得10分。

牵头部门：经信委。

责任部门：科技局、开发区、安宜镇、小官庄镇、曹甸镇、鲁垛镇。

具体要求：安宜镇软件信息园（12亿元）、五星级酒店及商务中心（1000万美元）、科技创新服务中心（1亿元）、曹甸镇教玩具文化创意园（0.5亿元）、小官庄镇圣诞文化创意产业园（0.5亿元）、宝应天马工业设计中心（150万元）、鲁垛镇扬州乱针绣文化产业园（0.5亿元），力争上述项目至少有4个进入观摩现场会。

3. 考核内容：重点企业发展质量（15分）。

（1）考核指标：每新增产值或营业额5000万元的文化企业一家得2分，超亿元的文化企业一家得4分。

牵头部门：经信委。

责任部门：开发区、安宜镇、小官庄镇、曹甸镇、广电传媒集团。

具体要求：宝应广电传媒集团有限公司、扬州美瑞华圣诞工艺礼品有限公司、扬州懒洋洋科技有限公司、江苏宝乐实业公司、江苏玉河教玩具有限公司等，力争5家以上企业产值达到5000万元。

（2）考核指标：每有一家企业获得一项国家驰名商标，得2分，每获得省著名商标一项得1分。

牵头部门：工商局。

责任部门：经信委、文体广新局、开发区、曹甸镇、西安丰镇、鲁垛镇、安宜镇、小官庄镇。

具体要求："宝乐""玉河"等文化企业商标力争2个以上获省著名商标。

（3）考核指标：有2家以上文化企业开展文化产品和服务出口业务得2分，每增加一家加0.5分。

牵头部门：商务局。

责任部门：各相关镇区和部门。

具体要求：至少60家企业有出口业务。

4. 考核内容：园区、基地建设（15分）。

（1）考核指标：每新增国家级示范园区、基地一家得7分，省级园区、基地一家得3分，市级园区、基地一家得1分。

牵头部门：经信委。

责任部门：安宜镇、小官庄镇、曹甸镇、西安丰镇、鲁垛镇、射阳湖镇、旅游局。

具体要求：正润生态园为国家湿地公园、曹甸镇教玩具文化创意园为中国教玩具生产基地、射阳湖镇荷园为省级湿地公园、鲁垛乱针绣产业园为市级示范园区。今年力争安宜镇软件信息园、西安丰镇水晶工业园、小官庄镇圣诞文化创意产业园为市级示范园区、基地，曹甸镇教玩具文化创意园争创江苏省体育产业基地。

（2）考核指标：园区文化企业入住率（以建筑面积计算）达60%—70%得4分，70%—80%得6分，80%以上得8分。

牵头部门：经信委。

责任部门：安宜镇、鲁垛镇、小官庄镇、曹甸镇、西安丰镇。

具体要求：安宜镇软件信息园、小官庄镇圣诞文化创意产业园企业入住率达60%以上，曹甸镇教玩具文化创意园、西安丰镇水晶工业园和鲁垛镇扬州乱针绣产业园入住率达80%以上。

二、年度工作分解：

1. 考核内容：统计工作（5分）。

考核指标：上报文化产业统计数据得2分；每迟报一天扣0.5分，扣完为止；全面申报得1分，漏报扣0.5分；数据准确无误得1分，有差错扣0.2分，扣完为止；按规定报送电子文档得1分，否则不得分。

牵头部门：统计局。

责任部门：文体广新局、档案局、民政局、旅游局、商务局、工商局、经信委、科技局、农委、财政局、广电总台、新闻信息中心、电信公司、移动公司、联通公司。

具体要求：全面、及时、准确向上级统计部门上报文化产业统计数据。城区各部门按照年初全县文化产业统计工作会议要求，及时做好本系统文化产业统计工作。

2. 考核内容：招商推介（10分）。

(1) 考核指标：建立并及时更新文化产业项目库2分。

牵头部门：经信委。

责任部门：统计局、发改委、工商局、文体广新局。

具体要求：7月底，建立文化产业项目库，每月及时更新。

(2) 考核指标：有文化产业招商资料2分。

牵头部门：经信委。

责任部门：各相关镇区、文体广新局、旅游局、发改委。

具体要求：单独编印文化产业招商资料，或者列入全县产业招商资料内容。

(3) 考核指标：完成“烟花三月”国际经贸旅游节招商推介会的各项任务。

牵头部门：商务局。

责任部门：各相关镇和部门。

具体要求：在招商推介会上至少有3个3000万元以上的文化产业项目签约。

(4) 考核指标：完成运河名城博览会招商推介会的各项任务。

牵头部门：住建局。

责任部门：各相关镇和部门。

具体要求：在招商推介会上至少有3个3000万元以上的文化产业项目签约。

(5) 考核指标：独立举办文化产业招商活动或举办有地方特色、有一定影响、有文化内涵的文化节庆活动3分。

牵头部门：经信委、文体广新局、安宜镇。

责任部门：各相关镇和部门。

具体要求：经信委利用荷藕节、秋季招商会等举办文化产业专类招商活动；文体广新局办好荷藕节系列文化节庆活动。

3. 考核内容：信息报道宣传工作（2分）。

考核指标：向市上报文化产业发展工作信息每月不少于2条，全年在市简报、两办信息快报或市以上媒体刊登相关信息不少于15条，符合要求得分，否则不得分。

牵头部门：宣传部。

责任部门：县委办、政府办、文体广新局、发改委、经信委、各镇区。

具体要求：各相关镇区和部门每两月至少上报一条信息到宣传部；县委办和政府办负责市两办信息快报信息的上报，每年刊登不少于6篇。

4. 考核内容：承担全市性工作会议。

（1）考核指标：完成全市文化产业发展工作座谈会、观摩现场会等全市性工作会议的各项任务。

牵头部门：宣传部。

责任部门：各镇和部门。

具体要求：各镇各部门积极配合宣传部做好全市文化产业会议相关工作。

（2）考核指标：参加市以上相关单位组织的文化博览、学习考察、培训等活动；缺席一次扣1分，扣完为止。

牵头部门：宣传部。

责任部门：各镇和部门。

具体要求：按照省市会议文件通知，各镇和部门按照要求组织好相关人员和文化产业企业参加各类学习培训考察活动。

三、体制机制分解：

1. 考核内容：成立机构、明确责任、召开会议研究工作。

（1）考核指标：机构完善、人员到位得分（以县编办发文为准）。

牵头部门：组织部。

责任部门：县编办。

具体要求：9月底前落实文化产业机构和人员。

（2）考核指标：专题研究文化产业发展，开展调研并有调研成果在市级以上部门刊物刊发得1分。

牵头部门：宣传部。

责任部门：社科联、县委党校、发改委、经信委等单位和各镇区。

具体要求：把文化产业发展研究列入社科研究课题，组织不少于3篇高质量的论文上报省、市刊物。

（3）考核指标：定期召开文化产业推进会议并有完整工作台账得2分（会议每年不少于4次）。

牵头部门：宣传部。

责任部门：各镇和部门。

具体要求：4月份召开文化产业统计工作会议、组织相关镇和部门申报文化产业发展基金；5月份召集相关单位负责人研究文化产业发展工作；

6月份召开全县文化产业发展工作会议。

2. 考核内容：制定规划、年度发展计划。

(1) 考核指标：制定并实施文化产业发展总体规划得1分。

牵头部门：宣传部。

责任部门：县委办、政府办、文体广新局、发改委、经信委。

具体要求：8月份，文体广新局负责起草好文化产业发展总体规划，宣传部组织相关部门研究讨论。

(2) 考核指标：有年度发展目标及工作计划、总结得2分。

牵头部门：宣传部。

责任部门：县委办、政府办、文体广新局、发改委、经信委。

具体要求：年初制定年度工作计划，年终做好工作总结。责任部门同时做好工作计划和总结。

3. 考核内容：制定优惠政策、安排引导资金。

(1) 考核指标：制定文化产业优惠扶持政策、发文并实施得1分。

牵头部门：宣传部。

责任部门：县委办、政府办、文体广新局、发改委、经信委。

具体要求：10月底前，宣传部组织研究制定、实施文化产业优惠扶持政策。

(2) 考核指标：设立并兑现县文化产业发展专项资金，200万元以下1分，200万元以上2分，500万元以上5分。

牵头部门：财政局。

责任部门：文体广新局、发改委、经信委、商务局。

具体要求：10月底前，设立不少于200万元专项资金，年底视产业发展情况，依据奖励扶持办法兑现。

4. 考核内容：建立机制、跟踪服务、组织专项资金申报。

(1) 考核指标：建立督查考核和奖励机制，并有企业获得资金扶持，得2分。

牵头部门：宣传部。

责任部门：发改委、政府办、文体广新局、财政局。

具体要求：10月底前，建立文化产业督查考核和奖励机制，年底对文化企业进行资金扶持。

(2) 考核指标：县服务企业抽样调查满意度超过80%得2分。

牵头部门：县优化办。

四、加分项：

考核内容：争取省以上文化及相关扶持引导资金。

考核指标：起点 60 万元，得 5 分，每递增 50 万元加 3 分。

牵头部门：宣传部。

责任部门：财政局、发改委、经信委、文体广新局。

具体要求：争获省资金公司债权融资，同时积极争取省、市文化产业发展引导资金和相关扶持资金。

# 第九章　文化产业规划的评估与实施

## 第一节　文化产业规划的评估

科学规划文化产业是引导、调控和促进产业健康有序发展的重要手段。因此，对规划的评估是规划实施前不可或缺的环节。根据评估用途，我们将文化产业评估定义为由第三方根据当前的政策及法律法规、方法和参数等因素，以规划的可行性和指导性为着力点，对规划的编制依据、框架结构、具体内容、设计布局、实施步骤、预期效果等进行全面评价，并在此基础上，从编制区域整体的角度对拟投资建设项目的计划、设计、实施方案进行全面的技术论证和评价，判断规划的可行性和实施的效果，从而确定该规划对当地文化产业未来发展的指导意义。

由于文化产业规划通过重点项目载体落地，并且最终面对大众消费者，在对文化产业规划评估时不仅要考虑宏观经济、政治、技术环境等对项目投资和实施造成的影响，还要考虑项目对目标受众的吸引力、项目自身的生长空间、同类型项目对该项目目标受众分流等影响因素。规划评审是规划出台、实施以前的重要一环，包括内审和外审两部分。

### 一、文化产业规划评估的内容

目前，文化产业规划的评估大致分为宏观的文化产业发展规划（各省区市的地域性文化产业发展规划）评估、中观的文化产业项目规划（指大型的文化产业园区规划或文化创意企业的规划等）评估、微观的文化产品规划（图书、音乐、游戏等具类的文化产品的规划设计）评估三类。

文化产业规划评估的内容和一般的工程项目评估考虑的内容大体相同，在大型文化园区建设等涉及厂房建造的方面，还要以工程项目的评估内容和方法为依据。文化产业规划评估的内容主要包括可行性评估、技术评估、不确定性评估和风险评估、社会效果评估、经济成本评估、项目实施进度评估等几个方面。①

（一）可行性评估。一般而言，可行性评估的结果是项目投资决策和融资决策的依据，可行性评估是否公正和科学直接影响项目的决策。文化产业规划的可行性评估，主要是对规划的可操作性进行把握和分析。其实，在形成具体的文化产业规划之前，相关规划人员就已经对规划涉及的领域进行了市场调查、市场分析和预测；而具体的文化产业规划形成之后，主要是对文化产业规划和当今社会形势、政策倾向、市场现状等进行综合分析，对相关内容进行修改和完善。

（二）技术评估。通常一个项目产品的生产会有多种工艺技术方案可供选择，不同的工艺技术需要有不同的生产条件，而不同的生产条件会带来不同的生产结果。因此，在开展可行性研究时，应充分重视工艺技术方案的选择，分析工艺流程的合理性。文化与科技的融合在文化产业发展过程中越来越重要，高科技的非连续的范式转移会给文化产业带来“蛙跳式”的发展，越来越多的文化创意也将需要高新技术的支持才能实现。尤其是对于中观的文化产业项目规划和微观的文化产品规划来说，文化产业项目建设和文化产品生产过程中所采用的制造方法、制造工艺和生产流程，都会影响规划实施的最终成果。此外，不同的技术方案也会影响项目载体、产品服务的投资费用。

（三）不确定性评估和风险评估。不确定性分析即对影响项目的不确定因素进行分析、测算它们的增减变化对项目效益的影响、找出最主要的敏感因素及其临界点的过程，而风险分析即识别风险因素、预估风险概率、评价风险影响并制定风险对策的过程。由于社会经济环境和政策环境的可变性、项目载体的动态性、招商引资工作的不确定性，文化产业规划实施后的实际结果可能会在一定程度上与预测结果偏离（见图 8-1）。因此，对规划中不同项目进行风险评估有助于规避项目在落地过程中可能出现的风险，减少不必要的损失。② 风险评估应贯穿项目实施的各个环节，对项目所涉及的市场、技术、环境、财务等都要进行全面的综合评估。如文化产业园的规划、动漫项目的策划、影视作品的上映，在前期都会进行风险评估，尽量减少后期的经济损失。

---

① 陈光健等：《建设项目现代管理》，北京，机械工业出版社，2004。

② 陆宁、史玉芳：《建设项目评价》，北京，化学工业出版社，2009。

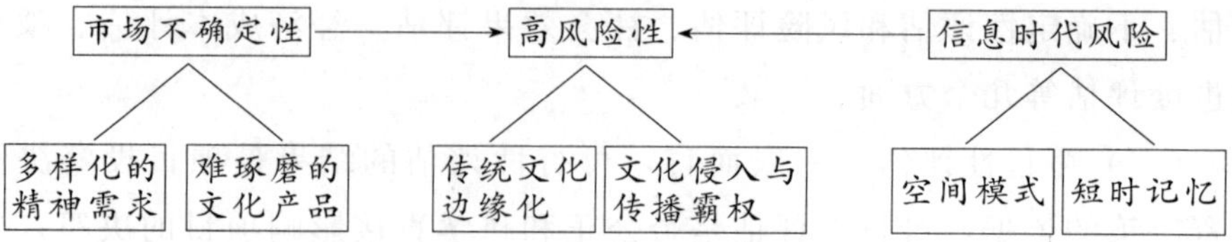


图 8-1 文化产业的系统风险

（四）社会效果评估。社会效果评估主要是从促进社会进步的角度出发，分析规划为实现国家和地方的各项社会发展目标所做的贡献和产生的影响，以及项目载体与社会的相互适应程度。我国文化产业日益发展壮大，逐渐成为国民经济的支柱产业，各地区文化产业规划和文化产业项目规划应以带动当地经济发展为主要目标。同时文化产业的核心是文化内容，因此文化产业的发展也要以丰富大众的精神生活为出发点，尤其是图书、音乐、电影等文化产品，更应该发挥主流文化核心价值观的引导作用。一方面，确保文化产品及服务内容的健康向上，对促进社会核心价值观有积极作用；另一方面，通过规划项目载体、空间布局激发当地创新活力，拉动当地就业和文化消费，将社会效益的外溢性最大化。

（五）经济成本评估。项目载体的经济成本评估，不仅可以使项目执行者在不影响项目整体效果的情况下选择成本小而效益最大化的实施方案，还能够使项目管理者在项目实施过程中对项目的薄弱环节加强成本控制、克服盲目性，还能作为项目投资者投资的依据，减少项目投资者的疑惑和犹豫。

（六）项目实施进度评估。文化产业项目进度评估是确保文化产业项目按计划实施的保证。进度评估对于微观的文化产品规划实施来说作用最为显著。随着当今社会经济和技术的发展，大众所接触到的文化产品种类繁多，企业为了获取较大的市场份额，只能加快文化产品的更新换代，通过研究和开发产品的新功能来赚取消费者的眼球；一旦相关企业因文化产品规划实施进度延迟而被其他竞争者率先占领市场，不仅会使企业遭受研究、开发和生产新产品的成本损失，还会使企业错失良好的市场机会，失去竞争力。

## 三、文化产业规划评估的方法和标准

（一）文化产业规划的评估方法

1. 甘特图法。运用管理学中的甘特图法，通过图示形象地表现出任何特定项目的活动顺序和时间进度。甘特图法因其形象、简单的特征，在短期的项目中能够得到广泛的运用，成为项目进度评估常用的方法。

2. 定制个性化的评估方法。虽然文化产业规划评估有许多标准评估方法和流程，但在实践过程中，应以其作为参考，根据地区的特点，定制个性化的评估方法，进行灵活的评估服务。可以借鉴项目管理评估中的整体评估、渗透测试、边界评估、策略评估、IT 安全评估、网络结构评估、脆弱性扫描、应用风险评估等常用评估策略。

（二）文化产业规划的评估标准

以文化产业的产业特性为基础，常用的文化产业规划评估标准有如下六条：

1. 文化产业特征是否突出。整个规划设计是否遵循了文化产业发展规律，项目载体是否符合文化产业特征例如可复制性、规模效应、盈利模式、产业延伸、持续发展等。这是评估文化产业规划最基本的要素。

2. 是否阐释和顺应最新政策导向。文化产业是与意识形态密切相关的产业，文化产业规划必须以国家文化产业政策为导向和依据。在评估中要重点关注其是否阐释和顺应了最新的政策。布局规划中的项目载体时，不能抱着侥幸心理，不能存在擦边球式的路线设计。否则，该项目面临的可能不只是一般的商业风险。

3. 文化资源是否有序整合。文化资源是文化产业赖以生存的肥沃土壤，如民族文化、民俗民风、文化取向、宗教观念、道德观念及文化时尚等，整合和利用好这些资源，是地区文化产业发展的基础。而成功的规划就是将当地文化资源进行高度整合，使当地文化产业具有前瞻性的发展目标和方向，成为未来引领当地开展工作的文字依据。

4. 功能布局是否划分合理。文化产业的发展往往需要当地产业基础与之呼应。根据不同区域不同层次的产业基础，可以设定适合的发展路线，划分产业带、产业轴、产业板块或核心区域，体现规划中各区域重点突出、带动示范的梯度发展方式。

5. 行业载体是否设计得当。重点行业是文化产业规划中尤为重要的一部分，行业设计是否得当、是否符合当地发展实际、是否突出了当地文化特色，将影响到地区产业规划的实施效果。因此，在评估过程中，要牢牢把握各个项目的实际情况及未来实施的可能性。

6. 文字表述是否精确到位。规划内容的表述是否精准，也是一项重要的评估标准。特别是保障措施中，组织、资金、人才、平台等一系列措施将直接关系到产业规划的落实效果。所以表述应当精准，尤其是数字量化的标准要仔细核算，符合当地的发展实际，给予实施规划的主管部门更具可操作性的执行标准。

## 第二节　文化产业规划的实施

客观而言，我们需要把规划制订、规划实施和规划监督分开，有效保证文化产业规划落地，最大限度地满足居民文化需求，适应文化产业发展。

规划实施是指当项目的论证及立项完成之后，项目执行者运用人力、财力、物力将项目付诸实际的过程，即正式开始为完成项目而进行活动或努力的工作过程。文化产业规划的实施依照文化产业项目规划的类别分类，主要包括地域性文化产业规划实施、文化产业园区或文化企业等中观文化产业规划的实施、文化产品规划实施。

### 一、影响规划实施的因素

文化产业规划是在一个需求不断变化、市场竞争不确定的环境中，面对文化及其产业的关联、利益的关联来设计的。在这种动态博弈的过程中，文化产业规划更多只能在假定的理想环境中对目标与策略进行设计。对文化产业规划方案的实施很难用实物来评判，因为规划跟设计最大的不同，就是规划其实是一种战略、策略，规划的实施主要靠客户自己来实践。“尽信书则不如无书”，客户通过规划咨询得到一份经验、获得一种能力，而不只是为了最终的结果。

影响文化产业规划实施的有多种因素，这些因素可能是推动文化产业快速发展的动力，也可能是束缚文化产业发展的约束力。因此，在研究和分析文化产业规划时，要明确影响文化产业发展的因素，以便有效解决所遇到的问题。

（一）文化资源因素

文化产业的发展依托于文化资源，多样性的文化资源为文化产业的发展提供了强大的资源供给、资产支撑和资本保障。所处地域的丰富的文化资源是规划实施的得天独厚的条件，为文化产业规划提供内在的保障。例如丽江，以其悠久独特的民族历史文化名扬海内外，奠定了其文化产业发展的总体趋势。

对于大型的文化产业园区或文化创意企业来说，文化要素的选择是园区、企业发展和品牌建设的亮点和重点。如杭州“东街6号·艺术空间”、杭州经济技术开发区创意产业园、西溪艺术集合村、临安昌化国石文化城等园区，都是依托于杭州悠久的文明史与建城史和其特有的名人资源、在杭州建设“文化名城”和“全国文化创意产业中心”的背景下打造的。

对于具体的文化产品的规划来说，文化资源和文化内容更为重要。文化产品不同于其他的物质产品，文化产品所依托的物质载体必须与文化内涵紧密结合，才能使文化产品更具吸引力和竞争力。因此，只有在保持文化内涵与文化市场需求平衡基础之上的文化产品规划，才能在充分发挥文化产品的内在优势的同时，实现其商业价值。

（二）资金投入因素

资金既是文化产业的重要生产要素，也是文化产业顺利发展的保障。资金投入能保证文化企业的生产资料供给，易于扩大生产规模，还能增强与国外文化企业的交流与合作；资金的投入能保证文化产业项目的顺利开展和实施，尤其是对于文化基础设施建设，充足的资金可以促进文化设施建设顺利进行；资金的支持可激励文化产业从业人员特别是专业技术人才进行产品创新，甚至进行创业。

资金的投入有多种方式，文化产业最主要的资金来源是政府的财政资金投入，另外还有文化投资公司或其他文化企业的资金投入，此外还有一些来源于社会的其他投资。无论哪种方式，其最终目的都是为了促进文化产业发展，获得更多的经济和社会效益。资金投入因素对文化产业规划实施的影响体现在以下几个方面：

1. 文化企业生产和经营、管理方面。企业只有获得充足的资金才能保证各种生产要素（原材料的购买、劳动力的雇佣、生产机器的维护等）的充足供应。此外文化产品的销售和推广也离不开资金的支持，售前宣传、渠道扩展以及售后服务等都需要充足的资金。尤其是文化产品的经营涉及文化市场占有率，必须有资金支持作为坚强的后盾。在管理方面，文化企业对职员进行职业技术培训、技术交流与合作等，也离不开资金的支持。尤其是在引进先进的技术或进行项目合作时，资金可以保证先进技术的产权交易及项目合作的顺利开展。

2. 资金投入量直接影响文化产业项目的顺利实施。文化产业项目尤其是重点项目的顺利开展并及时完成，需要大量的资金投入来保证。资金链一旦出现断裂，就会造成项目进展缓慢甚至搁置的现象，项目无法顺利实施。对于文化产业基础设施建设项目，如图书馆、博物馆、艺术场馆等的建设，缺少资金会使这些场馆建设停滞，影响人民群众文化生活。

3. 资金奖励激励和促进从业人员的工作。资金奖励可以鼓励文化产业从业人员尤其是专业技术人才进行技术升级和产品创新。资金支持可以帮助想自主创业的人才解决前期的运转困难，促进企业快速成长。此外，一定的资金还可以支持专业技术人才参加国内外培训、交流等活动，学习先进的技术。

（三）政府政策因素

政府对文化产业发展具有重要影响，政府对文化产业发展的导向、规划、支持力度等都直接影响文化产业规划的实施。

1. 政府角色定位。政府要端正角色定位，引导文化企业发展，引导人民群众的文化需求，推动文化项目建设，进而使文化产业向前发展。政府应当把文化产业发展作为经济发展的重点纳入到政府总体发展规划中，并进行专门的规划，把握文化产业发展的总体思路，给出指导思想，明确发展路线，提出具体实施措施。政府宏观调控能促进文化产业与文化市场良性发展。需要明确的是政府不是文化产业的经营者，而是推动者。因此，政府要从引导的角度帮助文化产业实现良性发展。

2. 政府支持力度。政府支持力度最主要的体现就是政策，政策是文化产业竞争力的最主要影响因素，积极的政策导向有助于建立公平、公正的文化产业发展环境。政府通过制定财政政策、扶持政策和优惠政策等可以给予文化产业直接的支持，政府运用财政、金融等手段也可有效宏观调控产业发展方向，支持产业发展，提高产业竞争力。政府对文化产业的支持力度还体现在资金投入方面，政府的资金支持力度越大，越有助于文化企业的经营和文化产业项目建设的顺利实施。政府在融通资本的过程中起主导作用，通过税收、金融、工商等多方面优惠措施可促进资本的融通；同时通过文化项目合作，政府还可有效引入资金。此外，政府还是探讨投资新模式和新机制的主要角色，是为文化产业发展提供投融资平台的推动力。政府还是文化产业设施建设的主导者，公共图书馆、艺术表演场馆、博物馆等建设都离不开政府的支持，而这些设施与人民群众的文化活动密切相关。政府的支持力度大，地区内的文化产业设施就会齐备，可以更好地发挥作用，满足人民群众文化需求。

3. 政府可以为文化产业发展营造良好的环境。政府是促进本区域与其他区域间进行交流合作的最好的纽带。通过政府牵线搭桥，不仅可以吸引更多的投资，还可以宣传区域内的文化企业和文化产业；区域内的企业可以学习区域外企业的先进技术和生产经验，改进本地企业的不足，还可以引进区域外的优秀人才，进行项目合作。

**相关链接：《关于印发西部经济隆起带规划的通知》**

枣庄、济宁、泰安、临沂、德州、聊城、菏泽市发展改革委、文广新局：

依据山东省《西部经济隆起带发展规划》具体要求，省发展改革委、省文化厅组织编制《西部经济隆起带文化产业发展规划（2014—2020年）》（以下简称《专项规划》）。现将《专项规划》印发，并就有关事项通知如下：

一、《专项规划》是西部经济隆起带规划体系的重要组成部分。编制《专项规划》是贯彻落实《西部经济隆起带发展规划》的重要举措，对于推动我省“一圈一带”文化产业持续健康发展具有重要的意义。

二、请有关市发展改革委、文广新局认真做好《专项规划》的组织实施工作，在资金安排、项目布局、体制机制创新等方面给予积极支持，指导、帮助解决《专项规划》实施过程中遇到的困难和问题，确保规划确定的任务目标如期实现。

三、省发展改革委、省文化厅将加强对《专项规划》实施情况的跟踪分析和督促检查，重大事项请各市及时向省发展改革委和省文化厅报告。

附件：西部经济隆起带文化产业发展规划（2014—2020年）

山东省文化厅　山东省发展和改革委员会

2014年12月15日

（四）人才因素

人力资源尤其是专业技术人员在产业发展过程中扮演着重要角色，发挥的作用越来越大。文化产业不仅需要充足的人力资源转化为人力资本，提升劳动生产率，还需要高素质的专业人才进行创新，开发新产品，为产业发展带来活力与动力。人力资源对文化产业的影响体现在以下多个方面：

1. 人力资源为文化产业生产提供了必要的劳动力。生产、经营和管理文化产品时需要大量的劳动力，尤其是产品生产的过程对技术工人有大量需求。如电影业需要编剧、摄影、音乐、推广等专业人才，动漫业需要专门的动漫设计、开发人员。因此，各层次、各类型的人力资源是产业生产的基本保证。

2. 文化产业发展离不开人力资源的创造力。文化产业需要不断的创新，包括新工艺、新产品、新方式的开发。创新使文化产业发生日新月异的变化，人力资源将创意变成了现实。

3. 人力资源转化和应用高新技术为生产力。虽然信息的广泛传播为文化产业发展提供了技术支持，但是将高新技术应用在文化产业中并转化为生产力的依然是不可或缺的人力资源。人力资源为文化产业带来技术变革，促进生产力水平的不断提升，使文化产品数量更充足、品种也更加丰富。

4. 文化产业对高素质人才的需求很大。人力资源提供了必需的基础劳动力，特定的文化产业更需要高素质的专业人才。人力资源缺乏会使文化产业发展缺少必要的生产劳动力，产业发展缺少创新动力；人力资源素质偏低，会影响高新技术在文化产业的应用，阻碍相关产业的发展。

例如，近几年，青岛市文化产业迅速发展，建立了“一城一带六区”的文化产业发展格局，形成了门类齐全的文化产业体系，提升了城市的核心竞争力，推进了经济社会与文化的协调发展，这些成就都离不开其强大的专业人才队伍的支持。青岛市始终把建设文化产业人才高地放在产业发展的重要位置，充分发挥区域性科技教育优势，依托中国石油大学、山东科技大学、青岛理工大学、北京电影学院青岛创意媒体学院、青岛职业技术学院、青岛滨海学院、青岛拓谱信息工程学院等驻青高校，培养了创意产业急需的大批各类人才。建立了青岛市文化产业人才专家库、优秀经营人才库、懂经营会管理领导型人才库。中国海洋大学、青岛科技大学、青岛理工大学、青岛农业大学、青岛恒星职业技术学院和青岛职业技术学院等建成了全日制文化产业人才培养院（系）。① 形成了青岛新未来教育动画教育培训学校、青岛动漫游戏学院、泰德动漫等民营培训院校，年培养文化产业研究生 30 多名和文化产业本科、大专生 1000 多名。按《青岛市“十二五”留学人员回国工作规划》的设想，“十二五”时期青岛市将引进万名留学回国人才，其中将着力引进蓝色产业领军人才和顶尖创新人才等五种急需人才。投资 5 亿元的北京电影学院青岛创意媒体学院，一期项目全部建成，在 2011 年春节后招生。创意媒体学院也不是简单地克隆一个北京电影学院，而是在北影原有发展基础上拓展新的学科专业和办学空间，创新人才培养模式，特别是加快培养国家急需的数字电影技术与艺术、数字影视制作、创意文化领域、动漫尖端制作等复合型高端电影人才。②

---

① 华章琳、蔡萍：《文化强市视野下青岛高校区域文化的引领与发展》，《中国石油大学学报（社会科学版）》，2012（1），28—32 页。

② 昝胜锋、刘欣：《泺尚·创意中国调研报告 2012 年卷》，济南，山东大学出版社，2012。

## 二、文化产业规划的实施流程

1. 规划审议。在规划的过程中成立一个正规机构为规划组的工作提供指导和建议，并审议规划报告草案。该机构可以是项目委员会或当地文广新局。最终规划需提交相关政府部门审议以保证得到政府所有相关部门的认可。有需要时还应举办一次公众听证会以获得公众的支持，或召开一次研讨会，由政府官员、文化企业代表和社区发言人共同对规划及地方文化产业发表意见。

2. 规划采纳。政府规划文本在审议通过后应以地方法规的形式固定下来，成为当地文化资源开发的准则；对已有规划的修改应在一定的法律程序下进行。比如宏观的文化产业规划，纳入当地人大的文件，具有一定法律效力。

3. 制定配套措施或实施意见。根据规划的内容制定相关的实施方案，以保障规划的更好实施。

4. 与公共部门、文化企业相关规划和计划的衔接。规划与当地现有相关规划如城市和区域规划、交通和其他基础设施规划、农业和渔业发展计划、景区保护规划等的衔接，能够确保文化产业规划中与这些部门相关的方面得以实施；根据所在国家和地区的发展计划年期制定同步的实施行动计划，使之成为国家或地区总体开发规划的一部分。

5. 开发经费筹措和项目实施。在规划时需考虑可能的资金来源以便在需要时向相关方面筹措资金，资金来源包括公共部门、文化企业、地方财政和国际援助。一般来说，大型公共文化基础设施和重点园区载体由政府出资建设，商业设施由私营部门出资。

6. 文化项目的持续监督。包括对文化项目的经济、环境和社会文化影响的监控，对市场营销战略和促销计划的结果的检测，以及对文化项目发展目标和政策是否实现的监督。

7. 规划和计划的调整。通过自我纠偏和外在监督，发现规划在实施过程中的问题，并对规划的内容和实施进程进行相应调整。

8. 定期正式对规划进行复议和修改。文化产业规划应每隔 5 年左右正式复议一次，并进行适当的修改和调整；一般需要加以修改的是变化的市场趋势、新的文化产品、文化产业更长期的发展方向、成熟目的地的控制措施以及新的短期开发计划；而原规划的目标、政策、原则和建议应慎重对待，尽量保持不变。

**相关链接：《潍坊文化艺术品中心建设重点工作任务分工》节选**

各县市区要制定各自专项功能区的建设规划并组织实施；市文化局负责文化艺术品中心建设综合协调工作，负责组织申报联合国教科文组织“手工艺与民间艺术之都”，负责推动成立某大学（潍坊）文化艺术品研究中心；市发改委负责文化艺术品业重大项目的立项服务工作；市经信委负责文化艺术品产业化工作；市财政局负责文化艺术品中心建设资金保障；市人社局负责文化艺术品人才政策的制订和高级人才的引进工作；市国土局负责文化艺术品中心项目的用地保障；市规划局负责文化艺术品中心核心功能区的规划选址工作；市商务局负责文化艺术品中心招商工作；市文化旅游建设投资有限公司负责白浪河文化创意园区建设；潍坊文化艺术品交易中心协调推进小组其他成员单位也要依据职责，做好相关工作。

（一）核心功能区建设。按照《总体规划》，在中心城区建设文化艺术品中心核心功能区，集中打造文化艺术品企业总部商务区、创意中心、雕塑中心、展览馆群、交易市场、艺术品人才培训中心和有银行、保险、证券、文化产权交易等多方参与的文化艺术品产业金融服务平台，形成功能齐备、服务完善、企业聚集、交易活跃的文化艺术品集散中心。（责任部门：潍坊文化艺术品交易中心协调推进小组成员单位，奎文区、潍城区、坊子区、寒亭区政府，高新区、滨海区、峡山区、综合保税区管委会）

（二）潍城民俗艺术品、广告创意产业区建设。加快十笏园文化街区、城隍庙“金银仓”文化老街和齐鲁台湾城文创产业园建设，提升郭味蕖美术馆、潍坊文化特艺城等的艺术品经营管理水平，发挥鲁台会展中心优势，打造具有广泛影响力的民俗文化艺术品聚集区和交易中心。依托“西街68、西街99、西街88”三大孵化器，引进知名创意企业入驻，不断推动创意设计上档升级，打造广告创意产业聚集区。（责任部门：潍城区政府）

（三）新兴文化创意产业区建设。以数字出版、动漫、影视制作等新兴文化创意产业为重点，推进潍坊软件园、山东省（潍坊）数字出版基地、山东中动数字出版创意研发园区和山东云计算版权交易园区建设，打造以文化、科技和金融高度融合为主要特点的现代文化创意产业园区。（责任部门：高新区管委会）

（四）滨海海洋文化产业区建设。以海洋旅游工艺品、风筝文化产品为重点，推进潍坊滨海海洋娱乐（海洋公园）项目、情人湾旅游度假区、滨海风筝文化产业园、盐文化博览园等项目的建设，打造以海洋文化为特点的海洋文化创意产业聚集区。（责任部门：滨海区管委会）

（五）对外文化贸易基地建设。利用综合保税区优势，建设集文化艺术品交易展示、交易信息服务、金融支持服务、仓储物流服务等专业服务于一体的国际商品（艺术品）交易中心，实现国际贸易一站式交易，打造“国家对外文化贸易基地”。（责任部门：综合保税区管委会）

## 第三节　文化产业规划的延伸

一个成功的文化产业规划，应该立足于当代文化产业综合发展的高度。在规划理念和思想上，既要树立创新性、前瞻性的发展理念，把地域文化特色与品牌价值发挥到极致，更要整合和凝聚资本、社会、政府、学术、市场和人力等各类资源，在保障规划文本能够引领当地文化产业发展的前提下，以推动规划向实处延伸为目标，创造文化产业规划综合运营平台，实现规划文本的实践价值。

（一）文化产业园区托管

任何一个国家的经济发展必然会从粗放型增长向集约型增长转变，从要素驱动向创新驱动转变。产业园区作为集聚土地、资本、技术、人才等众多要素的承载体和集聚体，正在成为培育新经济增长模式的试验地，获得更多的政策支持。

中国园区经济存在的问题，主要包括：一是园区开发过程“重数量、轻质量”的特征明显，园区经济大多处于低水平经营，不仅不利于当地经济的提质增效，反而加剧了生产要素的浪费。二是园区开发过程中的同质化特征明显，造成了全国园区“千园一面”“千城一面”的特征，同质化倾向日趋严峻。三是招商引资不到位，园区空置率上升，管理运营不善，要素低效利用。

文化产业规划的第一个延伸，就是文化产业园区托管。该方向的发展逻辑是，要对文化产业园区系统科学开发，就要以制定区域文化产业规划为先导，整合国内国际顶级的文化产业规划资源，深入研究区域文化产业发展的机遇和方向，为区域制定精准的文化产业发展规划。通过清晰的区域文化产业定位，谋划发展方向、空间布局和产业发展策略，获得政府认可，为后续规划设计和产业招商提供依据和可行的方向，并实现区域产业持续发展和文化价值提升。所谓采取“产业托管”“业态管理”“项目运营”等方式，即政府不持有全部文化产业用地和办公厂房，仅持有部分公共设施与配套用地，用于文化产业园区形象展示建设、功能配套建设和公共技术平台、人才培养培训基地、国际交流合作建设等，从而将资金主要投入到打造良好的文化氛围、园区形象、提升区域文化价值、招商引资、招商引智、股权投资、创业合资等方面。

托管的文化产业园区，可以包括历史文化街区、旧厂房改造利用、综合体利用、文化产业孵化器与加速器，以及文化旅游景区、影视基地、艺术文化城等。

**相关链接：青岛创意100产业园的园区托管实践**

创意100产业园是山东省第一家创意产业园，是由原青岛刺绣厂的老厂房改建而成，占地面积约15亩，新改建后的园区建筑面积约2.3万平方米，在2006年3月，由青岛麒龙文化有限公司先后投资3000余万元进行改造建设并负责整体运营。

引领山东创意产业发展、打造文化创意产业的集聚平台是创意100产业园的发展定位。园区实行“高门槛、低租金”“蓄水养鱼”的经营理念，并在招商实践中，逐渐形成了入园门槛理念、定向招商理念、产业预留理念、精细化服务理念。园区在创意文化环境和创意产业链服务方面狠下功夫，逐渐形成了山东创意产业的行业高地，成为名符其实的领军企业。

园区从建园到现在，经过四年的发展，一直与青岛瀛森创意规划顾问有限公司合作，在其帮助规划下，发展迅速。目前，创意100产业园已经使青岛市文化创意产业的业态迅速集聚，现已成为文化创意产业的集聚平台，集聚了一批高端文化创意企业，其中以原创礼品设计、平面设计、工业设计、音乐影视制作等创意行业为主。这极大地促进了创意产业的规模发展，得到社会各界和入驻企业的普遍赞扬和认可。目前，园区总入住率已达到97%，文化创意类企业所占比重高达93%。

创意100产业园目前是国际高端创意产业项目的重要合作伙伴。园区在2008年通过青岛瀛森创意规划顾问有限公司引进英国文化创意产业理论和园区规划大师贾斯汀·欧康纳教授，并与其合作建立了中国首个民营企业与国际高端产业学术界合作的研究中心“贾斯汀·欧康纳文化、传媒和创意产业研究中心”；在2009年又成功引进了澳大利亚国家研究理事会“中澳文化创意产业协作项目”，并正式在青岛启动；创立了青岛首家国字号专业垂直门户网站以及专业的中文文化创意产业门户网站“中国文化创意产业网（创意时代网）”；今年园区又与德国曼海姆市音乐创意园及

MAFINEX 创意产业园签订了加强交流的合作项目，双方建立起了长期合作与互相沟通机制。

（选自《中国文化创意产业建筑形态最受关注的十大园区》，http://www.hb.xinhuanet.com/2015-11/16/c_1117154260.htm）

（二）授权产业及衍生品

授权产业是以版权转让为核心而形成的文化产业形态，被认为是 21 世纪最有发展前途的产业之一。它是由版权所有人授权使用其版权而形成的产业，既可以是纯粹意义上的文化产业，也可以是其他产业，如服装、食品产业是文化产业价值链实现的典型产业形态。授权产业主要有艺术品授权和品牌授权两大类，其上游产业包括动漫、数字娱乐、电影、电视、出版和艺术等文化产业，中游产业包括品牌中介、版权代理、营销推广等产业，下游产业是由授权而产生的制造业。所谓文化授权，是一种以文化艺术创作为主体的授权类型，即授权商将所代理的艺术家作品著作权以合同形式部分授予商家使用和进行商业开发，授权商所得收益将按一定比例回馈给提供著作权的艺术家。①

近年来，文化授权产业发展势头迅猛。像中国（上海）自由贸易试验区通过举办文化授权交易会这类授权展，将艺术品、动漫卡通、影视娱乐、网络游戏、原创非遗艺术和文化演出经营等业态的授权产品进行展示交易，吸引了海内外从事文化授权产业的机构和公司，逐渐成为我国文化产业的对外展示平台。此外，文化授权的衍生品制作也成为一些传统产业关注的焦点，如北京故宫博物院深入开发创意文博纪念品，并通过淘宝网、官网出售展示，广受欢迎，这类文化授权下的博物馆衍生品成了故宫博物院转型发展的一大亮点。

授权产业的核心是对版权的法律尊重。授权艺术产业与传统艺术产业的重要区别在于传统艺术产业由于艺术作品是单件原作，无法形成规模经济；而艺术授权产业的核心是复制，大量复制可以形成规模经济。复制技术建立在数字技术基础上。艺术授权产业推动文化产业向传统产业大大延伸，从而实现了传统艺术产业的价值链延伸，使得原有的文化产业价值可以超越其自身。

授权产业的发展还可以带动文化中介服务产业。全球进入国际授权业协会的艺术授权公司已有上千家，香港、澳门和台湾等地的代理商活跃于



---

① 唐玮婕：《文化授权产业搭上自贸“快车”》，《文汇报》，2014 年 11 月 14 日。

内地市场，而内地品牌总代理企业数量很少。我们应该看到，授权产业和所有文化产业一样，仍是创造经济财富和提供消费内容的产业，区别在于其提供内容的方式、载体以及实现的模式不一样。只有那些能够产生巨大的授权产业的文化产业，才能够在多循环关联中不断获得成长空间和巨大的市场机会。

**相关链接：中国动漫品牌授权产业的发展趋势**

1. 动漫品牌授权产业面临结构性调整

目前，中国动漫品牌授权行业整体正在经历深刻的结构性调整。从竞争格局上看，以大量中小品牌商、代理商为主体的自由竞争格局，正在向资本运作和行业并购后资源逐步汇聚的垄断竞争格局转变；从内部生态上看，市场运营正在从盗版横生的不规范阶段，向优质品牌、优质正版商品价值凸显的规范化阶段转变，良币必将驱逐劣币。

2. 消费升级将成为动漫品牌授权市场发展的内生动力

中国动漫品牌授权市场的全面激活既是动漫品牌原创力、品牌力、运营力整体提升的结果，同时也是中国经济发展、消费水平升级的结果。2013 年中国城镇和农村居民恩格尔系数较十年前分别降低了 2.1 和 7.9 个百分点，表明我国居民有更多的消费支出用在食品以外的方面，这其中娱乐消费所占的比重越来越大。根据我中心课题组的调研，2014 年我国小学生平均每人每年用于动漫授权产品上的开销为 49.3 元，更多的小学生开始消费动漫授权产品。2014 年我国某知名院线授权衍生产品的销售额比 2013 年翻了两番，未来有望实现更大规模的拓展。可以说，消费升级已经成为我国授权市场蓬勃发展的内生动力和重要引擎。

3. 线上成为动漫授权产品新的销售主战场

随着平板电脑和智能手机的不断普及以及数字技术的不断发展，一方面，有越来越多的授权产品通过在线方式销售，另一方面，也有越来越多的授权产品以数字产品的形式存在。在北美，线上销售的授权产品已经占授权产品总销售量的 25.7%，在亚洲这一数字为 16.4%。主要以数字产品形式发行和传播的游戏软件应用、电子出版物和音视频等授权产品，占全球授权产品销售份额的 12%。中国是电子商务大国，据统计，2014 年仅阿里巴巴一家电商企业就销售了全国近 1/3 的授权产品。中国动漫品牌授权产品的线上消费潜力巨大。

4. 动漫品牌授权产业有望实现跨越式发展

随着更多品牌商、代理商、被授权商的市场化、专业化、国际化程度不断加深，中国动漫品牌授权产业有望实现跨越式发展。一是在原创力建设上，实现从文化内涵较低、社会效益较弱、核心价值观承载量较少，向文化内涵较为丰富、社会效益较为良好、核心价值观承载量较为厚重的跨越。像《宝狄与好友》这样注重社会效益又制作精良的原创作品将大量涌现。二是在品牌力建设上，实现从摸着石头过河、专注于打造产品品牌，向品牌意识清晰、经营思路明确、能够打造企业品牌的跨越。消费者将不仅记住《喜羊羊与灰太狼》这样的作品名字，更会记住原创动力、奥飞动漫等出品企业的名字，从而增强品牌认知度。三是在运营力建设上，实现从单纯的动漫产业链运营、让其他行业为动漫品牌服务，向所有相关产业联动、让动漫品牌为其他行业服务的跨越。比如，中国是最大的服装出口国，也是全球最大的服装生产基地。动漫品牌授权能有效提升传统服装行业的附加值，很多生产商已不愿意花巨资打造自己的品牌，而更愿意接受一个强力品牌的授权。动漫品牌的力量与消费者对动漫品牌的持续性需求相结合，将使传统服装市场更大。

（选自《2014 中国动漫品牌授权产业发展报告》，
http://news.ctoy.com.cn/show-24210.html）

（三）数字内容产业

金元浦曾说，我国当代文化产业已进入一个全面展开的新阶段，这一新阶段的重要标志之一就是内容产业走向新世纪文化经济世界大舞台的中心。这种内容产业以创意为动力，将各种文化资源与最新数字技术相结合，融汇重铸，建立了新的生产和消费方式，产生了新的产业群落，培育出新的消费人群，并以高端技术带动传统产业实现数字化更新换代，创造出了惊人的经济社会价值。①

随着数字技术的迅速发展和广泛应用，数字内容产业以多个产业融合的企业集群为载体而实现价值创造、传播、交换和增值的趋势将渗透到更多产业领域。从发展的环节看，内容产业已成为文化经济传播交流的“基础的基础”。通过方式的融合、业态的融合以及业务、市场和产业之间的融合，数字内容产业将借助新技术向传统文化产业渗透扩展，如高技术娱乐将成为新娱乐业的领头羊、数字出版物将逐渐替代图书音像等传统出版物。内

① 金元浦：《人文奥运与内容文化产业的崛起》，《第二届中国文化产业（国际）论坛论文集》，2004。

容与技术两者融合共生，共同构成或延长了数字内容产业的产业链条。[①]

从支撑环境方面看，不仅要改善政府投资的单一模式，通过优惠条件引导企业和投资者参与其中，还需要加强对数字内容产业的重视，新政策、新规划都要明确指出数字内容产业的重要地位。与此同时，加大人才培养力度，形成完备的人才梯队储备，强化技术创新的智力保障，从而带动高端技术成果的快速转化，促进产业健康发展。

数字内容不仅广泛应用在文化产业园区、相关文化载体中，而且是最具生命力的业态之一。文化产业规划落地实施，需要创造更多的精品内容，通过数字化、信息化、网络化的形式传播。文化产业规划也应在这方面做出更多创新性贡献。

**相关链接：《杭州数字娱乐产业园成为动漫企业风水宝地》**

杭州数字娱乐产业园位于西湖区文华路75号，该园主要为数字娱乐产业链上的企业提供发展空间、技术支持、政策扶持和公共服务。该产业园内产业齐全：有专业从事网络游戏开发的公司；也有能提供手机增值业务如手机游戏、手机桌面等的制作单位；还有从事COSPLAY（动漫真人秀）服装制作的企业，这在国内属于比较新颖的一个产业。杭州数字娱乐产业园被文化部授予国家数字娱乐产业示范基地的称号，成为目前浙江省唯一的国家数字娱乐产业示范基地。

园区以数字娱乐产业发展为依托，从产业规划、园区建设和人才培养等方面着手，通过与中国美院合作，具备了得天独厚的发展条件和扎实的产业基础，在企业培育和产业平台搭建方面取得显著成绩。围绕数字娱乐核心企业的发展，园区初步形成了“设计原创→游戏制作→周边开发→销售发行”产业链，囊括了娱乐网站、电子商务网站、视频点播、增值服务等配套产业，产业内部和产业间已初步形成了良好的互动发展机制。

“既然叫‘数字娱乐产业园’，当然要以数字娱乐产业为核心”，这一思想在杭州数字娱乐产业园成立之初就被牢牢确立下来。在国内数字娱乐产业发展刚刚起步的阶段，该园凭借西湖区IT产业集聚、区域数字娱乐产业消费市场成熟，以及产业链、人才、技术资源厚实等优势，寻求文化创意产业独特立足点。园区利用连续参加2届深圳文博会、4届上海游戏产业博览会、6届中国国际动漫节、举办24期“创意市集”等契机，引进

---

① 金元浦：《人文奥运与内容文化产业的崛起》，《第二届中国文化产业（国际）论坛论文集》，2004。

部分具有代表性的数字娱乐企业。通过整合人力财力资源，围绕教育培训、研发、产业孵化、数字娱乐会展与合作等方面着手重点打造数字娱乐产业。

从2005年基地建成至今，杭州数字娱乐产业园已经吸引了省内外132家数字娱乐类企业进驻发展，逐步形成了涵盖数字娱乐人才培养、动漫游戏软件开发、动漫产品制作、娱乐网站经营、衍生产品及服务经营、网络游戏、手机游戏、手机动漫、彩铃彩信服务的完备产业链结构，涌现了乐港科技、顺网信息、辉煌时代、华人卡通等一批市场竞争力强的行业龙头企业。现在，这里已经成为华东地区最大的数字娱乐产业集聚地。今年7月，顺网科技股份有限公司成功上市，成为西湖区首家上市的文创类企业。

（摘自《杭州日报》，2010年9月21日。）

（四）文化产业规划的未来

我国的文化产业规划在经历了“十一五”和“十二五”时期“从无到有”的发展阶段之后，已经初步形成了与行政区划体系相契合的文化产业规划体系，战略规划、专项规划、园区规划、集聚区规划等名目繁多，战略制定和推广主体多元，增量扩充特点明显。顺应“十三五”时期，区域文化产业规划呈现从“增量扩充”到“存量优化”转向的趋势。[①] 这个阶段的文化产业规划应该更具有指导性和前瞻性，为文化产业发展成为国民经济支柱性产业提供最前沿的发展理念和解决问题的最佳方案。

1. 以产城一体化理念推行规划，强化文化对社会发展的引领作用。随着知识经济化和信息数字化社会的到来，单纯依靠传统型的文化资源发展文化产业的模式不再适应当下复杂的社会环境与竞争形势，很多地方的文化产业规划并不适应地区文化产业结构的态势日益明显。新常态下的文化产业发展应该是在地方特色文化资源中深挖淘宝、创新创意，以“美丽中国”为灵感和根基，去创造适合产业发展的路径与模式。因此，文化产业规划的编制迫切需要转型升级。在文化产业规划中，要将缺失的地域特色重新找回，推动产业规划与城市规划、旅游规划等规划有效融合，形成规划引导体系，有序带动城市产业发展、城镇化发展以及社会发展，避免同质化竞争的恶性循环，实现产业与城市的可持续发展。

2. 树立全方位的资源观，加速推进“文化＋”大产业融合。文化产业

① 周依敏等：《“十三五”文化产业规划：从“增量扩充”到“存量优化”》，《现代管理科学》，2014（12），15—17页。

本身就是一个关联性、综合性、包容性的大产业，涉及旅游、体育、娱乐、养生、金融、制造业等，产业链连接到农业、餐饮、运输、酒店、房地产、商业、养老、城镇化等。未来的文化产业规划不但要适应产业融合的发展趋势，还要主动引领地方经济朝泛文化产业发展，以全产业链的视野，充分利用各种产业资源，提高文化产业与地方传统第一、二产业的关联度，对区域主导产业的上下游产业和文化产业进行充分整合、延伸，形成“文化＋”大产业发展格局。发展“文化＋”大产业还要树立大区域、大系统和大市场的思维，正确分析与预测旅游区各子系统的未来发展趋势，以增加收入、改善生活环境等居民福利水平的提高为目标，加强区域内和区域间的协调合作，以地域特色文化资源而不是行政区划为背景来进行规划设计的通盘思考。

3. 强化专业性与原创性，激活民间力量，提高社会参与度。与一般经济规划、城市规划相比，文化产业规划显得尤为复杂。仅靠传统的管理意识形态的思维和方法去制定文化产业规划，存在一定的偏差或失真。只有充分发挥相关学科的专业知识与理论，深入而准确地认识、把握、提炼和弘扬地方性文化资源的传统、结构与特点，才能提升文化产业规划的科学性与可操作性。在文化产业链与文化产业相关专业之间，存在着结构与价值上的一致性；在培养文化产业人才的同时，可以按照“同构—等价值”构想[①]进行专业规划与布局。与此同时，个体与民间是原创性与地方性知识的摇篮和载体，没有他们的自觉性与创造力的激发，就不会出现文化大发展的局面，文化竞争力就不会提升。[②] 文化产业规划应该立足于社会互动，营造开放、多元、自由、包容的思想和文化生活环境，凸显产业发展对当地居民的文化需求和文化权利的价值，从而增强规划的社会实践性和最终落地能力。

4. 构建规划服务链，解决业主方价值转换和升值的需求问题。1967年，菲利普·科特勒在其著作《营销管理：分析、规划与控制》中，提出

① 所谓“同构—等价值”文化产业规划是指，建立在文化产业价值链结构与高校文化产业相关专业结构相一致、每一个价值链环节所需人才的价值取向与高校专业设置的价值取向相统一基础上的，用来建设与规划一个区域文化产业或一所高校的文化产业专业的基本方法。参见庄琦春：《文化创意产业专业规划与区域发展研究》，《北京工商大学学报（社会科学版）》，2011（3），118—121页。

② 赵兴胜、周恩帅：《地域性、个性化的缺失与构建——近年来地方文化发展规划的反思》，《东岳论丛》，2011（11），36—40页。

以产品（Product）、价格（Price）、渠道（Place）、促销（Promotion）、策略（Strategy）为核心的营销组合方法，简称为“4Ps”营销策略。[①] 基于这一理论，我们提出文化产业规划的最终端是实现文化营销，即能够为政府、投资商解决运营问题，构建“项目—策划—规划—投资—运营”服务链，解决业主方“资源—资本—资金—资产”四大价值转换及升值需求，构架好产业集群和资本运作平台，提供高水准的“策划、规划、设计、运营”系统服务，提供系列切实可行的运营模式和方案。[②] 这样的规划服务是地方政府、运营商、投资商最迫切需要的，也恰好是文化产业规划机构最缺乏的。因此，有必要进行规划流程再造，先设计运营思路，再回归规划思路和空间布局，为业主方理清区域文化发展、具体文化产业项目运营的思路，才能获得业主方的高度认同。这也是对中国文化产业规划的挑战和更高要求。只有真正指导业主方将规划落地、项目落地，才是最终在市场上获得成功的文化产业规划。



① 这一理论的具体内容为：将产品的功能诉求放在首位，根据不同的市场定位，制定不同的价格策略，形成品牌优势；同时，在企业与消费者之间架构起完善的销售网络，用销售行为来促进消费增长。

② 何锡瑜、陈慕挺：《中国旅游规划走向何方》，http://mt.sohu.com/20150415/n411342783.shtml。

# 主要参考文献

1.［美］大卫·赫斯蒙德夫：《文化产业》，北京，中国人民大学出版社，2007。

2.［美］莱斯利·怀特：《文化的科学》，济南，山东人民出版社，1988。

3. 陈福喜：《科学发展视阈下现代文化产业项目选择的规范研究》，《绍兴文理学院学报》，2010（2）。

4. 陈光健等：《建设项目现代管理》，北京，机械工业出版社，2004。

5. 陈加友：《论我国文化产业政策的调整与优化》，《云南民族大学学报（哲学社会科学版）》，2015（2）。

6. 陈建明、曹婷：《日本历史文化街区保护运动的发展及启示》，《人民论坛》，2013（2）。

7. 陈柳钦：《产业融合效应与促进我国产业融合的措施》，《北京市经济管理干部学院学报》，2007（2）。

8. 陈美华、陈东有：《英国文化产业发展的成功经验及对中国的启示》，《南昌大学学报（人文社会科学版）》，2012。

9. 成立芳：《文化产业与经济发展关系探讨》，《辽宁工学院学报（社会科学版）》，2004（5）。

10. 程瑜：《产业经济学：西方的发展与我国的借鉴》，《经济师》，2007（4）。

11. 丹增：《文化产业发展论》，北京，人民出版社，2008。

12. 范建华：《中国文化产业通论》，昆明，云南人民出版社，2013。

13. 费洪平：《区域经济增长理论的再评述》，《改革与战略》，1994（1）。

14. 高书生：《我国文化产业发展的总体状况和主要特征》，《经济与管理》，2015（3）。

15. 顾江：《文化产业规划案例精析》，南京，东南大学出版社，2008。

16. 国际统计中心课题组：《国外关于文化产业统计的界定》，《中国统计》，2004（1）。

17. 韩锦绵、马晓强：《产业集群再认识：比较视角》，《生产力研究》，2009（1）。

18. 韩骏伟、胡晓明：《文化产业概论》，广州，中山大学出版社，2009。

19. 韩英、付晓青：《文化产业概论》，福州，福建人民出版社，2012。

20. 郝凌佳等：《弹性规划理念下的文化创意产业集聚区规划探讨——以中国宋庄文化创意产业集聚区为例》，《规划师》，2015（7）。

21. 何小欣：《当代博物馆与城市综合体的复合初探》，《华中建筑》，2011（10）。

22. 胡惠林：《关于区域文化产业战略与空间布局》，《山东社会科学》，2006（2）。

23. 胡惠林：《区域文化产业战略与空间布局原则》，《云南大学学报（社会科学版）》，2005（5）。

24. 胡惠林：《文化产业规划：重建人与社会和自然精神关系和精神秩序》，《东岳论丛》，2015（2）。

25. 胡惠林：《文化产业正义：文化产业发展的历史地理学问题——关于文化产业发展新战略理论思考》，《上海交通大学学报（哲学社会科学版）》，2009（5）。

26. 花建：《上海文化产业的发展趋势和政策导向》，《毛泽东邓小平理论研究》，1998（4）。

27. 华章琳、蔡萍：《文化强市视野下青岛高校区域文化的引领与发展》，《中国石油大学学报（社会科学版）》，2012（1）。

28. 黄鹤：《文化规划——基于文化资源的城市整体发展战略》，北京，中国建筑工业出版社，2010。

29. 黄鹤：《西方国家文化规划简介：运用文化资源的城市发展途径》，《国外城市规划》，2005（1）。

30. 黄辉：《巴黎文化产业的现状、特征与发展空间》，《城市观察》，2009（3）。

31. 黄建华：《网络环境下的市场调查方法》，《微计算机信息》，2003（7）。

32. 黄欣荣：《产业生态论：意义、内容和现状》，《科学·经济·社会》，2009（2）。

33. 计晓燕：《对中国经济地理研究体系的探索》，《生产力研究》，2012（8）。

34. 江奔东：《论文化产业资源配置》，《齐鲁学刊》，2006（4）。

35. 江奔东：《文化产业经济学》，济南，泰山出版社，2008。

36. 姜杰等：《城市竞争力理论评介》，《山东社会科学》，2004（10）。

37. 姜泽华、白艳：《产业结构升级的内涵与影响因素分析》，《当代经济研究》，2006（10）。

38. 蒋昭侠：《主导产业选择分析》，《兰州大学学报（社会科学版）》，2007（4）。

39. 金青梅：《文化产业项目管理》，西安，西安交通大学出版社，2011。

40. 金元浦：《互联网思维：科技革命时代的范式变革》，《福建论坛（人文社会科学版）》，2014（10）。

41. 李本钧：《文化产业研究的一部力作》，《学术研究》，2001（5）。

42. 李大方：《关于文化经济问题的理性思考》，《哈尔滨商业大学学报（社会科学版）》，2002（2）。

43. 李道中：《提高建设社会主义先进文化的能力》，《理论视野》，2005（2）。

44. 李光斗：《移动互联网时代的消费法则》，《走向世界》，2014（30）。

45. 李蕾蕾：《逆工业化与工业遗产旅游开发：德国鲁尔区的实践过程与开发模式》，《世界地理研究》，2002（11）。

46. 李铁映：《创建有中国特色文化产业之路——〈2001—2002年中国文化产业蓝皮书〉》，《上海交通大学学报（哲学社会科学版）》，2002（1）。

47. 李祎等：《从“文化政策”到“文化规划”——西方文化规划进展与编制方法研究》，《国际城市规划》，2007（5）。

48. 梁玖：《艺术学》，北京，高等教育出版社，2010。

49. 凌继尧：《艺术学：诞生与形成》，《江苏社会科学》，1998（4）。

50. 刘博：《浅析中国温泉度假区的空间布局模式及理念》，《城市建设理论研究（电子版）》，2013。

51. 刘筠梅：《新世纪以来我国的文化产业研究综述》，《内蒙古大学学报（哲学社会科学版）》，2011（6）。

52. 刘彤：《文化产业项目管理的特点与关键环节》，《北京印刷学院学报》，2008（5）。

53. 刘曜、盛彧湛：《基于层次分析法实现网络调查模式最优化选择》，《中国管理信息化》，2009（6）。

54. 刘志迎、丰志培：《产业关联理论的历史演变及评述》，《产业与科技论坛》，2006（1）。

55. 柳旭波：《产业融合对产业结构理论的新发展》，《长白学刊》，

2006（2）。
56. 卢永毅、杨燕：《化腐朽为神奇——德国鲁尔区产业遗产的保护和利用》，《时代建筑》，2006（2）。
57. 陆大道：《区域发展及其空间结构》，北京，科学出版社，1995。
58. 马广奇：《产业经济学在西方的发展及其在我国的构建》，《外国经济与管理》，2000（10）。
59. 毛云聪、宋文君：《浅论文化产业的协同创新与融合》，《商》，2014（18）。
60. 田中禾、唐浩：《企业组织、信息与资源配置》，《兰州大学学报（社会科学版）》，2000（6）。
61. 王雷：《中国产业集群理论研究评述》，《重庆工商大学学报（社会科学版）》，2004（2）。
62. 王齐国、张凌云：《文化产业园区理论与实践》，济南，山东大学出版社，2011。
63. 王少远：《浅谈城市规划原则和作用》，《中国科技博览》，2015（22）。
64. 王文杰：《文化产业项目管理中的风险分析》，《现代传播（中国传媒大学学报）》，2011（10）。
65. 王颖：《中国文化产业发展战略研究综述》，《经济论坛》，2009（2）。
66. 吴松强、石岿然、郑垂勇：《从环境外部性视角研究产业集群生态化发展策略》，《科技进步与对策》，2009（8）。
67. 吴学丽、李秀金：《文化产业：从文化批评到产业实践》，《生产力研究》，2010（7）。
68. 熊澄宇、傅琰：《关于当前我国文化产业分类标准的研究》，《社会科学战线》，2012（1）。
69. 严荔：《论文化资源产业化开发》，《现代管理科学》，2010（5）。
70. 杨春丽、史萌：《浅谈文化企业的特性和发展对策》，《山东经济》，2009（3）。
71. 杨晓燕：《中国消费者行为研究综述》，《经济经纬》，2003（1）。
72. 尹德辉：《艺术学研究与文化产业》，《南京艺术学院学报（美术与设计版）》，2014（3）。
73. 苑洁：《文化产业行业界定的比较研究》，《理论建设》，2005（1）。
74. 苑捷：《当代西方文化产业理论研究概述》，《马克思主义与现实》，2004（1）。

75. 昝胜锋、刘欣：《泺尚·创意中国调研报告2012年卷》，济南，山东大学出版社，2012。

76. 曾菊新、刘传明：《构建新时期的中国区域规划体系》，《学习与实践》，2006（11）。

77. 詹碧英：《发展壮大文化产业的对策和措施》，《长春理工大学学报（社会科学版）》，2009（5）。

78. 张慧芳：《基于统计学角度分析的市场调查问题探讨》，《现代商贸工业》，2010（17）。

79. 张来春、许明：《文化经济学论纲》，《学术界》，2007（6）。

80. 张晓明等：《中国文化产业发展报告（2012—2013）》，北京，社会科学文献出版社，2013。

81. 张晓明等主编：《2005年中国文化产业发展报告》，北京，社会科学文献出版社，2005。

82. 张燕：《西方区域经济理论综述》，《当代财经》，2003（12）。

83. 张忠新、李霄：《文化创意园功能演化浅析》，《经济研究导刊》，2012（24）。

84. 赵兴胜、周恩帅：《地域性、个性化的缺失与构建——近年来地方文化发展规划的反思》，《东岳论丛》，2011（11）。

85. 赵雅安：《文化产业经济学导论》，郑州，河南人民出版社，1996。

86. 赵一丹：《试析影响产业合理化布局的主要因素》，《中国外资》，2009（24）。

87. 仲昱雯：《创意产业园设计研究——以“媒体走廊”项目设计为例》，《南京艺术学院学报（美术与设计版）》，2011（1）。

88. 周蔚华：《出版产业研究》，北京，中国人民大学出版社，2005。

89. 周依敏等：《“十三五”文化产业规划：从“增量扩充”到“存量优化”》，《现代管理科学》，2014（12）。

90. 周振华：《产业融合：产业发展及经济增长的新动力》，《中国工业经济》，2003（4）。

91. 朱兰：《国际产业发展的三大趋势》，《企业技术进步》，2005（9）。

# 后　记

《文化产业规划学》的筹划和编撰，主要缘起于两方面。一方面，我国文化产业处在快速成长阶段，对传统文化产业规划理念提出了新的要求和挑战。另一方面，国内文化产业研究类型多以文化研究为主，研究方法多为定性研究，研究角度多侧重于宏观和中观层面，跨学科、微观研究略显不足，对文化产业性质和规律的认识有待逐步深化，文化产业理论体系有待完善。

有鉴于此，编者着眼于当下国内外文化产业发展现状，将产业经济学、区域经济学等理论融入规划设计实务，试图从理论前沿、实践落地的角度构建一个较为完整的文化产业规划相关理论体系，编制了《文化产业规划学》一书。本书由文化产业研究与规划、供需分析与预测、资源调查与评价、总体要求、空间布局、结构规划、载体建设、保障体系、评估与实施等九章内容组成。同时，编者深入总结了多年从事文化产业规划的实践经验，在本书相关章节中引用前期参与主笔的多项规划设计经典案例，穿插了对山东省会城市群、潍坊市、海北州等相关案例的解读和分析，梳理了优秀规划设计的亮点，将文化产业规划的基础研究和应用研究有机结合，以理论解读和产学研结合研究促进文化产业规划学科建设。

本书可作为高等院校文化产业管理、公共事业管理、旅游管理等相关专业的教材或参考书。使用过程中，宜采用“教材＋案例”“规划理论＋规划实践”型授课模式。同时，本书也可供文化产业研究者、政府管理部门、文化企业、产业规划院等进行专业学习和探讨。

在教材编写过程中，编者广泛参考和借鉴了业界前贤时俊的相关著作和观点，为了解读的连贯性，未能一一注明出处，敬希海涵。感谢文化部、山东省委宣传部、山东省文化厅、青海省文化和新闻出版厅等单位主管领导对本书提出的意见和建议，感谢山东大学文化产业研究院、中国文化产业研究中心、泺尚有道文化产业规划院提供的规划素材和智力帮助。

编者抛砖引玉，希望本书能在加快产业规划理论成果转化、完善理论研究的动态反馈机制、推动产业规划前瞻性理论的探索方面有所启示。由于编写时间和自身水平有限，许多问题未做更加深入的表述，解读尚显浅陋，不妥和错漏之处敬请各位专家和读者批评指正。

山东大学　昝胜锋

2016 年 4 月